Meine Sprache wohnt woanders

Lea Fleischmann
Chaim Noll

Meine Sprache wohnt woanders

Gedanken zu Deutschland und Israel

Scherz

www.fischerverlage.de

Erschienen im Scherz Verlag, einem Unternehmen der
S. Fischer Verlag GmbH, Frankfurt am Main
© S. Fischer Verlag GmbH, Frankfurt am Main, 2006
Satz: Dörlemann Satz, Lemförde
Druck und Bindung: GGP Media GmbH, Pößneck
Printed in Germany

ISBN-13: 978-3-502-15023-7
ISBN-10: 3-502-15023-0

Inhalt

Chaim Noll

Das verlorene Wort

In der zertrümmerten Stadt, in der ich aufwuchs, in den Labyrinthen der Brandmauern, Schuttplätze und Ruinen war manches undenkbar. In gewisse Öffnungen und dämmerige Schächte durfte man nicht eintreten, obwohl sie sichtlich irgendwohin führten, meist in ein Abwärts, ein Unter-der-Erde, und wie gebannt blieb ich stehen, bis meine Mutter mich weiterzog. Ein Stück verräucherte Mauer war zu sehen, ein Loch, ein Durchbruch, eine Eisentür, halboffen, ins Halbdunkel hinab ...

Manchmal waren ganze Grundstücke, Gebäude und Häuserflügel »gesperrt«. Hinter diesem Wort stand ein Ausrufezeichen, meist war die Schrift in einem blutigen Rot. Ein anderes Wort, das ich mir erklären ließ, war »Einsturzgefahr«, gleichfalls mit mahnenden Zeichen. Es gab eine Dämmerwelt von Kellern und Bunkern, von ausgebrannten Höhlen, aus denen es auf unvergessliche Weise roch: staubig, brandig, nach grausigen Tiefen, nach Treppen, die nie ein Ende nahmen, nach Tod und zerpulvertem Stein, nach Mörtel, verräuchertem Ziegel, Kalk, Hundepisse, kalter Asche.

Die Stadt, in der ich aufwuchs, war ausgebombt worden wie so viele, wie Hamburg, Dresden, Stuttgart, Mannheim oder Chemnitz, mit Bomben zugeschüttet, in Flammen aufgegangen, ausgebrannt, zerstört bis auf den Grund, und meine war die größte von ihnen gewesen, weshalb es so lange dauerte, sie halbwegs in Stand zu setzen. Ich wurde zehn Jahre nach Kriegsende geboren, noch immer war alles voller Ruinen, gab es Trümmergrundstücke, lagen Steinhaufen auf leeren Flächen, starrten die Wände dunkel von Asche und Rauch. Altertümliche Straßenbahnen rumpelten über abgeräumte, lichte Plätze, an deren Rändern verräucherte Fassaden ragten, abgefackelte Häuser mit leeren Fensterhöhlen, vor denen sich spielzeughaft und in einer heute unvorstellbaren Langsamkeit kastenförmige Autos und Menschen bewegten. Auch die Menschen dieser Tage schienen »gesperrt« wie die Höfe und Keller. Sie bewegten sich rasch, ohne groß aufzublicken durch die staubige Trümmerwelt. Vieles wurde getragen und herumgeschleppt, alte Frauen zogen Handwagen, Männer trugen Bretter oder schwere Eimer. Die meisten waren dunkel gekleidet, und wenn man an einem unversehens sonnigen Tag von irgendwo oben auf die leergeräumten Straßen und Plätze blickte, entstand der Eindruck einer Ameisenwelt. Die Gesichter der meisten Menschen waren angespannt, ausgemergelt, blass. Nur die Jüngeren lachten oder lächelten. Die Älteren seufzten viel und wurden schnell böse. Sie schimpften, wenn wir zu laut spielten, und wenn sie schimpften, gewannen ihre Stimmen einen bellenden Klang. Sie warfen einander vielsagende Blicke zu. Sie hatten etwas gesehen, gehört oder, wie es summarisch hieß, »miterlebt«, das kaum in Worte zu fassen war.

Nach und nach entlockte ich den Erwachsenen Einzelheiten. Ein alter Mann im Haus war »verschüttet« worden. Er hatte viele Stunden in einem Keller gesessen und um sein Leben gebangt. Der Sohn einer Nachbarin war »im Krieg geblieben«. Sein Foto mit Trauerflor hing an der Wand: ein helles Gesicht unter einem Scheitel, der Hals verschwand im Kragen der Uniform, auf der Brust breitete ein Adler seine Schwingen aus. Auch Einbeinigkeit, Hinken, das Laufen an hölzernen Krücken rührten vom Krieg her. Es gab Männer, die in dreirädrigen Wagen mit Gummireifen umherfuhren. Einer spielte vor dem S-Bahnhof auf einer Ziehharmonika, die verhärmte Frau neben ihm sang dazu mit dünner Stimme. Er trug eine alte Uniformjacke, Groschen und Pfennige fielen klimpernd in eine graue Mütze mit Ohrenklappen.

Solche Uniformjacken gibt es nicht mehr, auch nicht Groschen und Pfennige. Oder die Ordnung in den Wohnungen der Nachbarinnen, eine parademäßige, symmetrisch-stolze und dabei furchtsame Ordnung. Die Nachbarinnen kargten mit dem Kaffee und boten trockenen Kuchen an, auf Kristall und Porzellan. Sie trugen verschossene Kleider, die nach Mottenkugeln rochen. In ihren Wohnungen herrschte ein Geruch nach wohlanständiger Armut, der heute vergessen ist. Die alten Frauen wirkten unerfreulich und bitter. Niemals kam mir der Gedanke, sie könnten je anders gewesen sein, etwa jung oder hübsch. Das Foto hing an der Wand, der Mann oder Sohn, ein helläugiges, geradliniges Gesicht, oft siegesgewiss lächelnd, mit Trauerflor.

Deutschland hatte »den Krieg verloren«. Der Satz wurde in einem ernsten, schicksalsschweren Ton gesprochen. Er klang nach Rauch und Dunkel, nach Bomben, Angst und jenen unterirdischen Bunkern, in denen Menschen von Trümmern erdrückt worden waren. Von daher konnten »sie einem Leid tun«, wie meine Mutter sagte. »Aber andererseits …« Fast immer folgte dieses »andererseits«, ein geschlängeltes, biegsames Wort. Was hieß »andererseits«? Kurze Antwort: »Sie waren selbst schuld.«

»Warum?«

»Sie haben Hitler gewählt.«

Es gab verbotene Zonen des Fühlens und Sprechens. War dieser Punkt erreicht, der Satz »Sie haben Hitler gewählt«, warf meine Mutter wachsame Blicke um sich, und wenn sie in dieser Stimmung Nachbarn traf, lächelte sie ihnen zu, mit einer Freundlichkeit, die ich als falsch empfand, ohne dass ich ein Wort dafür hatte. Diese Falschheit fühlte ich überall, ich wurde früh dagegen allergisch. Wenn wir Nachbarinnen besuchten, hatte ich das Gefühl zu ersticken. Ich warf sehnsüchtige Blicke aus dem Fenster, wo geraffte Gardinen und Vorhänge Luft und Licht aussperrten. Ich wollte hinauslaufen, auf eine Wiese mit Bienen und Schmetterlingen, doch wir saßen in hochgelegenen Wohnungen mit Blick auf Häuser, die übersät waren mit Schrunden, Rissen und Einschusslöchern von Panzergranaten, mit geschlossenen Fenstern und engen Balkons, gekrönt von spitzen, ziegelgedeckten Dächern.

»Sie haben Hitler gewählt« – das musste länger und ausführlicher erklärt werden. Wort für Wort. Wer Hitler war, was »wählen« bedeutet, wer »sie« waren, die Hitler gewählt hatten. Und was Hitler mit dem verlorenen Krieg zu tun hatte. Über dergleichen wurde niemals im Beisein von Nachbarn und Bekannten geredet. »Sprich nicht mit den Leuten darüber«, hieß es. Ich hielt mich nicht daran und unternahm Versuche der Verständigung mit Nachbarskindern oder deren Eltern, doch das Befremden, das ich auslöste, belehrte mich eines Besseren. Mir wurde klar, dass diese Leute von all dem nichts hören wollten, von den Trümmern, den Bombennächten, vom verlorenen Krieg.

Es gab also Dinge, über die man nicht sprach. Es gab Worte, die niemand benutzte. Später, als ich lesen lernte und die Bücher entdeckte, fand ich heraus, dass es gedruckte Worte gab, geschriebene Worte, die ich niemals zu hören bekam. Die offenbar nur auf dem Papier existierten. In früheren Zeiten oder anderen Ländern. Ein Gutteil der Fragen, die ich an meine Eltern richtete, galt solchen Worten. Ich hatte sie gelesen, schwarz auf weiß, doch noch niemals gehört.

Meine Eltern waren damals jung und voller Energie. Sie bekannten, Kommunisten zu sein, mit einem gewissen Stolz. Das Wort »Kommunist« hatte damals fast noch einen *odeur de sainteté*. Sie lehrten mich Hochachtung vor der siegreichen Sowjetunion, deren tapfere Soldaten Hitlers Armeen zerstört und bis Berlin vor sich hergetrieben hatten. Sie lehrten mich auf den Westen herabblicken, wo das alte Leben weiterging und »nicht richtig mit den Nazis aufgeräumt wurde«. Kommunist sein war etwas Modernes, Kühnes, ja Avantgardistisches. Der Maler Picasso war Kommunist, seine »Friedenstaube« schmückte unsere Schulen und flatterte durch unsere Lieder. Ich nehme zu Gunsten meiner Eltern an, dass sie nicht genau wussten, was sich in der Sowjetunion abspielte. Stalins Massenmorde wurden erst Jahre später enthüllt. In meiner Kindheit herrschte die weit verbreitete Hoffnung auf den Anbruch einer »neuen Zeit«. Lange hielt das Konstrukt nicht vor, bald brach die falsche Überlegenheit zusammen, die geträumte Gemeinschaft der Besseren. Ich habe später oft bedauert, dass man mich als Kind mit ihren Mythen fütterte, mit ihren Parolen und hochherzigen Versprechen, gegen die ich bald Widerwillen empfand. So wuchs ich mit beidem auf, mit falschen Hoffnungen und Widerwillen, woraus unter Umständen eine lähmende Mischung entsteht. Nur eines verdanke ich dieser Erziehung: Sie versorgte mich mit einer Kindergewissheit, was Hitler und den verlorenen Krieg betraf. Und was die Deutschen betraf, die Hitler gefolgt waren, für ihn marschiert und gestorben waren, die ihre Arme hochgerissen und ihm zugebrüllt hatten, die gekämpft und Uniformen getragen hatten, steifes, filziges Zeug, mit Runen, Kreuzen, Adlern. Das alles erfüllte mich schon damals mit einer tiefen Aversion.

In der Welt der Gesperrt-Schilder und verbotenen Abstiege, der Einsturzgefahr und verschütteten Räume gab es nicht nur verbotene und niemals gesprochene Worte, es gab auch Bilder, die gemieden wurden, optische Signale, auf die man empfindlich reagierte. Ich selbst schien ein solches Bild zu sein, dunkeläugig, schwarzhaarig, mit brünettem Teint. Es war die seltsamste Erfahrung meiner Kindheit: Auf meinen Anblick reagierten Erwachsene mit Verlegenheit, mit Verstummen, mit bemühten, selbst einem Kind peinlichen Scherzen. Als versuchten sie, über etwas hinwegzulachen oder hinwegzuschweigen.

Da meine Eltern an»das Neue« glaubten, an eine neue und bessere Zeit, versorgten sie mich mit Büchern. Zum Neuen gehörte, dass man durch Wissen und Information herausfand aus jener Unterwelt von Dummheit und bösen Regungen, die den Menschen um uns herum so geschadet hatte. Meine Eltern besaßen tausende von Büchern, ich zog sie ungehindert aus den Regalen. Meine Kinderfotos zeigen mich zwischen Büchern, lange bevor ich lesen konnte. Ich baute Häuser aus ihnen, spielte mit ihnen, später sah ich mir die Bilder an. An manche von ihnen erinnere ich mich bis heute: römische Soldaten vor dem brennenden Karthago in Rankes »Weltgeschichte«, Saurier und behaarte Affenmenschen in paläontologischen Werken, schöne Frauen in Rokokokleidern, Kupferstiche von Seeschlachten und Scharmützeln. Auch Fotografien gab es. Sie beeindruckten mich besonders, weil auf ihnen abgebildet war, was ich vom Sehen kannte. Zum Beispiel zerbombte Städte oder andere Bilder vom letzten Krieg. Soldaten oder Menschen in gestreiften Anzügen hinter Stacheldraht. Oder Leichenberge, die irreal wirkten, weil die Toten aussahen wie Skelette mit Menschenhaut. Ich erinnere mich, dass meinen Eltern Bedenken bekamen, als sie mich über solchen Bildern sahen. Ein paar Mal griffen sie ein und nahmen mir die Bücher weg. Doch eines Tages erklärte mein Vater, auch daran erinnere ich mich Wort für Wort: »Ach, lass ihn sich das ruhig ansehen. Es kann nicht schaden.«

Ich ging bereits zur Schule und begann zu entziffern, was unter den Bildern stand. Das Entziffern ging in Lesen über, und die Bücher gewannen eine neue Dimension. Eins der ersten Bücher, die ich las, war das »Tagebuch der Anne Frank«. Es war mir schon lange aufgefallen, vorn war ein Mädchen abgebildet, das mir ähnlich sah. Sie war wie ich, das sah ich sofort, obwohl ich über kein uns einendes Wort verfügte. Oft sah ich mir das Foto von der Deportation des Warschauer Ghettos an: Ein kleiner Junge hebt die Arme, hinter ihm steht ein SS-Mann mit schussbereitem Gewehr. Auch der Junge sah mir ähnlich. Ich brauchte die Erwachsenen nicht mehr zu fragen, um zu wissen, was mit ihm geschehen war.

Um diese Zeit muss das Gespräch eines Tages auf meine Großmutter gekommen sein. Manches, was sie tat oder sagte, gab Anlass zur Verwunderung. Meine Mutter erklärte mir über die Schulter – sie war im Begriff, das Zimmer zu verlassen, ein Tablett mit Teegeschirr in den Händen –, dass meine Großmutter nur noch durch ein Wunder am Leben sei, dass sie »Schlimmes durchgemacht« hätte, »Schlimmeres, als ein Mensch normalerweise überstehen kann«. Natürlich wollte ich wissen, was. »Sie musste den gelben Stern tragen«, sagte meine Mutter. »All die Jahre. Immer den gelben Stern. Auf den Mantel genäht. So dass jeder sehen konnte …«

»Den gelben Stern?«, fragte ich. Ich hatte den Stern oft auf Fotos gesehen in Schwarz-Weiß und nicht gewusst, dass er gelb war.

An dieser Stelle verlor sich das Gespräch im Nebelhaften.

Heute erinnere ich mich nur noch an die klaren Worte. Dort, wo sie in diffuses Gerede übergingen – denn Worte konnten beides, klären wie verunklären –, entglitten sie mir, versanken im Nichts, und statt ihrer blieb das Gefühl, das ich beim Hören empfunden hatte. Und als die Angaben über meine Großmutter ins Unklare changierten, konturlos und gleitend wurden wie die unfassbaren Zwischentöne auf glitzernden Stoffen, ergriff mich die Ahnung, dass hier etwas verborgen werden sollte. Etwas, woran man nicht gern dachte und nicht erinnert werden wollte, vermutlich ein Geheimnis.

Je weniger die Erwachsenen darüber zu sprechen bereit waren, umso stärker zog mich das Geheimnis in seinen Bann. Das Land, in dem ich lebte, stand weitgehend in seinem Schatten. Um viele Worte lag etwas Unausgesprochenes, in den Gesichtern waren unklare, wehe Züge, in den Stimmen der Erwachsenen ein falscher Ton. Alle waren von dem Geheimnis betroffen, die, welche ich lernte»die Opfer« zu nennen, und die, welche»die Täter« hießen. Beide Gruppen hatten etwas Irreales, da die einen zum größten Teil verschwunden waren, während die anderen versteckt lebten, mit offen sichtbaren Körpern zwar, aber verborgenen Seelen.

Die Stadt war schon seit einiger Zeit in»Zonen« unterteilt, als sie plötzlich, eines Sonntagmorgens im August, für immer zerrissen werden sollte, in Stücke geschnitten wie ein Kuchen. Das Radio gab die Namen der geschlossenen»Übergänge« bekannt, ich erinnere mich an das Wort»Sonnenallee«. Die Sonnenallee war, als ich sie später kennenlernte, eine ereignislose, fade Straße im Südosten der Stadt, sie führte geradewegs auf die Mauer und wirkte amputiert und halb tot. Aber ihr Name klang großartig, verheißungsvoll und tragisch in einem: Vielleicht, weil der Tag, als man die Mauer baute, ein Tag von strahlendem Sonnenschein war, vielleicht weil die Sonne gelb war und gelb die Farbe, die mich ständig beschäftigte.

Denn der Stern war gelb. Und nur schrecklich, wenn er gelb war. Ich habe ihn später in anderen Farben gesehen, silbern auf Amuletten, himmelblau auf israelischen Fahnen oder auf den Trag-

13

flächen israelischer Jagdflugzeuge, und da war er nicht mehr schrecklich, sondern schön. Es war derselbe sechseckige Stern, ein regelmäßiges Hexagramm, hebräisch *magen david*, Davids Schild. Offenbar wurde ihm einst schützende Wirkung zugesprochen. Und es lag ein schrecklicher Hohn darin, ihn tausendfach auf der Brust von gänzlich Schutzlosen zu sehen, von Verlorenen und Todgeweihten. Diesem Hohn bin ich bis heute auf der Spur. Er scheint mir das Grauenhafteste an dieser ohnehin grauenhaften Geschichte.

In meiner Kindheit hieß der Stern weder Davids Schild noch Davidstern, sondern, wenn man ihn – verschämt – überhaupt benannte, Judenstern. In solchen Zusammensetzungen muss mir das gemiedene Wort zuerst begegnet sein: Judenverfolgung. Judengesetze. Judenvernichtung. Ein Jude war, wer verfolgt, unter restriktive Gesetze gestellt, am Ende vernichtet wurde. Ein Jude war ein Opfer. Damit erschöpfte sich zunächst die Erklärung des Wortes. Ich habe zahllose Menschen getroffen, die bis heute nichts anderes mit dem Wort zu verbinden wissen.

Vielleicht wäre es auch mir so gegangen. Dort, wo ich aufwuchs, im Osten der geteilten Stadt Berlin, war wenig über das Wort in Erfahrung zu bringen. Das Wort »Jude« ohne weitere Zusätze blieb unerklärt. Fragen bei meinen Eltern führten zu interessant klingenden, aber nicht wirklich erhellenden Antworten. Sie seien »ein altes Volk«. Auch das Nachschlagen in Lexika half diesmal nicht weiter. »Historisch gewachsene Gemeinschaft von Menschen, die sich mit und nach der um die Wende vom 13. zum 12. Jahrhundert vor Christus vollziehenden Einwanderung semitischer Nomadenstämme nach Palästina bildete.« Die jüdische »Eigenstaatlichkeit«, so ließ das Lexikon weiter wissen, sei mit Niederschlagung der Aufstände im ersten und zweiten Jahrhundert durch die Römer beendet worden. Kein Wort darüber, dass die Eigenstaatlichkeit inzwischen wieder bestand. Kein Wort vom heutigen Staat Israel. Das Geheimnis schien sich zu vertiefen, je näher man ihm kam.

Ein altes Volk, ein antikes Volk. Antik wie die Marmorfiguren im Pergamonmuseum? Nur dass es sich nicht um Steine handelte, sondern um Menschen. Wo fand ich sie? Gab es irgendwo lebende Juden? Als ich etwa zwölf Jahre alt war, wurde das Museum einer meiner liebsten Aufenthaltsorte. Wir wohnten in der Nähe, ich fuhr ein paar Minuten mit der S-Bahn zum Bahnhof Friedrichstraße und hielt mich stundenlang zwischen Säulen und Statuen auf, zwischen Marmor und zerbrochenem Ton. Ein Geruch nach uraltem Staub lag in den weiten, kühlen Hallen, vielleicht nach der Erde, in der diese Stücke Jahrhunderte lang gelegen hatten, nach einer fernen, hellen Erde, nach Wüstensand.

Das Volk, für das ich mich interessierte, existierte längst, als der Pergamonaltar und die anderen Prunkstücke des Hauses errichtet wurden. Es existierte noch. Dennoch fand ich kaum eine Spur von ihm. Oft saß ich im Lesesaal der Berliner Stadtbibliothek in der Breiten Straße und studierte Bücher über die Antike. Es gab deren viele, über Ägypter, Perser, Assyrer, Griechen, Römer, aber seltsamerweise kaum eins über die Juden. Ich las die Werke der griechischen und römischen Philosophen und näherte mich damit immerhin der Zeit, die ich suchte. Auch auf Umwegen gelangt man zum Ziel, vielleicht sogar mit tieferen Einsichten als auf gerader Straße. Erschwerend hinzu kam, dass ich strikt atheistisch erzogen wurde. Daher fand ich das geheimnisvolle Volk auch nicht dort, wo ich es sonst auf jeden Fall hätte finden müssen, in der Bibel.

In der Stadtbibliothek machte ich eines Tages einen Fund, der mir das Herz stocken ließ: ein groß und sichtbar mit dem Davidstern verziertes Heft. Der Stern stand schwarz auf dem mattweißen, holzhaltigen Papier, das zudem verstaubt war – außer mir schien niemand das Heft zu lesen. Der Stern wirkte anders als jener gelbe, der die Opfer wie ein Brandmal gezeichnet hatte, er sah nüchtern aus, offiziell. Wie der Stempel einer Behörde. Das Heft hieß »Nachrichtenblatt der Jüdischen Gemeinden der DDR«. In gewisser Weise war ich am Ziel.

Es gab also Juden, lebendige Juden, Menschen, die sich selbst so nannten. Ich hatte ab und zu Gleichaltrige getroffen, die im Verlauf längerer und verwickelter Gespräche eingestanden, von Juden abzustammen, jüdische Vorfahren zu haben und was dergleichen mehr war an ausweichenden Formeln. Vor allem in den Kreisen der Funktionäre und »guten Genossen« – zu denen inzwischen auch meine Eltern gehörten – gab es solche Kinder, und ich fühlte mich fast immer zu ihnen hingezogen. Wenn ich zurückblicke, kann ich sagen, dass fast ausnahmslos alle meine Freunde von dieser Art waren. Wir wussten nichts Genaueres vom Anderen, jeder verbarg das Geheimnis auf seine Weise, aber wir erkannten einander. Es war ein mysteriöses Erkennen, Blicke, halbe Andeutungen, das gemeinsame Lachen über etwas, worüber andere nicht gelacht hätten. Manche haben später, als Erwachsene, als der Bann gebrochen war, einen Weg ins Judentum gefunden – andere nicht. Manche trugen jüdische Namen und leugneten standhaft, von irgendetwas zu wissen. Ich erfuhr später, dass es in vielen Familien verboten war, darüber zu sprechen. Gabriel Berger, der in Dresden aufwuchs, schrieb später im Westen über diese Jahre. Sein Vater, Kommunist wie meiner, hatte seinen Kindern eingeschärft: »Eure jüdische Herkunft behaltet bitte für euch. Sie ist ohne jeden Belang und hat niemanden zu interessieren. Am besten, ihr vergesst sie ganz.«

In meiner Familie wurde das Thema gemieden, aber nicht geradezu unterdrückt. Es gäbe tatsächlich Juden, erfuhr ich auf meine hartnäckigen Fragen, das Judentum sei eine Religionsgemeinschaft, an der einige immer noch hingen, während wir als Marxisten und aufgeklärte Menschen glücklicherweise über derlei hinaus seien. Also waren die Juden kein Volk, eher eine religiöse Sekte. Zum Aussterben verurteilt im Zeitalter der Vernunft und der siegreichen Wissenschaften. Ich nahm es hin, ohne es zu glauben. Über meine Mitteilung, dass ich regelmäßig im Lesesaal der Stadtbibliothek das »Nachrichtenblatt der Jüdischen Gemeinden« las, wurde gelächelt wie über eine Kinderei.

Nun war dieses »Nachrichtenblatt« auch wirklich keine große Versuchung. Den spärlichen Fotos nach zu urteilen, gab es in der jüdischen Gemeinden fast nur alte Leute. Die dünnen Heftchen

16

enthielten zahlreiche Todesanzeigen, Berichte über Kaffeenach-mittage und gelegentlich Texte über jüdisches Brauchtum, die ich mit Interesse las. Oft wurde über den Holocaust geschrieben im üblichen propagandistischen Stil: der Judenhass als politisches In-strument des Großbürgertums und anderer reaktionärer Kräfte, dem werktätigen Volk wären derlei Regungen unbekannt. Vom neuen Staat Israel stand in diesen Blättern nichts. Jugend hielt man von den Gemeinden fern, systematisch, wie mir schien, denn niemals sah ich Kinder auf den blassen Fotos.

Ich begnügte mich nicht mit dem Lesen im Nachrichtenblatt, sondern ging zu einigen der Kaffeenachmittage, in ein trübsinni-ges Hinterzimmer in der Oranienburger Straße. Eines Tages trat der Kantor Abraham Rettig aus Warschau mit jiddischen Liedern auf, er ging aus sich heraus und tanzte ein paar Schritte, allmäh-lich belebten sich die fahlen Mienen der alten Leute, wagten die wenigen Jüngeren zu lachen, entstand etwas wie Wärme in dem kahlen Raum. Doch entspannte sich die Stimmung niemals wirk-lich. Auch hier lag Unausgesprochenes in der Luft, geheimes Wis-sen um etwas, woran man besser nicht rührte. Niemals wäre ich auf die Idee gekommen, zu einem der Gemeindefunktionäre zu gehen und zu fragen:»Wie kann ich bei euch Mitglied werden?« Erst Jahrzehnte später wurde bekannt, in welchem Ausmaß die Gemeinden von der Staatssicherheit überwacht wurden, wie weit-gehend sie kollaborierten. Auch ohne das zu wissen, fühlte ich Misstrauen. Ich hatte von Judentum eine zu hohe Meinung, um falschen Nachahmungen zu glauben.

Meine Schulfreundin Bella erzählte mir kürzlich in Israel eine Geschichte, die den Zustand dieser Gemeinden illustriert. Mitte der siebziger Jahre wollte sie in Ost-Berlin einen Israeli heiraten, ihren heutigen Mann. Sie wollte es nach jüdischer Sitte tun, unter dem Hochzeitsbaldachin, der *chupah*. Doch es gab keine *chupah* in der jüdischen Gemeinde der Hauptstadt der DDR, die einzige, an die man sich erinnern konnte, war vor Jahren an die Komische Oper ausgeliehen worden, als Requisite in dem Musical »Der Fiedler auf dem Dach«. Als Bella und ihr Bräutigam Eyal auf einer *chupah* bestanden, musste das vergessene Stück vom Theaterspeicher geholt werden, nach langen Verhandlungen mit der Theaterleitung, die es inzwischen als ihr Eigentum betrachtete. Denn seit zwanzig Jahren hatte es in Ost-Berlin keine jüdische Hochzeit gegeben, war die *chupah* folglich ohne Sinn. Nichts anderes waren die Gemeinden selbst: Vorzeigestücke eines nicht mehr existierenden Lebens.

Vermutlich war Eyal, der Mann meiner Schulfreundin Bella, der einzige Israeli, der je in Ost-Berlin geheiratet hat, vielleicht auch der einzige, der in den Jahren vor dem Fall der Mauer dort lebte. Wie es dazu kam, ist eine lange Geschichte, zu lang, um sie hier zu erzählen. Der Staat Israel wurde in der DDR ausschliesslich als Negativum behandelt, als Friedensfeind und Ruhestörer. Auch die jüdischen Gemeinden unterhielten keine Beziehungen zum »Kettenhund des US-Monopolkapitals«. Erst im Frühjahr 1989 lud man eine israelische Delegation in die Ost-Berliner Gemeinde ein. Der Vorfall war so ungeheuerlich, dass die DDR-Sicherheitsorgane auch mich mit einreisen ließen, obwohl ich in ihren Akten als »feindliche Person« geführt wurde und mein Einreiseverbot bereits bis 1990 festgelegt war. Der Umstand, dass ich für »feindliche Medien« schrieb, sprach diesmal zu meinen Gunsten: In diesen Medien, so hoffte man, würde ich über das Ereignis berichten und im Westen kundtun helfen, dass die DDR auf dem Weg zu einer Umgestaltung war.

Ich hatte mit meiner Frau und den Kindern Ost-Berlin schon lange zuvor verlassen. In den Wochen vor unserem Abschied führten wir vertrauliche Gespräche grundsätzlich nur noch auf dem Jüdischen Friedhof in Berlin-Weißensee. Dieser Friedhof ist ein riesiges, parkartiges Areal mit zehntausenden Gräbern, viele von Efeu überwuchert, bemoost und mit deutlichen Malen der Vergänglichkeit. Es gibt dort enorme Grabmäler von makaberer Pracht, aus rotem Granit, aus Marmor, aus verwittertem Sandstein. Manche von ihnen sind wie kleine Häuser. In der NS-Zeit diente der Friedhof als Unterschlupf für untergetauchte Berliner Juden. Die geheimen Grabkammern, die verschlungenen Pfade, der waldartige Bewuchs des Friedhofs verbargen die Geflüchteten. Nicht wenige haben dort überlebt. Die nach ihnen ausgesandten SS-Leute, so erzählte man, hätten eine schwer erklärbare Scheu gezeigt, zwischen diesen Steinen allzu gründlich zu suchen. Einer der alten hebräischen Namen für Friedhof ist *bet ha chaim*, Haus des Lebens. Hier wurde er Wahrheit. Deutsche Juden nennen Friedhöfe den guten Ort. Auch das traf zu: Man fand in dieser Umgebung die Schikanen eines deutschen Staates nicht so bedrückend wie draußen vor dem schmiedeeisernen Tor, man atmete unwillkürlich auf, wenn man zwischen den Gräbern war. Für uns gab es vernünftige Gründe, unsere Gespräche dort und nirgendwo anders zu führen. Unsere Wohnung und unser Telefon wurden abgehört, ungebetene Besucher stellten sich zu jeder Tageszeit ein, Autos mit wartenden Männern standen vor unserem Haus. Aber neben diesen einleuchtenden Motiven gab es noch andere, rätselhaftere. Wir fühlten uns dort nicht allein. In den langen Alleen war kein Mensch zu sehen, niemand teilte mit uns die Ruhe der Gräber, das lautlose Wachsen des Efeus, und doch fühlten wir uns beschützt. Wir wollten Juden um uns haben in diesen schweren, gefährlichen Tagen. Wenn es schon keine lebenden gab, dann wenigstens die Geister der Toten.

Wir lasen die Namen auf den Steinen, als wollten wir uns Mut zusprechen. Leopold Loewenherz, Moritz Steinschneider, Salomon Kalischer, Karl Emil Franzos. Der Literaturhistoriker Gustav Karpeles, der Sozialpolitiker Max Hirsch. Der junge Herbert Baum, der als Jude eine Widerstandsgruppe gegen die Nazis geleitet hatte und hingerichtet wurde. Sie alle waren nicht tot. Sie waren spürbar um uns, gaben uns Lebensmut, inspirierten uns zu unserem Weg in die Freiheit.

Als ich das erste Mal nach Ost-Berlin zurückkehrte, Jahre später, am Tag des Besuchs der ersten israelischen Delegation, herrschte in den Hinterzimmern der Oranienburger Straße ein anderer Geist. Wir wussten nicht, dass die Diktatur der Partei nur noch wenige Monate dauern würde, aber schon war eine Last von allen Schultern genommen, schon ahnten die eingesperrten See-

19

len, was der Augenschein noch verhehlte. Trotz Anwesenheit der bekannten Gemeindefunktionäre (von denen zu ahnen war, was wenig später die Stasi-Akten enthüllten) wurde ich, der »Feind«, in Pläne zur Verweigerung, zum Widerstand eingeweiht. »Wir machen nicht mehr mit«, erklärte mir blass, aber entschlossen eine fast vergessene Schulfreundin. Als wir uns vor zwanzig Jahren täglich in der Schule sahen, ahnte ich kaum, dass sie jüdisch war. Wir alle wuchsen mit diesem Schweigen auf – über etwas, das es angeblich nicht mehr gab.

Was immer man über die jüdischen Gemeinden der DDR denken mag, ihre Mitglieder waren unter den Juden dortzulande immer noch die mutigsten. Sie gestanden offen ein, Juden zu sein. Seit den politischen Verfolgungen zu Beginn der fünfziger Jahre wegen »Kosmopolitismus« und »Zionismus« wagten viele kein offenes Bekenntnis zum Judentum mehr. Vor allem in Parteikreisen, wo man besser als anderswo um die Prozesse in Prag und Budapest, um Stalins Judenhass, um die Judenverfolgungen im kommunistischen Polen wusste. Auch in Ost-Berlin, Leipzig und anderen ostdeutschen Städten waren jüdische Intellektuelle ins Visier der Sicherheitsdienste geraten. Einige von ihnen wurden verhaftet, mehrere Tausend flohen in den Westen. In meiner Kindheit hörte ich darüber kein einziges Wort. Erst später im Westen las ich die Lager-Erinnerungen von Jewgenja Ginsburg und Alexander Weissberg-Czybilski, Nadeschda Mandelstams »Jahrhundert der Wölfe«, Arthur Londons Bericht über den Slansky-Prozess, die Memoiren von Kantorowicz und Karola Bloch. Hunderttausende Juden sind dem kommunistischen System zum Opfer gefallen, auch ihrer sei ewig gedacht.

Bis sich mir die Bücherbestände des Westens auftaten, verbrachte ich, was alles Jüdische betraf, karge Jahre. In der DDR wurde Judentum grundsätzlich unter dem Aspekt der Verfolgung, allenfalls noch des Widerstands in der NS-Zeit gesehen, jahrzehntelang gab es so gut wie kein einziges Buch über Leben, Geschichte, Kultur oder gar Religion der Juden. 1968 veröffentlichte der Leipziger Reclam-Verlag unter dem Titel »Der Fiedler vom

Getto« einen Band jiddischer Gedichte von Gebirtig, Manger, Moishe Kulbak und anderen (der Umstand, dass Kulbak in einem sibirischen Lager ums Leben gekommen war, wurde nicht erwähnt). 1980 riskierte der Verlag ausgewählte Erzählungen des Literatur-Nobelpreisträgers Isaak Bashevis Singer. Ich vermute, dass die Herausgeber schwere Kämpfe zu bestehen hatten, um wenigstens diese tendenziöse, von Auslassungen und Verschweigen entstellten Ausgabe durchzusetzen. In dem Band Singer-Erzählungen wurde, wie ich später in einem Essay schrieb, »ein Grundzug des Singerschen Werkes durch geschickte Auswahl unterschlagen: die Ähnlichkeit der Nazis und der sowjetischen Kommunisten gerade in dieser, der jüdischen Frage«. Insgesamt ähnelten solche Auswahlbände einer Totenklage, wie schon der Untertitel des Gedichtbandes »Der Fiedler vom Getto« suggerierte: »Dichtung eines ermordeten Volkes«. Ich bin seit damals allergisch gegen den Totenkult um die Juden in Deutschland: Von klein auf habe ich miterlebt, dass er dazu dient, lebendiges Judentum in den Schatten der Katastrophe zu bannen.

Auch im Dunkel macht man überraschende Funde. Ich erinnere mich, wo ich das Wort »Zionismus« zum ersten Mal las, ein im sowjetischen Imperium so gut wie verbotenes Wort. In der Stalin-Zeit hatte es als Anschuldigung in politischen Prozessen gedient, auch später blieb es mit feindlichen Aktivitäten assoziiert. Man fand es gelegentlich in den Israel-Karikaturen der sowjetischen Zeitschrift Krokodil, »die denen der Nazi-Blätter bis ins Detail glichen«, wie ich später schrieb, »krummnasige Männer zettelten und zündelten gegen den Weltfrieden«. Ich stieß in einem belletristischen Text auf diesen Begriff, in einem genehmigten und in der DDR veröffentlichten Buch: in Heinrich Manns frühem Roman »Im Schlaraffenland«. In diesem Roman treten reiche Berliner Juden der Kaiserzeit auf, Börsenmakler und Spekulanten an der Schwelle zur endgültigen Assimilation, von jüdischem Selbsthass entstellte, absurde, verrückte Gestalten. Ich will nur kurz erwähnen, dass ich all dies aus meiner Familie kannte, dass mir die Figuren trotz ihrer grotesken Züge vollkommen realistisch erschienen. Unter ihnen war ein Herr Liebling, von dem es hieß, er sei »Zionist«. Da ich das Wort nicht kannte, verwechselte ich es zunächst mit »Zyniker«. In halb vergessenen Nachschlagewerken kam ich der Sache allmählich auf den Grund.

Jahre später, kurz vor dem Ende der DDR, schrieb ich in West-Berlin einen Aufsatz, den die Zeitschrift *DeutschlandArchiv* bei mir bestellt hatte: Er sollte sich mit antisemitischen Ausschreitungen von Neonazis in der DDR beschäftigen. Im Westen nahm man diese Entwicklung mit einer gewissen Überraschung wahr. Damals hatte ich ein Büro in der Freien Universität, ein mit Büchern vollgestopftes Zimmer mit Blick auf Bäume und Häuserdächer, in derselben Stadt, in der ich aufgewachsen war, aber doch unvorstellbar weit weg vom Ort meiner Kindheit. Heute kann man sich kaum noch vorstellen, wie irreal die DDR vom Westen aus wirkte, wie extragalaktisch, wie außerhalb des allgemeinen Denkens. Was »drüben« geschah, wurde fast so ungern erwähnt, wie das, was in meiner Kindheit ungern erwähnt worden war. Immer gab es etwas Unaussprechliches in diesem Land, und immer verfing sich gerade dort mein Interesse.

In meinem Büro häufte ich alle Bücher auf, die zum Thema Antisemitismus greifbar waren. Indem ich mich in die Materie vertiefte, begriff ich, dass der scheinbar unerklärliche Judenhass im Osten Deutschlands mit dem Schweigen über alles Jüdische in Verbindung stand. Dieses Schweigen hatte so negativ gewirkt wie anderswo offene Feindseligkeit. Ich begriff auch, wie unklar mein eigenes Verhältnis zum Judentum war, immer noch, trotz aller Bücher, die ich inzwischen gelesen hatte, trotz meiner Sympathien für Israel, trotz begonnener Studien in Thora und Talmud. Für diesen Aufsatz brauchte ich Wochen. Ich kann mich nicht erinnern, jemals so mühsam geschrieben zu haben. Unversehens ging die soziologische Betrachtung in eine autobiographische über. Mir wurde klar: Das Problem, das es hier zu klären galt, betraf mich selbst.

Nach einer Diskussion mit der Herausgeberin dehnte ich das Thema aus und nannte den Text »Früchte des Schweigens. Jüdische Selbstverleugnung und Antisemitismus in der DDR«. Er enthält einen Überblick über die komplexen Hintergründe des traurigen Schattendaseins der Juden im Osten Deutschlands. Bis heute bin ich über die Offenheit des Untertitels erstaunt: Er deutete an, dass es so etwas wie jüdischen Selbsthass gibt und dass diese unerfreuliche, jeden Betrachter abstoßende Erscheinung mit dem Judenhass der anderen in Zusammenhang steht. Eine weitere Komplikation: Der Osten Deutschlands war sowjetisch besetztes Land. Folglich hatte das dortige Schattendasein der Juden, das ich so mühsam zu beschreiben versuchte, mit sowjetischem Antisemitismus zu tun, mit der in diesem Imperium herrschenden Unterdrückung der Juden. Doch zugleich war es die Schmerz-Zone einer deutschen Nachkriegsgesellschaft. Die DDR war auch Deutschland. Der Judenhass dort hatte mehrere Schichten. Er glich den unterirdischen Bunkern und Treppenschächten, die mich als Kind fasziniert hatten: Immer tiefer führte er hinab, schien kein Ende zu nehmen, in immer noch dunklere, ältere Räume.

Ich begann mich mit deutschem Judenhass zu beschäftigen, mit dem der Nationalsozialisten, dann mit seinen Vorläufern im 19. Jahrhundert, mit Wilhelm Marr, Richard Wagner, Treitschke oder Hofrat Stoecker. Von diesen kam ich zwangsläufig auf Rohling und Eisenmenger, auf die judenfeindlichen Äußerungen Luthers und der Dominikaner, auf die Judenverfolgungen des Mittelalters. Ein Ende war nicht abzusehen, immer tiefer ging es hinab, in die katholische Scholastik, zu Bernhard von Clairvaux, zu den Kirchenvätern, zu Ambrosius von Mailand, zu den antijüdischen Tendenzen des erstarkenden Christentums. Ich musste die Lektüre abbrechen und auf später verschieben: Schon im alten Rom, am Hof des persischen Großkönigs, im Reich der Pharaonen hatte es Judenhass gegeben, es handelte sich offenbar um ein unsterbliches Phänomen.

Im biblischen Buch Ester, einer Schrift, die im fünften Jahrhundert vor Christus ihren Ursprung hat, steht die klassische »Begründung« für jeden Anti-Judaismus: *V datejhem shonot mi kol am v et datej ha melech ejna osim.* (Und ihre Gesetze sind verschieden von denen aller Völker, und des Königs Gesetze befolgen sie nicht.) Die Ester-Geschichte zeigt im weiteren Verlauf, dass der Vorwurf nicht zutraf, dass sich – im Gegenteil – die persischen Juden als segensreich für Land und König erwiesen. So geht aus diesem Buch gleichfalls ein verborgenes Paradigma für allen Judenhass hervor, von Pharaos Tagen bis Saddam und Arafat: Dass seine jeweilige Begründung immer Vorwand ist, dass er seit der Antike immer auf den gleichen irrationalen, keiner Nachprüfung standhaltenden Vorurteilen beruht, die wenig oder nichts damit zu tun haben, wie sich die Juden oder ihr Staat in der jeweiligen Zeit verhielten oder ob es überhaupt ein jüdisches Staatswesen gab.

Auf seltsamen, rückwärtigen Wegen näherte ich mich dem verlorenen Gegenstand, sein Negativbild war mir früher bekannt als das Positiv. Eine jüdische Ausbildung beginnt normalerweise mit dem Studium der Thora, der hebräischen Bibel und dem weiterführenden Schrifttum von Mishnah und Talmud. Nichts von alledem war in meiner Kindheit zugänglich. Ich musste mit anderen Quellen beginnen, aus anderen, oft abwegigen Sphären meine Kenntnis über Juden und Judentum gewinnen. Man findet die Wahrheit notfalls im Ausschlussverfahren, indem man die Lügen eine nach der anderen erkennt und verwirft. Ich gebe zu, dass es ein zeitraubendes Verfahren ist, aber es verleiht eine gewisse Immunität. Von klein auf sind mir alle Arten von Antisemitismus bekannt, auch alle Formen von Assimilation, Selbstverleugnung, Selbsthass auf jüdischer Seite. Ich lernte die Verirrungen eher kennen als den geraden Weg, die Dunkelheit eher als das Licht.

Dennoch hat mich nichts von meinen ersten kindlichen Gefühlen gegenüber diesem Volk abbringen können. In»Früchte des Schweigens« beschrieb ich diese erste Regung so: »Ich entdeckte in mir eine schwer erklärbare, dafür umso tiefere Sympathie für das Judentum, dabei wusste ich nicht einmal genau, ob ich selbst Jude war. Wer war eigentlich Jude? Wer sich zum mosaischen Glauben bekannte? Oder wer jüdische Vorfahren hatte?« Über Jahre folgte ich inneren Stimmen und Eingebungen, tastete mich durch dichten Nebel, ahnte mehr, als ich wusste. Auch im Westen sollten noch Jahre vergehen, bis sich meine Scherbenfunde zu einem Bild fügten. Im Grunde gelang es erst in Israel. Meine Frau ging den langen Weg mit mir, sie hatte noch weniger Anhaltspunkte als ich. Vielleicht hat mich diese Erfahrung religiös werden lassen: Dass ich gegen alle Wahrscheinlichkeit fand, was ich suchte, dass ich mit Frau und Kindern nach Israel gelangte, in das geheimnisvolle, ungern erwähnte Land, in das es mich seit Kindertagen zog.

Denn hier liegt die größte Seltsamkeit von allen: Dass ich seit Kindertagen Bewunderung für ein Land fühlte, von dem ich, falls überhaupt, nur Schlechtes und Nachteiliges hörte. In den Zeitungen, die ich zu sehen bekam, in den Darstellungen meiner Lehrer und Schulbücher hießen Israels Kriege »imperialistische Expansion« und Israel selbst »Stellvertreter des US-Monopolkapitals«. Das kleine Land galt als Störenfried inmitten friedwilliger, um Fortschritt bemühter arabischer Nachbarn. Arafat wurde »der Genosse Arafat« genannt, auch Gaddafi war ein guter Freund. Ihre blutigen und hinterhältigen Anschläge dienten einer »gerechten Sache«, dem Befreiungskampf ihrer Völker. Denn die schlimmste Gefahr für Fortschritt, Weltfrieden und Wohlergehen der Menschheit war und blieb der amerikanische Imperialismus und sein Juniorpartner Israel.

Sind die Argumentationsmuster heutiger Israel-Gegner so verschieden von denen meiner mit ihrem Staat versunkenen Lehrer? Ist, was europäische Medien heute von sich geben, so verschieden von den damaligen Tiraden der Partei-Zeitungen »Neues Deutschland« oder »Prawda«? Wie kommt es zu dieser verblüffenden Nähe? Liegt es an Israels ewig gleich bleibender Schuld? Oder daran, dass sich die bekannte kommunistische Wahrheitsliebe im Fall Israel mit der des heutigen Europa deckt? Dass europäische Staaten inzwischen dieselben Terrororganisationen unterstützen wie damals die Sowjetunion? Auch die anti-israelische Politik der Sowjetunion wurde, wie ich mich erinnere, mit Friedensliebe begründet …

Ich bin Europäer wie man es nur sein kann. Die anti-israelische

Attitüde, die im heutigen Europa verbreitet ist, kann mich dennoch nicht beirren. Es mag daran liegen, dass ich seit meiner Kindheit anti-amerikanischen und anti-israelischen Stimmungen ausgesetzt war, in Ost-Berlin, in West-Berlin, überall in Europa, immer wieder, in Überdosen, und dass ich gegen ihre Einwirkungen unempfänglich geworden bin. Mir schien die DDR, bevor ich sie verließ, ein hoffnungsloses, durch eigene Dummheit ruiniertes Land, und der blinde Hass auf Israel eins der sichersten Symptome ihres Scheiterns. Bis heute kann ich nichts anderes darin sehen, bei wem auch immer sich diese Krankheit zeigt.

Vielleicht bin ich auch deswegen von einer fast unverständlichen Zuversicht, weil Judenhass, so plötzlich und unberechenbar sein Ausbruch sein mag, auch immer wieder in der Geschichte einfach verstummt ist. Unversehens besannen sich Länder, die ihre Juden verfolgt und vertrieben hatten, eines Besseren und versuchten die eben Verjagten zurückzuholen. Auch dafür ist die Ester-Geschichte ein frühes Beispiel: Derselbe persische Großkönig, der die Juden per Dekret vernichten wollte, verlieh ihnen danach Rechte und Würden. In Spanien, das seine Juden gewaltsam vertrieben hat, wünscht sich heute mancher, wenigstens einige kämen zurück. Deutschland wandte große Geldsummen auf, um russische Juden ins Land zu locken, nachdem es die eigenen vernichtet und verjagt hatte. Judenhass ist ein destruktives, selbstzerstörerisches, von daher notwendigerweise zeitlich begrenztes Phänomen. Dass der Antisemitismus *in perpetuum* zu existieren scheint, steht dazu nicht im Widerspruch. Sein Auftreten ist zyklisch, in Gezeiten, in einem Auf und Ab von Stimmungen. Er kommt und geht, und wenn wir auch vorher nicht genau wissen, wann das eine, wann das andere geschehen wird, lehrt doch alle Erfahrung, dass die Sache irgendwann ein vorläufiges Ende nimmt.

Es mag heute phantastisch anmuten, wenn ich davon ausgehe, dass sich auch der islamische Hass auf Israel und den Westen erschöpfen wird. Das Überdauern solcher Stimmungen ist alte jüdische Erfahrung. Wir werden noch einige Zeit mit dem Terror leben müssen, mit dem kompakten Schrecken dieser Tage, der unsere Hoffnungen auf ein friedliches Leben verdunkelt. Doch der Wille zur Vernichtung ist ein extensives, sich selbst erschöpfendes Programm. Der sinnlose Versuch, den jüdischen Staat aus der Welt zu schaffen, wird die Scharen der Glaubenskrieger nicht ewig zusammenhalten. Erinnerungen werden sich einstellen, Gedankengänge sich öffnen, die jetzt von blindem Hass blockiert sind. Lange haben muslimische Völker mit Juden in friedlicher Nachbarschaft gelebt, viel heimlicher Respekt gegenüber dem »Volk des Buches« findet sich im Koran, tief ist die Nähe aus uralter Zeit.

Als ich ein Kind war, wollte man mir die Existenz des jüdischen Volkes verschweigen. Von seiner Fast-Vernichtung war ständig die Rede. Ansonsten umging man möglichst alles, was es über dieses Volk zu sagen gibt. Auch sein tiefstes Geheimnis: Dass kein Mensch, keine Gewalt, keine Macht der Erde dieses Volk vernichten kann.

Lea Fleischmann

Die unbeantworteten Fragen meiner Kindheit

Geburtsort? Ulm. Wie oft habe ich in meinem Leben das Wort Ulm niedergeschrieben? Der Vorname Lea, der Nachname Fleischmann und der Geburtsort Ulm gehören zusammen. Aber Ulm war für mich lediglich ein Wort, ein Klang, ein Begriff in meiner Biographie. Die reale Stadt Ulm existierte nicht in meinem Leben. Ich habe keine Kindheitserinnerungen an Ulm, und meine Eltern haben mir nichts von dieser Stadt berichtet. Ich wusste lediglich, dass es in Ulm ein DP-Lager gegeben hatte. DPs war die Abkürzung für *Displaced Persons*. So nannte man die Menschen, die nach dem Krieg heimat- und wurzellos durch Europa irrten. Unter ihnen waren etwa 250 000 Juden, die den Holocaust überlebt und nur ihr nacktes Leben gerettet hatten. Die Besatzungsmächte brachten sie in Lagern unter. In Ulm befand sich so ein DP-Lager, und dort erblickte ich das Licht der Welt.

Meine Eltern teilten mir nur wenig von ihrer Vergangenheit mit. Sie erzählten kaum etwas über die Orte, in denen sie geboren wurden, aufgewachsen waren und gelebt hatten und gaben nur spärliche Informationen über ihre Familien und ihr Vorleben preis. Die Vergangenheit war ein Scherbenhaufen, ein Trümmerfeld, auf dem sie die toten Verwandten und die zerstörte jüdische Kultur hinter sich gelassen hatten. Es kam mir vor, als wäre mit ihren Eltern und Geschwistern auch ihre Vergangenheit umgebracht worden. Ich konnte nur Bruchstücke des Vorlebens meiner Eltern in Erfahrung bringen.

Meine Mutter wurde in Zarki, in der Nähe von Tschenstochau in Polen, geboren und hatte elf Geschwister. Ein Bruder hat den Krieg überlebt. Doch die anderen?

»Die Deutschen haben sie vergast«, lautete die knappe Antwort.

Wie konnte man da weiterfragen? Ich spürte, dass es Bereiche gab, die man nicht antasten durfte. Zu schnell begannen die Tränen zu fließen oder kochten die Emotionen hoch. Also hielt ich mich mit Fragen zurück, um meine Eltern nicht aus dem seelischen Gleichgewicht zu bringen. So kommt es, dass ich nicht weiß, wie meine toten Onkel und Tanten hießen. Sie hatten sich in Luft aufgelöst, so als hätten sie nie existiert. Es gab kein Grab, kein Erinnerungsstück, kein Bild von ihnen.

Meine Mutter war in verschiedenen Konzentrationslagern gewesen. In welchen? Sie hat es mir nicht erzählt. Sie hat Zwangsarbeit leisten müssen, denn sie klagte stets:

»Ich habe Munition für das deutsche Militär hergestellt. Das Pulver hat mir die Augen ausgebrannt.«

Für welche Firmen musste sie arbeiten? Ich weiß es nicht.

Bei meiner Geburt war sie war 27 Jahre alt, sehbehindert und hatte schon viele Zähne verloren.

»Die hat mir ein SS-Mann ausgeschlagen.«

Wo? Ich habe sie nicht gefragt.

Mein Vater starb, als ich 18 Jahre alt war, und von seiner Vergangenheit weiß ich noch weniger. Er war der einzige Überlebende aus einer Familie mit sieben Geschwistern und stammte aus Tarnopol in Galizien. Er war vor dem Krieg verheiratet gewesen und hatte einen Sohn. Seine Frau und sein Kind wurden umgebracht. Nach dem Namen meines toten Halbbruders habe ich mich nie erkundigt, und mein Vater hat ihn von sich aus nicht genannt. Wann und wie ist er aus Tarnopol entlaufen, und warum hat er seine Familie nicht mitgenommen? Er ist nach Russland entkommen und war beim russischen Militär. Was hat er dort gemacht? Keine Ahnung. Wie kamen meine Eltern nach Ulm? Ich habe keinen blassen Schimmer. Wo haben sie sich kennengelernt? Fragen über Fragen türmen sich auf. Fragen, die nie gestellt und nie beantwortet wurden. In unserer sprachlosen Familie herrschte ein dumpfes Schweigen zwischen den Eltern und Kindern. Diese Sprachlosigkeit war typisch für viele jüdische Familien in der Nachkriegszeit. Die Eltern wollten die Kinder nicht mit ihren Erlebnissen belasten, und wir Kinder wagten nicht zu fragen.

In den Jahren nach dem Krieg wurde meine Familie von DP-Lager zu DP-Lager verschoben. Meine Erinnerungen beginnen in Föhrenwald, einem DP-Lager in der Nähe von Wolfratshausen. Am Horizont ragten blau und schneebedeckt die Gipfel des Karwendelgebirges in den Himmel. Sie bestimmten das Landschaftsbild meiner Kindheit. Auf meinen Kinderzeichnungen malte ich eine grüne Wiese mit Gänseblümchen und Löwenzahn vor spitzen Bergen, hinter denen eine gelbe Sonne aufging. Föhrenwald lag geographisch zwar in Bayern, hatte aber den Charakter eines *Stetls*, wie wir es aus der ostjiddischen Literatur kennen. Die Bewohner waren Überlebende aus den Konzentrationslagern und Ghettos, gebeugte Gestalten mit wissenden Augen. Sie hatten in den Abgrund der Hölle geblickt und fühlten sich schuldig, weil sie aus diesem Inferno lebendig herausgekommen waren. »Die Besten haben nicht überlebt«, beteuerten sie immer wieder und verfluchten im nächsten Satz ihre Peiniger. Wenn sie von ihnen sprachen, dann fehlte niemals der Zusatz: »Ihr Name soll ausgelöscht werden!« Oder sie sagten: »Verbrennen sollen sie, wie sie uns verbrannt haben!«

Föhrenwald war eine Enklave inmitten einer feindlichen Umwelt. Die feindliche Umwelt waren die Deutschen, die, so meine Eltern, »uns alle umbringen wollen. Nur weil sie den Krieg verloren haben, sind wir noch am Leben.« Die Umgangssprache war Jiddisch, und die jüdischen Feiertage prägten das Jahr. Zu *Rosch Haschana*, dem Neujahrstag, und zu *Pessach* erhielt ich neue Schuhe oder ein neues Kleid. Christliche Feste wie Weihnachten oder Ostern habe ich in Föhrenwald niemals wahrgenommen. Christen und Deutsche waren Verbrecher und Mörder, die das jüdische Volk ausrotten wollen und die ganze Familie umgebracht haben. Jedes Kind in Föhrenwald wusste das.

Kinder und Erwachsene lebten in völlig getrennten Welten. Die Erwachsenen hatten »Schweres mitgemacht«. Irgend etwas Furchtbares, von dem alle Kinder wussten, dass es schrecklich war, aber niemand von uns verstand genau, was es war. Mit uns Kindern redete man nicht darüber, aber wir schnappten halbe Sätze auf, in denen die Worte »SS« oder »KZ« vorkamen. Immer wieder handelten die Gespräche der Erwachsenen von Schlägen, Erschießungen und Selektionen. Und vom Hunger.

In Föhrenwald herrschte kein Hunger, aber trotzdem war der Hunger in meiner Kindheit immer gegenwärtig. Er hatte sich in das Mark der Überlebenden eingenistet. Der Tisch konnte noch so reich gedeckt sein, der Hunger wurde heraufbeschworen, als fürchtete meine Mutter, die vollen Schüsseln könnten die Erinnerung an die Toten auslöschen. »Was willst du essen?« war die am meisten gestellte Frage in meiner Kindheit, und dauernd machten mir meine Eltern Vorwürfe wegen des Essens: »Wirf ja das Brot nicht weg! Eine Scheibe Brot konnte einem im KZ das Leben retten.« Oder: »Iss die Kartoffel auf! Wegen ein paar geklauter Kartoffelschalen haben die SS-Männer Menschen im Lager umgebracht.«

Aber ich mochte weder die gesalzene Butter noch das Büchsenfleisch, das widerlich schmeckte. Auch mit der Hershies-Schokolade konnte man mich nicht locken. Es waren Lebensmittel, die meine Mutter aus den Care-Paketen auspackte, auf denen zwei verschränkte Hände und die amerikanische Flagge aufgedruckt waren. Ich jedoch konnte es kaum abwarten, nach draußen zu rennen und mit den Nachbarskindern zu spielen. Rudel von Kindern tollten den ganzen Tag auf der Wiese hinter den Häusern herum. »Leije, kim!« (Lea, komm!), rief meine Freundin Henna, »mein Tate hot mir a Ball gebrengt. Chap!« (Mein Vater hat mir einen Ball gebracht. Fang!) Das DP-Lager bedeutete für ein jüdisches Kind Sicherheit. Hier hörte man keine abfälligen Bemerkungen über Juden, und es gab keine Antisemiten. Die Kinder wurden grenzenlos verwöhnt und bei jeder offiziellen Gelegenheit hoch gelobt. Allein ihre Existenz war eine heroische Tatsache. Sie waren der Beweis dafür, dass die Nazis ihr Werk nicht vollendet hatten, sie waren die Zukunft, sie waren der eigentliche Sieg.

Das DP-Lager Föhrenwald war ursprünglich eine Kaserne, und

die Wohnungen befanden sich in Steinbaracken. Die Toilette lag außerhalb des heizbaren Wohnbereichs, und im Winter fror die Wasserspülung regelmäßig ein. Mit kochendem Wasser versuchte meine Mutter, die Spülung wieder in Gang zu kriegen. Ihre Hände waren rot und rissig. Es gab kein Badezimmer, und am Freitag füllte sie eine Blechwanne zuerst mit heißem und dann mit kaltem Wasser. Ich wurde dort abgeschrubbt und schrie jedes Mal, wenn mir die Seife beim Haarewaschen in den Augen brannte.

Meine Eltern sangen mir keine Lieder vor, erzählten mir keine Geschichten und spielten nicht mit mir. Ich hatte auch kein Bedürfnis, mit ihnen zusammen zu sein. In meinen Augen waren sie uralt und stammten aus einer Zeit, die längst vergangen war, sie waren verhaftet in Seufzern, Krächzen und ewigem Gejammere. Gesungen habe ich im Kindergarten mit der Tante: »Häschen in der Grube« und »Hänschen klein ging allein in die weite Welt hinein«. Wir saßen dabei im Kreis. Bei dem Lied »Alle Vögel fliegen hoch« hoben wir die Hände in die Luft, und ich lernte, dass es Amseln, Drosseln, Finken und Stare gab – Begriffe, die meinen Eltern völlig fremd waren. Für meinen Vater war ein Vogel eben ein Vogel: »Was spielt es für eine Rolle, wie er heißt?«, meinte er. Die Tante hat uns auch spannende Märchen vorgelesen. Sie nannte mich nicht Leije, sondern Lea und sprach nicht jiddisch, sondern deutsch.

Die »Tante« war eine junge deutsche Frau und arbeitete als Kindergärtnerin im DP-Lager Föhrenwald. Sie hatte dauergewellte braune Haare, ein freundliches Lächeln und lobte mich, weil ich so brav war. Vor dem Mittagessen erhielten wir einen Löffel Lebertran, der eklig schmeckte. Trotzdem sperrte ich den Mund weit auf, und die Tante schob mir den großen Löffel in den Mund. Die ölige Flüssigkeit schluckte ich ohne Murren hinunter. »Lea, du bist aber lieb«, sagte sie anerkennend. Die Kindergärtnerin war immer fröhlich, und ich ging morgens gerne zu ihr. Sie passte so gar nicht zu den Deutschen, die in den schlaflosen Nächten durch die Gedanken der Föhrenwalder Juden spukten und uns Kinder in Angst und Schrecken versetzten. Und vielleicht war es bereits diese heitere, junge Deutsche, die mir den Keim meiner Schicksalsfrage in die Seele legte: »Wie kommt es, dass dieses nette und freundliche deutsche Volk zu einem bestialischen Völkermord fähig war?«

Ich war der Stolz meiner Eltern. Mit meinen blonden Haaren und blauen Augen sah ich aus wie eine kleine »Schickse«, wie ein deutsches Mädchen. »Sie sieht aus wie eine kleine Schickse«, klang wie ein Lob in Föhrenwald. Damals wusste ich nicht, dass die Holocaustüberlebenden in dem DP-Lager ein Kind noch immer nach dem Gesichtspunkt betrachteten, ob es während des Krieges hätte überleben können. Ein kleines blondes jüdisches Mädchen hätte man zehn Jahre früher bei einem polnischen Bauern verstecken können, einen schwarz gelockten beschnittenen Jungen nicht. Meine blonden Haare und blauen Augen waren im Bewusstsein meiner Eltern und ihrer jüdischen Bekannten eine edle Auszeichnung der Natur. Die NS-Ideologie hatte ihre Spuren in den Seelen der Opfer hinterlassen.

Waren meine Eltern stolz auf mich, so war ich es nicht auf sie. Meine Mutter hatte fast keine Zähne mehr. Sie trug ein Gebiss, und wenn sie es abends in ein Trinkglas legte, zog sich ihr Mund zusammen wie bei einer alten Frau. Wenn es regnete oder schneite, band sie sich ein grünes oder braunes wollenes Kopftuch um. Dieses Kopftuch verstärkte den abgehärmten Eindruck ihrer Gesichtszüge. Heute, nachdem ich fast das Alter erreicht habe, in dem sie gestorben ist, schätze ich ihre Gewissenhaftigkeit, ihre Zähigkeit und Klugheit, aber als Kind sah ich nur ihr klagendes, jammerndes Gesicht. Meine Mutter war rothaarig und sehr schlank. Sie muss eine attraktive Frau gewesen sein, aber die Konzentrationslager haben ihr die Schönheit und Jugend geraubt. Ihre Anmut ist in meiner rothaarigen Tochter wiedergeboren worden. Das feste, wellige Haar mit dem kupfernen Ton umrahmt ihr längliches Gesicht, wie es damals das Antlitz meiner Mutter geschmückt hat.

Aber wer sah die Schönheit meiner Mutter? Sie kniff die Augen zusammen, weil sie kurzsichtig war. Halb blind tappte sie durchs

Leben und war froh, dass ein Mann sie zur Frau nehmen wollte. Zwei Menschen hatten nach dem Krieg zueinander gefunden, zwei Menschen, die nicht zueinander passten.

»Wir kannten uns acht Tage, da haben wir geheiratet«, vertraute sie mir einmal an.

»Warum so schnell?«, fragte ich.

»Nach dem Krieg war jeder alleine. Wir hatten keine Eltern, keine Geschwister, keine Verwandten, überhaupt niemanden. Wir waren jung und wollten zusammensein.«

Die Moral hatte die Konzentrationslager überlebt. Man schlief nicht einfach miteinander, sondern heiratete vorher. Zwei Zeugen, ein Quorum von zehn Männern und ein Rabbiner, der das junge Paar traute, waren schnell gefunden. Eine weißes Stück Gardine ersetzte den Schleier. Hochzeitskleider gab es nicht und gefeiert wurde auch nicht. »Masal tov, masal tov!«, und das Schicksal schmiedete ein krankes Paar zusammen. Mein Vater, krank am Geist, und meine Mutter, krank am Körper, gründeten eine Familie. Ein Jahr später kam ich zur Welt.

Meine Kindheit war eingehüllt in Scham und Schuldgefühle. Als ich etwa fünf Jahre alt war, sah ich von weitem auf dem Bürgersteig eine Menschenmenge diskutieren und lachen. Neugierig lief ich hin, um zu sehen, was los war. Ich schob mich durch Hosenbeine und Röcke, aber wie erschrak ich, als ich meinen Vater auf dem Boden liegen sah. Sein Hemd war zerrissen und die Hose verrutscht. Er lag in einer Pfütze, schrie und redete wirr. Mein Vater war der Grund für den heiteren Menschenauflauf.

»Man muss den Verrückten aufheben und nach Hause bringen«, sagte schließlich jemand.

Über fünfzig Jahre sind es her, aber noch heute spüre ich den Blitz der Scham, der mich durchfuhr. Weinend lief ich fort. Ich fühlte kein Mitleid mit dem Mann, der im Dreck lag, sondern schämte mich, weil es mein Vater war.

Im Januar 1957 wurde das DP-Lager Föhrenwald aufgelöst, und wir siedelten um nach Frankfurt am Main. Dort wurde meinen Eltern eine Sozialbauwohnung zugeteilt. In zwei Wohnblocks wurden die *Displaced Persons* untergebracht, in der Waldschmidt-straße 129 und 131. In Frankfurt ging ich in die Wittelsbacher Volksschule. Meine Eltern hatten keine deutschen Bekannten, und niemals besuchte mich eine deutsche Mitschülerin. Unsere Wohnung war für Deutsche tabu. Erst in den siebziger Jahren, als ich studierte, habe ich einen deutschen Kommilitonen mit nach Hause gebracht. Ich hatte meine Mutter nicht darauf vorbereitet, und sie fuhr diesen jungen Mann an, als sei er mitverantwortlich am Tod ihrer Familie. Er war völlig überrumpelt und erschrocken, und ich wusste gar nicht, wie ich mit diesem unerwarteten Gefühlsausbruch meiner Mutter umgehen sollte.

Meine Mutter war ein Opfer der Nazis und ein Opfer der nachkriegsdeutschen Bürokratie. Der Sprache unkundig, ohne Verwandte, belastet mit einem kranken Mann und vier kleinen Kindern, war sie auf das Sozialamt angewiesen. Zwar erhielt sie eine Wiedergutmachungsrente, die lag aber noch unter dem Satz der Sozialhilfe. Das Fürsorgeamt hatte die Rente aufgestockt, so dass sie unter dem Strich den Betrag erhielt, der ihr als Fürsorgeempfängerin zustand. Meine Mutter erhielt also Sozialhilfe – allerdings unter dem grandiosen Titel »Wiedergutmachung«. Da die Amtsärzte des bayerischen Landesentschädigungsamtes das Kunststück zuwege brachten und ihr nachwiesen, dass ihre Leiden nicht verfolgungsbedingt waren, hatte meine Mutter noch nicht einmal Anspruch auf eine Kur. Wie gerne wollte sie zur Kur fahren, und wie sehr hätte sie eine Kur benötigt. Aber wer sollte sich ihrer annehmen? Als ich nach meinem Studium Lehrerin wurde und selbst deutsche Beamtin war, schrieb ich einen bitterbösen Brief an das Landesentschädigungsamt in München. Darin forderte ich den Präsidenten auf, diese zum Himmel schreiende Ungerechtigkeit zu revidieren. Und tatsächlich bewilligte die Behörde meiner Mutter eine vierwöchige Kur in Bad Orb. Zum damaligen Zeitpunkt war sie jedoch schon so krank, dass sie diese Kur dort nach einer Woche abbrechen musste. Der Tod hatte bereits seine Hand nach ihr ausgestreckt.

Nur einer deutschen Frau hat meine Mutter ihr bitteres Herz

anvertraut, Else Rossbach, einer Friseurin aus Rodgau. Beide Frauen lagen im gleichen Zimmer in der Frankfurter Universitätsklinik, beide hatten sie Brustkrebs, und in den langen Nächten öffnete das gemeinsame Schicksal den Mund meiner Mutter. Else Rossbach wurde ihr eine Vertraute, und wenn meine Mutter jemals einen Funken Menschlichkeit in Deutschland wahrgenommen hat, so war es das Verdienst dieser warmherzigen Frau. Meine Mutter hatte einen letzten Wunsch: »Begrabe mich nicht in Deutschland«, bat sie mich. »Das Blut der ermordeten Juden schreit in der deutschen Erde. Es wird mich nicht zur Ruhe kommen lassen.« Ich habe meine Mutter auf dem Ölberg in Jerusalem beigesetzt.

Mein Vater verbrachte die meisten Nachkriegsjahre in der Psychiatrie. Es ist mir vollkommen schleierhaft, wie er den Krieg überlebt hat. Psychisch Kranke sind ja höchst sensible Menschen, deren Wahnvorstellungen immer wieder ihre Seele übermannen. Mein Vater konnte nicht zwischen Realität und Illusion unterscheiden, doch gleichzeitig reagierte er empfindlich wie ein Seismograph auf die Gefühlsregungen seiner Mitmenschen. Viele Jahre lebte er im psychiatrischen Krankenhaus in Heppenheim, und als Jugendliche wechselte ich mich mit meiner Mutter bei den Besuchen ab. An einem Sonntag fuhr sie nach Heppenheim, am nächsten ich. Die Strecke Frankfurt–Heppenheim hat sich in meiner Seele eingegraben. Frankfurt–Langen–Darmstadt–Bensheim–Heppenheim. Noch heute, wenn ich diese Strecke fahre, suchen mich quälende Jugenderinnerungen heim. Die Scham, wenn mich eine Freundin fragte, ob mein Vater wirklich in einer Irrenanstalt sei, das Mitleid, das mich bei seinem Anblick überkam, wenn er vom Wärter in das Besuchszimmer geführt wurde und ich ihm Zigaretten, Obst oder Gebäck brachte, und die Verständnislosigkeit, wenn er mir stolz erzählte, dass er einen Streit seiner Mitpatienten geschlichtet hatte. »Rabbi« nannten ihn die anderen Patienten, und ein Rabbi wird er wohl für sie gewesen sein.

Ich ehrte Vater und Mutter nicht, sondern schämte mich für sie. Und gleichzeitig taten sie mir leid, denn ich sah ihre Hilflosigkeit und ihre Armut. Und wie hasste ich die Armut. Armut in den Zeiten des Wirtschaftswunders bedeutete, dass man zur Fürsorge in die Lange Straße gehen musste. Stunden um Stunden saß ich neben meiner Mutter auf den langen unbequemen Holzbänken, die im Korridor des Sozialamtes standen. Es drängten sich immer viele Menschen dort, die auf Einlass zu den Sozialarbeitern warteten. Und alle sahen bedürftig aus. Sie trugen graue Mäntel und grobe Strickjacken, hatten Laufmaschen in den Strümpfen und abgetretene Absätze, manche waren dick und andere rochen nach Alkohol. Mit dreizehn Jahren schicke mich meiner Mutter allein auf das Sozialamt, um Miete, Kohlengeld oder Kleidergeld abzuholen.

»Wenn ich groß bin, werde ich niemals zur Fürsorge gehen«, schwor ich dem Sozialarbeiter, »niemals.«

Als ich nach Israel emigrierte, stand mir als Neueinwanderin staatliche Hilfe zu. Ich suchte die Einwanderungsbehörde in der Rechov Strauss auf, um einen Antrag zu stellen und die entsprechenden Formulare auszufüllen. In dem Korridor saßen auf weißen Plastikstühlen ärmlich aussehende Neueinwanderer, und vor der Tür des Beamten warteten ungeduldige Antragsteller auf Einlass. Mich erinnerte die Szene an das Sozialamt in der Lange Straße in Frankfurt am Main. Fluchtartig verließ ich das Haus.

Armut im Nachkriegsdeutschland bedeutete, dass man der Lehrerin sagen musste: »Meine Eltern haben kein Geld für den Klassenausflug.« Und die Lehrerin antwortete: »Schon gut, Lea. Du kannst trotzdem mitfahren.« Armut bedeutete, dass man sich keinen Stolz leisten konnte. Aber die Armut schärfte den Blick und war eine wunderbare Lehrmeisterin. Sie lehrte mich, dass gute Noten mit eleganten Kleidern konkurrieren können, sie lehrte mich, dass das geschliffene Wort es mit funkelndem Schmuck aufnehmen kann, und sie lehrte mich, dass der Geist die Armut überwinden kann. Die Armut nimmt die Angst vor der Armut. Arm ist man nicht, arm fühlt man sich.

Eine andere Begleiterin meiner Kindheit war die Krankheit. Ich war robust und versäumte selten die Schule. Nur zweimal lag ich im Krankenhaus. Das erste Mal wurde ich am Blinddarm operiert. Ich war elf Jahre alt und teilte mir das Zimmer mit zwei älteren Mädchen. Die hatten schon ihre Tage. Bei uns zu Hause wurde über Sexualität kein Wort verloren, und auch in der Schule war sie in den fünfziger Jahren kein Thema. Meine Mitpatientinnen unterhielten sich kichernd über Blut und Periode, und ich wußte gar nicht, worüber sie sprachen. Was für Blut, wo Blut? Als meine Menstruation ein Jahr später einsetzte, kaufte meine Mutter für mich ein Paket Camelia-Binden. Diese Binden, auf der einen Seite weiß, auf der anderen rosa, hatten kein Klebeband und rutschten in der Unterhose entweder am Bauch oder am Rücken hoch. Wie viele Mädchen meiner Generation litt ich doppelt: unter den krampfigen Bauchschmerzen zu Beginn der Periode und unter den nicht haftenden Camelia-Binden.

Der zweite Krankenhausaufenthalt wurde nötig, als ich mir ein Bein brach. Meine Freundin Pola hatte neue Rollschuhe bekommen und fuhr auf dem Röderbergweg eine leichte Anhöhe hinunter. Es sah so einfach und leicht aus, und ich bat sie: »Lass mich doch auch einmal die Rollschuhe ausprobieren.« Kaum stand ich auf den Rollen, knickte ich um und brach mir den linken Knöchel. Im Krankenhaus »Zu den barmherzigen Brüdern« wurde das Bein in Gips gelegt. Ich war fünfzehn Jahre alt und fand den verordneten Krankenhausaufenthalt furchtbar aufregend. Aber die richtige Aufregung sollte erst einige Tage später beginnen. Auf der Rückseite des Krankenhausgebäudes befand sich ein kleiner Garten mit Rosenbeeten, in dem die Rekonvaleszenten spazieren gehen konnten. Sobald ich einen Gehgips hatte, durfte ich mich dort aufhalten. So lernte ich Jürgen kennen. Jürgen war siebzehn Jahre alt und einen Kopf größer als ich. Sein glattes, dunkelblondes Haar fiel ihm in die Stirn und seine kräftigen Beine waren braun gebrannt. Es war Frühsommer, und er trug kurze Hosen und Sandalen. Stundenlang saßen wir auf der Bank im Garten, sprachen über Bücher, die wir gelesen hatten, und diskutierten über Gott und die Welt. Nur nicht über Juden und Deutsche. Wie gescheit und aufregend war dieser *Goi*, dieser Nichtjude, dieser

Deutsche. Aber darf man sich in einen Deutschen verlieben? Meine Mutter warnte mich vor ihnen, wie man jemanden vor einer ansteckenden Krankheit oder vor dem Umgang mit Bösewichtern warnt.

Ansonsten war ich kerngesund. Krank waren meine Eltern. Mein Vater lebte in der psychiatrischen Klinik, und meine Mutter zog sich jeden Winter ein anderes Leiden zu, das einen Krankenhausaufenthalt notwendig machte. Einmal hatte sie eine vereiterte Mittelohrentzündung, ein anderes Mal wurden die Augen operiert, einmal litt sie an Unterleibsblutungen, ein anderes Mal musste eine Niere entfernt werden. In diesen Zeiten kam ich immer in ein Kinderheim. Als ich sechs Jahre alt war, erlebte ich dort Advent und Weihnachten. Wir Kinder saßen aufgeregt im Kreis und erwarteten den Nikolaus. Glöckchen klingelten und durch die Tür traten zwei Gestalten ein. Der Nikolaus trug einen roten Anzug und eine mit weißem Pelz verbrämte Zipfelmütze. Der volle Wattebart fiel auf seinen dicken Bauch, und auf dem Rücken schleppte er einen großen Sack mit Geschenken. Hinter ihm ging sein Knecht Ruprecht und drohte mit einer langen Rute. Die Erzieherin hatte uns erzählt, dass der Nikolaus und sein Knecht mit einem Schlitten vom Himmel direkt zu uns durch die Luft geflogen kommen, und ich glaubte fest daran. Sie gingen von Kind zu Kind, und alle erhielten große Pakete mit Geschenken. Ich wartete mit Herzklopfen, bis der Nikolaus zu mir kam. »Bist du auch immer brav gewesen, Lea?«, fragte er mit einer tiefen Stimme. Ich nickte. Der Nikolaus wühlte in seinem Sack, zog nur ein winziges Päckchen hervor und überreichte es mir. Dieses Geschenk hat mich furchtbar beleidigt.

Erst viele Jahre später verstand ich, warum mein Päckchen so klein war. Da meine Eltern nicht einmal ahnten, was Nikolaustag war, hatten sie keine Geschenke für mich ins Heim geschickt. So wurde mein bescheidenes Präsent aus der Kasse des Kinderheims angeschafft. Aber das wusste ich damals nicht. Ich hätte als Sechsjährige bestimmt schon verstanden, wenn eine Erzieherin mir erklärt hätte: »Es ist nur ein Spiel. In Wirklichkeit gibt es keinen Nikolaus, sondern der Hausmeister steckt in der Verkleidung. Die anderen Eltern haben Geschenke geschickt, aber weil deine Eltern im Krankenhaus liegen, konnten sie nichts schicken. Und wir können leider keine großen Geschenke machen. Sei nicht traurig, Lea.« Aber niemand erklärte mir etwas, und gekränkt heulte ich mich in den Schlaf.

Ich war die älteste von vier Töchtern und meine Mutter bürdete mir die Verantwortung für meine jüngeren Schwestern auf. Was blieb ihr auch anderes übrig? »Hole die Kinder vom Kindergarten ab!« Oder: »Pass auf die Kinder auf, bis ich vom Einkaufen nach Hause komme!« Oder: »Geh mit den Kindern zum Spielplatz!« Das waren ihre Forderungen. Kinder waren in unserer Familie immer nur meine drei Schwestern. Ich gehörte nicht in diese Kategorie. Dabei waren meine Geschwister die reinste Plage. Jedes Buch, das ich aus der Schule nach Hause brachte, bekritzelten sie mit Buntstiften, und ich musste am Ende des Schuljahres die verschmierten Bücher wieder zurückgeben. »Wie sehen denn deine Bücher aus?«, schimpfte die Lehrerin dann. Sie sahen ohnehin anders aus als bei den anderen Kindern. Wir sollten die Bücher in Papier einschlagen. Die anderen Schülerinnen banden ihre Bücher in glänzendes Buntpapier ein und dekorierten sie mit Herzchen und Engelchen. Für so einen Luxus rückt meine Mutter keinen Pfennig heraus. Mein Einschlagpapier waren alte Zeitungen. »Papier ist Papier«, behauptete sie.

Mit 14 Jahren begann ich, nach der Schule im Reisebüro von Herrn Levin zu arbeiten. Jeden Tag ging ich nachmittags in das Büro und tippte Adressen. Dafür erhielt ich zwei Mark die Stunde. Das machte zwanzig Mark in der Woche. Stolz brachte ich den grünen Schein am Freitag meiner Mutter. »Kaufe dir etwas Schönes«, sagte ich ihr. Aber sie behielt das Geld nicht für sich, sondern sammelte die grünen Zwanzigmarkscheine. Schließlich suchte sie bei Neckermann ein hübsches Kostüm für mich aus. Es war ein hellgrüner Faltenrock und eine passende Jacke mit aufgesetzten Taschen und goldenen Knöpfen. Dieses Kostüm passte nicht zu meiner sonstigen Garderobe, und ich trug es nur zu den Feiertagen oder besonderen Anlässen. Viel zu schnell war ich aus dem teuren Kleidungsstück herausgewachsen, und es wurde für meine Schwestern eingemottet.

Irgendwann erfuhr ich, dass Albert Einstein in Ulm geboren worden war. Das habe ich sofort meinen Freundinnen erzählt und prahlte mit dem berühmten Physiker, als ob eine Verwandtschaft zwischen uns bestünde. Mit meinen Eltern konnte ich ja nicht angeben, und so musste Einstein herhalten. Er war die logische Begründung dafür, dass ich so gut in der Schule war. »Kluge Menschen kommen in Ulm zur Welt«, erklärte ich. Meinen Freundinnen schien das jedenfalls einzuleuchten, und sie waren beeindruckt. Doch obwohl ich eine begabte Schülerin war, ging ich nicht gerne zur Schule. Den Unterricht fand ich langweilig und konnte nicht verstehen, wenn mir die Erwachsenen prophezeiten: »Du wirst dich noch an die Schule zurücksehnen. Die Schulzeit ist die schönste Zeit im Leben.« Bis heute habe ich mich nicht einen einzigen Tag in meinem Leben nach meiner Schulzeit oder meiner Kindheit zurückgesehnt. Ich bin froh, dass sie hinter mir liegen.

Ich wuchs in zwei deutschen Völkern auf. Beide waren Wirklichkeit wie meine rechte und linke Hand und hätten gegensätzlicher nicht sein können. Das eine Deutschland war das Deutschland meiner Eltern, das Deutschland der Mörder und Verbrecher, der SS und Nazischergen, der Schläge und Erniedrigungen, der Lumpen und Läuse. »Glaube ihnen kein Wort«, warnte mich meine Mutter, wenn sie Reden von deutschen Politikern im Radio hörte, »jederzeit kann Hitler wiederkommen, und dann werden sie ganz schnell zu den gleichen Bestien, die sie waren. Diese Antisemiten und Judenhasser, was haben sie uns nicht alles angetan.« Es war das Deutschland, in dem es von Mulkas, Bogers und Kaduks nur so wimmelte, alles ehrenwerte Bundesbürger, deren brutale Schandtaten erst auf der Anklagebank im Auschwitzprozess ans Tageslicht gezerrt wurden. Es war das Deutschland, das meiner Mutter die Zähne ausgeschlagen, meine Großeltern vergast und alle Verwandten umgebracht hatte. Es war das Deutschland der Heuchelei und der Lüge, in dem keiner sich mehr an die jüngste Vergangenheit erinnern konnte, das Deutschland, in dem der Geschichtsunterricht mit der Weimarer Republik endete.

Gleichzeitig lebte ich in einem ganz anderen Deutschland. Es war das Deutschland meiner Lehrerin Frau Manner, die mir in einer Mathematikarbeit eine Eins gab, obwohl ich die Bezeichnungen Meter und Zentimeter, Kilogramm und Gramm vergessen hatte. Es war das Deutschland, in dem meine Klassenkameraden staunend zuhörten, wenn ich zu Weihnachten ein Chanukkalied vortrug, es war das Deutschland, in dem Catarina Valente »Ganz Paris träumt von der Liebe« und Conny Froboess »Pack die Badehose ein« sangen. Ein lustiges, gut gelauntes Deutschland mit seiner Wirtschaftswunderzuversicht. Es war nicht wie das Deutschland meiner Eltern, wo in jeder Ecke ein SS-Mann lauerte, der Kinder bei lebendigem Leibe verbrannt hatte. Diese beiden Deutschlandbilder passten nicht zusammen. So blieb das Dritte Reich ein dunkles Loch und entzog sich jeder Erklärung. Die Frage »Wie kommt es, dass dieses nette und freundliche deutsche Volk zu diesem bestialischen Völkermord fähig war?« interessierte mich brennend, aber niemand konnte mir eine Antwort geben.

1967 machte ich mein Abitur an der Herderschule und immatrikulierte mich an der Johann Wolfgang Goethe-Universität in Frankfurt für die Studienfächer Pädagogik und Psychologie. 1968 begannen die Studentenunruhen, und ich war mittendrin. In der Mensa und im Café Bauer prangerten wir die Gesellschaft an, debattierten über veraltete Universitätsstrukturen, veranstalteten Sit-ins und Go-ins und blockierten am Hauptbahnhof die Auslieferung der Springerpresse. Ich las Sigmund Freud und Wilhelm Reich, Bettelheim und Erikson. Sexualität, Identität, Selbstbestimmung, Veränderung, Abschaffung von kapitalistischen Strukturen, Sozialismus, Feminismus – dies alles schwirrte damals durch unsere Köpfe. Frankfurt war eine Hochburg der Studentenbewegung, und ich wirbelte in diesem Strudel mit. Im Mai 1973 legte ich im Fachbereich Erziehungswissenschaften meine Diplomprüfung in Pädagogik ab. Ich hatte nicht die geringste Ahnung, was ich damit anfangen sollte. Obwohl ich inzwischen verheiratet war, ein Kind hatte und mein Mann gut verdiente, wollte ich arbeiten und nicht in die Fußstapfen meiner Mutter treten, deren Leben angefüllt war mit Kochen, Putzen, Waschen und Klagen: »Was mir Hitler angetan hat, liegt nicht in den Kleidern.« Deswegen meldete ich mich bei der Zentralvermittlung für Akademiker und erhielt einige Wochen später einen Brief vom Regierungspräsidenten in Darmstadt. Darin wurde ich aufgefordert, mich an einer Berufsschule in Wiesbaden zu melden. So trat ich wieder meinen Weg zur Schule an, dieses Mal als Lehrerin.

Nun lernte ich ein drittes Deutschland kennen, das Deutschland der Beamten und Verordnungen, der Erlasse und Vorschriften, der Formalitäten und Anweisungen. Ein Deutschland, in dem jede Handlung des Lehrers durch eine Verordnung festgelegt ist. Und in dem noch die kleinste Unklarheit durch einen Konferenzbeschluss beseitigt werden musste. Ein Deutschland, in dem jede Bagatelle bis zur Lächerlichkeit diskutiert wurde, ein Deutschland, in dem über die Papierzuteilung stundenlang gesprochen, aber schicksalhafte Noten minutenschnell gegeben wurden. Ein Deutschland, in dem der Schulapparat reibungslos funktionieren musste, aber die Seelen der Schüler nicht gesehen wurden. In der Schule lernte ich die Angst der Beamten kennen. Jede Übertretung einer noch so geringfügigen Verordnung rief bei ihnen Angst hervor. Formaljuristisch musste ihr Handeln mit jeder Anweisung übereinstimmen, mochten sie sich deshalb auch noch so lächerlich verhalten. Anstelle des gesunden Menschenverstandes stand der Erlass, die Verfügung, die Anordnung. Damals begann ich, die Verordnungen des Dritten Reiches zu studieren, und verstand langsam, dass man kein Nazi oder Antisemit gewesen sein musste, um die Juden zu verfolgen. Vom Finanzbeamten, der genau kontrollierte, ob die Vermögenserklärung der deportierten Menschen ordnungsgemäß ausgefüllt war, vom Straßenbahnschaffner, der darauf achtete, dass Juden die öffentlichen Verkehrsmittel nicht benutzten, bis hin zum Beamten, der die Listen für die Transporte zu den Vernichtungslagern zusammenstellte, handelte es sich um brave Staatsdiener. Es spielte keine entscheidende Rolle, ob sie Antisemiten waren oder nicht. Sie hielten sich im Rahmen der Verordnungen und achteten lediglich darauf, dass sie formaljuristisch nicht angreifbar waren. Alle ethischen und moralischen Kräfte im deutschen Volk hatten damals versagt. Die Kirchen, der Adel, das Bürgertum, die Universitäten und die Lehrer.

Mitte der siebziger Jahre wurde in Westdeutschland der Radikalenerlass verabschiedet. Er besagte, dass Kommunisten nicht mehr zum Staatsdienst zugelassen werden würden. Ich war keine Kommunistin und von dem Erlass nicht betroffen. Aber die Angst, die sich plötzlich unter den Lehrern breit machte, erschreckte mich: Befand man sich noch auf dem Boden des Grundgesetzes, wenn man Texte von linken Schriftstellern mit den Schülern durchnahm? Und die Referendare, die während ihrer Studienzeit mit sozialistischen Gruppen Kontakt hatten, fürchteten nun, dass sie nicht in den Schuldienst übernommen werden würden. Die Unterwürfigkeit und Anpassungsbereitschaft bestürzten mich sehr. Der Erlass vergiftete das Klima in den Lehrerzimmern, und ich überlegte: Wenn in einer Zeit der Vollbeschäftigung und des wirtschaftlichen Aufstiegs eine Verordnung die Beamten so sehr verunsicherte, was würde geschehen, wenn es den Deutschen eines Tages schlecht ginge, radikale Kräfte an die Regierung kämen und wieder unmenschliche Gesetze erlassen würden? Diese Beamten würden jede Verordnung ausführen, sie haben ja nichts anderes gelernt, als der Anweisung Folge zu leisten. Und das mit einer erschreckenden Akribie und Präzision.

In der Berufsschule lernte ich das vierte Deutschland kennen. Das Deutschland der Industrienäherinnen und Lehrlinge, das Deutschland, das keine Bücher liest und nach Feierabend ein Bier nach dem anderen säuft, das Deutschland, das sich nicht artikulieren, sondern nur schimpfen kann, das Deutschland, das in seiner Kindheit geschlagen wird und jederzeit brutal zuschlagen kann, das Deutschland, aus dem man ohne Schwierigkeiten wieder KZ-Schergen rekrutieren könnte. Solange diese jungen Menschen in einem Arbeitsprozess eingebettet sind und ihre Kraft gezähmt und unter Kontrolle gehalten wird, sind sie ungefährlich, aber wenn sie arbeitslos sind und nicht mehr wissen, was sie mit sich anfangen sollen, dann ist diese Kraft für Gewalt anfällig. Das Minderwertigkeitsgefühl füllt ihre Seelen aus und in ihnen lodert ein brennender Hass. Für ihre unglückliche Situation machen sie die Ausländer, die Juden, die Kommunisten, die Kapitalisten, schlichtweg die ganze Welt verantwortlich. Und dieser Hass ist 1933 mit Hitler an der Spitze an die Macht gekommen. Plötzlich hatte ich die Antwort auf meine Schicksalsfrage: »Wie kommt es, dass dieses nette und freundliche deutsche Volk zu diesem bestialischen Völkermord fähig war?« gefunden. Ein perfektes Volk sind die Deutschen. Welcher Ideologie sie auch anhängen, sie befolgen die Verordnungen, ohne sich viele Gedanken zu machen, und führen alle Anweisungen tadellos aus. 1978 schrieb ich: »Es ist kein Wunder, dass aus den perfekten Faschisten perfekte Demokraten in der Bundesrepublik und perfekte Kommunisten in der DDR geworden sind, nur sind diese nicht demokratisch und jene nicht kommunistisch. Sie sind nur perfekt.«

Allmählich bekam ich das Gefühl, dass ich in diesem Wust von Verordnungen seelisch und geistig ersticken würde. Ich beschloss, den Staatsdienst zu quittieren und Deutschland zu verlassen. An dem Septembertag, als ich meine Planstelle aufgab, tippte ich auf meiner elektrischen Schreibmaschine die Sätze: »Ich weiß nicht, welchem Leben ich entgegengehe, aber ich weiß, welchem Leben ich entflohen bin. Einem Leben, eingekeilt zwischen Paragraphen und Verordnungen. Es wundert mich, dass ich nach fünf Jahren Tätigkeit in der Schule den Mut aufbringe, dieser Arbeit ein Ende zu setzen. Man ist so perfekt abgesichert, dass man mit den Jahren immer mehr Angst bekommt, diesem Sicherheitssystem zu entfliehen, um auf eigenen Füßen zu stehen. Das Leben ist festgelegt, geregelt und genormt. In dreißig Jahren zur Weihnachtszeit gibt es Weihnachtsferien, in zwanzig zur Sommerzeit muss man Prüfungen abnehmen. Jahr für Jahr das Gleiche, eingebettet in die fad schmeckende Sicherheit. Sollte ich jemals wieder unterrichten, dann in keiner deutschen Schule. Ich werde mir keine Verständnisfloskeln für Ausländer und Juden mehr anhören, ich will auch kein Mitleid mit den Schülern haben, ich will das deutsche Volk nichts lehren, und ich will es nicht ändern.«

Viele Entscheidungen habe ich in meinem Leben getroffen, aber der Entschluss, die Sicherheit einer Beamtin aufzugeben und nach Israel auszuwandern, war der schwerste. Doch Deutschland nahm mir die Luft, und mit meinem Buch »Dies ist nicht mein Land«, in dem ich meine Erfahrungen, die ich in der Schule gemacht hatte, niederschrieb, verschaffte ich mir Erleichterung. Sobald ich die israelische Staatsangehörigkeit erhalten hatte, verzichtete ich auf die deutsche. »Mit Deutschland habe ich abgeschlossen«, dachte ich, als ich meinen israelischen Personalausweis in den Händen hielt. Damals ahnte ich nicht, dass es meine Lebensaufgabe werden würde, in Deutschland zu lehren. Nicht mehr Pädagogik und Psychologie, nicht mehr Wirtschafts- und Sozialkunde, sondern Judentum.

Aber zuerst musste ich noch einmal die Schulbank drücken und mühsam die hebräische Sprache erlernen. Und dies in einem Alter, in dem man normalerweise seine Position in der Gesellschaft gefunden hat und jüngere Menschen unterrichtet. Am David-Jellin-Institut, einer ehrwürdigen Lehranstalt in Jerusalem, die Erzieher und Lehrer qualifiziert, begann ich zu lernen. Wie ein Schulkind musste ich wieder Hausaufgaben machen und auf Fragen der Lehrerin antworten. All meine Erfahrung nutzte mir nichts angesichts der Schwierigkeit, ein hebräisches Verb zu konjugieren oder einen Satz zu formulieren. Mühsam, furchtbar mühsam lernte ich Hebräisch.

Mit der hebräischen Sprache gewahrte ich einen geistigen Schatz, die Thora. Thora bedeutet die Lehre, die Weisung. Im Neuen Testament hat Luther Thora mit dem Wort »Gesetz« übersetzt. In der Thora, den fünf Büchern Moses, ist zwar das jüdische Gesetz enthalten, aber die Thora ist weit mehr als eine Gesetzessammlung.

Sie ist die Lehre des Judentums. Die Thora ist Gottes Wort, das Er dem Volk Israel gegeben hat. Die Thora ist in der hebräischen Sprache geschrieben, und die Juden gehen äußerst sorgfältig mit der Schrift um. Niemals wurde die Thora revidiert, nicht der kleinste Buchstabe ist verloren gegangen, und bis heute hat das Volk Israel die Thora so unverändert erhalten. Diese Sorgfalt kommt auch in den Worten von Jesus zum Ausdruck: »Denn wahrlich, ich sage euch: Bis Himmel und Erde vergehen, wird nicht vergehen der kleinste Buchstabe noch ein Tüpfelchen vom Gesetz (Thora), bis alles geschieht.«

Die gleiche Thora, die ich heute in Jerusalem lerne, haben die Gründer des Christentums gelernt, und die gleichen Worte, die Jesus vernommen hat, vernehme ich in Zion. Heute wie damals lernt das Volk Israel die Gebote der Thora, und jeder religiöse Jude wird wie Jesus antworten, der, als er nach dem höchsten Gebot in der Thora gefragt wird, erwidert: »Du sollst den Herrn, deinen Gott lieben von ganzem Herzen, von ganzer Seele und von ganzem Gemüt.« Und: »Du sollst deinen Nächsten lieben wie dich selbst.«

Inzwischen war mein Buch »Dies ist nicht mein Land« erschienen. Mein Hamburger Verleger Hans-Helmut Röhring kam zur Internationalen Buchmesse in Jerusalem. Er rief mich an, und wir verabredeten uns in einem Restaurant. Während wir Fladenbrot und Chumus aßen, erzählte ich ihm, dass ich eine Ausbildung begonnen hatte und beabsichtigte, als Lehrerin in Israel zu arbeiten.

»Eigentlich schade«, bemerkte er, »Sie haben Talent zum Beobachten und Schreiben und sollten weiterhin in Deutsch schreiben.«

»Ist das Ihr Ernst?«, fragte ich.

»Ja, natürlich. Sie haben uns Deutschen etwas zu sagen. Ich werde Ihre Bücher verlegen.«

Mit Hans-Helmut Röhring hat mich eine langjährige Freundschaft verbunden, und sein früher Tod war ein schwerer Verlust für mich. Dank seines Zuspruchs habe ich mich zu einer Schriftstellerin in Jerusalem entwickelt. Meine deutsche Staatsbürgerschaft konnte ich zurückgeben, die deutsche Sprache jedoch nicht. Wie mit einer Nabelschnur bleibe ich über das Wort mit Deutschland verbunden. Ich schreibe deutsch und lasse meine Leser in die Welt des Judentums hineinblicken, wie ich es in Jerusalem kennengelernt habe. In meinen Büchern beschreibe ich diese alte und reiche Kultur, die die westliche Zivilisation entscheidend geprägt hat. Aber eine Lehrerin bin ich dennoch geblieben. Mein Schulgebäude ist Deutschland, meine Klassenzimmer sind die Volkshochschulen, Buchhandlungen, Rathäuser und Gemeindezentren. Jedes Jahr reise ich in die Bundesrepublik, und zu meinen Lesungen kommen Menschen, die an Literatur, Kunst, Judentum und Israel interessiert sind. Sie suchen den jüdisch-christlichen Dialog, um ihren religiösen Horizont zu erweitern.

»Je mehr ich vom Judentum lerne, desto besser verstehe ich das Christentum«, sagte mir ein evangelischer Pfarrer und zitierte das Pauluswort: »Wenn aber nun einige von den Zweigen ausgebrochen wurden und du, der du ein wilder Ölzweig warst, in den Ölbaum eingepfropft worden bist und teilbekommen hast an der Wurzel und dem Saft des Ölbaums, so rühme dich nicht gegenüber den Zweigen. Rühmst du dich aber, dann sollst du wissen, dass nicht du die Wurzel trägst, sondern die Wurzel trägt dich.« Die Wurzel ist die Thora, und genauso wie die Blüte, die von der Wurzel abgeschnitten ist, verdorren wird und keine Frucht mehr hervorbringen kann, wird das Christentum welk, wenn es sich von der jüdischen Wurzel abschneidet. Die Wurzel hingegen bringt immer wieder neue Blüten hervor.

In Jerusalem habe ich meinen persönlichen Frieden mit Deutschland geschlossen. In dieser Stadt, die vom Terror gebeutelt wird, die am Rande der Wüste liegt und in der die Natur so karg und das Wasser so knapp ist, habe ich meinen Weg zu Gott gefunden. In Jerusalem entdeckte ich die spirituelle Kraft, die in der Bibel steckt – eine Stärke, die seit Jahrtausenden die Menschen in ihren Bann zieht. In Jerusalem fügten sich die Brüche in meinem Leben zu einer Einheit zusammen. Alle Schritte bekamen einen Sinn. Ich erkannte, dass es keine Zufälle gibt, sondern dass unser

Leben in ein göttliches Konzept eingebettet ist und jeder Mensch die wunderbare Kraft Gottes spüren kann. Mit diesem Wissen komme ich nach Deutschland und lehre. Und solange mich Veranstalter einladen werden und mir Menschen zuhören wollen, werde ich kommen. Aber ich habe in Deutschland keinen Kontakt mehr mit Behörden und kleinkarierten Beamten, mit neidischen Nachbarn oder all jenen Menschen, deren Seelen vom Antisemitismus und Fremdenhass vergiftet sind. Während meiner Lesereisen wohne ich in Hotels und verbringe meine Tage im Zug und in den Cafés.

Längst ist mein Beruf zu meiner Berufung geworden. Jeden Morgen spaziere ich durch den Jerusalemer Stadtwald zur Zeder, die Ben Gurion vor fünfzig Jahren gepflanzt hat. Sie befindet sich auf einem Plateau, das mit einer niedrigen Steinmauer umzäunt ist. Ich setze mich auf die Mauer, blicke auf die judäischen Berge und danke dem Schöpfer, dass er mich mit der Aufgabe betraut hat, in Jerusalem zu leben und in Deutschland zu lehren.

Chaim Noll

Goethe, Kafka und in die Ferne führende Folgerungen

Zwischen Goethes Tod im Haus am Frauenplan in Weimar und Hitlers Machtergreifung liegen nur hundert Jahre. In dieser Periode erreichten die deutschen Juden, nach Jahrhunderten der Ungewissheit, die bürgerliche Gleichstellung, von der sie geträumt hatten. Goethe war eine ihrer Leitfiguren, Symbol für ein aufgeklärtes, humanistisches Deutschland. Nach Weimar fuhr ich zum ersten Mal als Dreizehnjähriger, im *bar-mizvah*-Alter (wenn es auch für mich keine *bar mizvah* geben konnte, kein antikes Ritual, kein Lesen aus der Thorarolle und kein Segensspruch auf Hebräisch), im richtigen Alter für erste, entscheidende Bildungserlebnisse. Das jedenfalls dachte mein Vater, der diese Reise anregte. Es war in den Winterferien, ich wohnte in Weimar an der verschneiten Straße nach Belvedere im efeubewachsenen Haus des Malers Jährling, mit dem unsere Familie befreundet war. Ein anderer Maler kam jeden Morgen an diesem Haus vorbei, der achtzigjährige Alexander von Szpinger, dessen irgendwie südlich wirkende (die Kunsthistoriker sagen »spätimpressionistische«) Ansichten der Dornburger Schlösser ich aus dem Museum kannte. Er trug eine schwarze Pelerine und winkte grüßend mit dem Nazarenerhut, einem Hut, wie ihn ein Jahrhundert zuvor der Maler Philipp Veit getragen hatte, der in Rom zum Katholizismus konvertierte Sohn der Dorothea Mendelssohn.

All das war zauberhaft. Mir war, als öffnete sich eine geheime Welt, eine Welt verborgener Zusammenhänge, zurückführend, stufenweise, in Allerältestes. Eine Welt – ohne Frage – außerhalb des Staates DDR, in dem ich sonst lebte und aufwuchs. Weimar schien exterritoriales Gebiet. Es gab wohl irgendwo in dieser Stadt eine Parteikreisleitung und eine Kreisdirektion der Stasi wie überall, aber was konnten sie bewirken gegen den *genius loci*, die machtvolle Vergangenheit dieser Stadt? Ein paar Gänge hierhin und dorthin, und ich befand mich jenseits meines sonstigen Lebensgefühls, in einem Geflecht von Beziehungen kreuz und quer durch Zeit und Ort. Einem Geflecht von älterem Wissen, aus anderen Sphären genährten Gewissheiten, wohl auch anderen Dimensionen von Gewissen. Oder um es kurz zu sagen: von heimlichem Weiterbestehen einer Welt, die es angeblich nicht mehr gab und nicht mehr geben durfte, da sie einer »reaktionären Vergangenheit« angehörte.

In den realen Koordinaten von Zeit und Ort war diese Welt eine Illusion. Das Illusionäre empfand ich noch stärker, als ich einige Jahre später im benachbarten Jena studierte. Die Wahl dieses Studienortes war wesentlich von dem Umstand bestimmt, dass Weimar nur eine halbe Bahnstunde entfernt lag. Oft fuhr ich zwischen beiden Orten hin und her, unvergessliche Fahrten durch behagliche Hügellandschaften und herbstlich bunte Wälder, von denen einer, der Buchenwald, auf andere Weise in die Geschichte eingegangen ist als Weimar sonst – als »Totenwald«, wie ihn Ernst Wichert nannte, als Symbol für die Unfähigkeit der Stadt und ihrer Bewohner, jenen *genius loci* hundert Jahre nach Goethes Tod zu bewahren, ihn gegen das Unzumutbare zu verteidigen.

Ich war noch oft im Haus am Frauenplan, in Tieffurt, Belvedere, bei den Freunden in Weimar. In meinem Buch »Der Abschied« beschrieb ich Jahre später, schon im Westen, einen Anwerbungsversuch der Staatssicherheit, den ich im Hause Jährling miterlebte. Er galt einem Studenten aus Göttingen und erscheint mir noch heute, drei Jahrzehnte später, so unreal, unglaubhaft, zwiegesichtig wie das ganze Weimar dieser Jahre. Der Stasi-Mann betrat das Haus, als wäre es seins, und begann im Beisein des sprachlosen Hausherrn und seiner Gäste unverblümt mit der Anwerbung. Er füllte den Raum mit seinen dreisten Reden, einmal ging er ans Fenster und winkte jemandem zu, der unten auf ihn wartete. In meinem Buch nimmt die Szene ein merkwürdiges Ende. Der verstörte Ich-Erzähler, der nicht weiß, wo er seine Au-

gen lassen soll, findet Halt in einem typisch weimarschen Acces-
soire der Jährling'schen Wohnung: »Auf dem Cembalo stand, unter einem Glassturz, eine Gruppe von Miniatur-Figürchen: ein
Flötenspieler in Wams und Kniehose, eine Dame im Reifrock, die
ein winziges Notenblatt in den Händen hielt, ein Kavalier mit Pe-
rücke am Spinett und Zuhörer auf Armstühlen. Ein Rokoko-Kon-
zert. Sah man in dämmerigen Nachmittagsstunden lange genug
durch den Glassturz, glaubte man, zierliche Musik zu hören.«

So blieb schließlich – stärkere Bilder als die jeder Gegenwart –
das Traumhafte in meiner Erinnerung. Ich bin seit zwanzig Jahren
nicht mehr in Weimar gewesen, aber käme ich heute am Hauptbahnhof an, ich würde traumwandlerisch meine Wege finden,
zum Frauenplan, von dort zum Schiller-Haus, zum Liszt-Haus, an
Goethes Gartenhaus vorbei, alles ohne nachzudenken, an jenem
Flüsschen entlang, in dem Goethe und der junge Herzog nackt ge-
badet haben, hinaus nach Belvedere, wo am Ende der Allee das
kleine Schloss mit dem Turm und dem berühmten Speisenaufzug
steht – Vorläufer jener technischen Spielereien, deren wir inzwischen leid geworden sind, weil sie längst die Unschuld und Leichtigkeit der Goethe-Zeit verloren haben. Auch im Park von Belvedere hätte ich keine Mühe, mich zu orientieren, all diese Wege
und Rondelle sehe ich vor Augen, deutlich wie Gärten der Kin-
derzeit, Orangerie, Kavaliershäuschen, das hinter Büschen verborgene Amphitheater. Und vielleicht ginge ich auch den Weg durch
die Wiesen zum Bahnhof Oberweimar, um die paar Stationen
hinüber nach Jena zu fahren und um nachzuschauen, was aus dem
»lieben, närrischen Nest« geworden ist.

»Neues vom lieben, närrischen Nest« hieß, Goethe zitierend,
das erste Buch meines Vaters, damals junger sozialistischer Schriftsteller, ein Versuch, den Fortschritt in Jena und Weimar zu beschreiben, die Veränderungen der fünfziger Jahre, die Einbezie-
hung der Welt Goethes in »das Neue«. Auch mein Vater hatte in
Jena studiert und sich suchend im benachbarten Weimar herum-
getrieben, von einer Sehnsucht bewegt, die letztlich zu nichts
führte, sich nicht mal in Worte fassen ließ. War es der Süden, die

antike Welt, ein hinter den Alpen vermutetes Arkadien, die in Weimar allezeit – und sei es nur in Kupferstichen, Gipsabgüssen, Ginkgobäumen, hinter Glas aufbewahrten Italienerinnerungen – erreichbar schienen? War es der Traum von einem »besseren Deutschland«, der dort so begeistert geträumt worden war? Der Versuch, hier, mitten in deutscher Provinz, zu einem freien Flug des Geistes abzuheben? Eine gewisse Kühnheit ging von diesen Höhenflügen aus, und ihr sphärisches Nachleben machte, dass ich mich in Weimar weniger bedrückt fühlte als andernorts in deutscher Provinz.

Nicht nur mir ging es so. Vor einigen Jahren las die Schriftstellerin Barbara Honigmann an der Universität Beer Sheva in Israel aus autobiographischen Texten. Barbara Honigmann, die heute in Frankreich lebt, stammt aus Ost-Berlin wie ich und hatte, als sei es folgerichtig ihr Weimar-Erlebnis. Wir mussten uns erst in der Wüste Negev treffen, um uns über Weimar auszutauschen, unser spezielles Weimar der DDR-Zeit. Dabei stellten wir fest, dass uns dieses Erlebnis, auf welche Weise immer, in unserem Aufbruchswillen bestärkt hatte, dass es geholfen hatte, die inneren Kräfte zu mobilisieren, die nötig waren, erst die DDR und später Deutschland ganz zu verlassen.

Zumindest löste Weimar Fernweh aus, in jedem einigermaßen phantasievollen Kind. Im Goethe-Haus, aber auch bei Schiller und den anderen war einfach zuviel mit Sehnsucht getränktes Material aufgehäuft, zuviel Ortsfremdes, Zeitloses, zuviel Wissen um ein Früher und Fern-von-hier. Auch zu vieles, das dem öffentlichen »sozialistischen Bewusstsein« fern lag, wenn nicht gar offen widersprach, Erotisches, Frivoles oder Mythologisches. Im Zusammenhang mit Weimar mussten Lebensweisen akzeptiert werden, die sonst in dem kleinen, zugesperrten Land verpönt waren: Weder Goethes Promiskuität noch Winckelmanns Homosexualität ließen sich ganz verheimlichen. Eine imponderable Größe wie »Künstlertum« wurde hingenommen, sogar geschätzt wegen ihrer »revolutionären« Nebenwirkungen. Und wie um daran zu erinnern, dass kommunistische Ideologiegebäude in sich absurd sind, wurde selbst ihre Kontradiktion, das Aristokratische, hier einmal toleriert und nicht als »reaktionär« verworfen.

Barbara Honigmann beschrieb in ihrem Text, wie sich ihr Vater, Kommunist und Intellektueller wie meiner, in seinen letzten Lebensjahren nach Weimar, genauer gesagt nach Schloss Belvedere zurückzog, um dort zu sterben. Auch er fühlte sich dort weniger niedergedrückt als sonst in Ostdeutschland, auch er hatte das illusionäre Gefühl, das ich eingangs benannte: Weimar als exterritoriales Gebiet. Da waren – in ihrer nachfühlenden, zart-aquarellhaften Zeichnung – all die Wege, die auch ich so gut kannte, der Weg durch die Wiesen von Oberweimar zum Beispiel, und da war die Wegbiegung, von der aus bei schönem Wetter das KZ Buchenwald zu sehen ist. Angesichts solcher Ausblicke konnte die Flucht nicht wirklich gelingen. Der Ort, an dem Georg Honigmann starb, lag weiterhin in dem Land, in das er hatte fliehen wollen. Seiner Tochter, damals schon im Westen, wurde die Teilnahme an seiner Beerdigung verwehrt, ostdeutsche Soldaten verwiesen ihr am nahegelegenen Grenzübergang die Einreise in die Stadt Goethes.

Weimar hatte im zwanzigsten Jahrhundert entschieden etwas Unwirkliches und Kafkaeskes mit seinen unmenschlichen Zuständen vor den Schaukulissen des klassischen deutschen Humanismus. Mit seinen Rückfällen in das Unmenschliche, so unmittelbar im Anschluss an das »Edel sei der Mensch, hilfreich und gut«. Mit seiner ständigen Nähe zu Stacheldraht und Todeszäunen, mit seinem unheimlichen Doppelgesicht. Als mich dieses Weimar auch in der Wüste Negev einholte, begann ich, nochmals über mein frühes Erlebnis nachzudenken, über meine erste Reise, über den vertrackten Zauber des Hauses am Frauenplan.

Zauberhafte Ausstrahlung muss vorliegen, sonst hätte das Haus nicht jene erstaunliche Wirkung auf einen der großen seismographischen Geister unserer Epoche ausgeübt, auf Franz Kafka. In der Nacht vom 28. zum 29. Juni 1912, während einer seiner Reisen mit Max Brod, stand er zum ersten Mal davor. Unmittelbar darauf notierte er in sein Tagebuch:

»Gang in der Nacht zum Goethe-Haus. Sofortiges Erkennen. Gelbbraune Farbe des Ganzen. Fühlbare Beteiligung unseres ganzen Vorlebens an dem augenblicklichen Eindruck. Das Dunkel der Fenster der unbewohnten Zimmer. Die helle Junobüste. Anrühren der Mauer. Ein wenig herabgelassene weiße Roleaus in allen Zimmern. 14 Gassenfenster. Die vorgehängte Kette. Kein Bild gibt das Ganze wieder. Der unebene Platz, der Brunnen, die dem ansteigenden Platz folgende gebrochene Baulinie des Hauses. Die dunklen, etwas länglichen Fenster in das Braungelbe eingelegt. Das an und für sich auffallendste bürgerliche Wohnhaus in Weimar.«

Gang in der Nacht, sofortiges Erkennen, unser ganzes Vorleben – und das will bei einem Juden etwas heißen – an diesem Eindruck beteiligt. Er berührt sogar den Stein, als hätte er einen heiligen Ort erreicht. Er zählt die Fenster. Dann der erstaunliche Satz: »Kein Bild gibt das Ganze wieder.« Gibt es hier überhaupt ein Ganzes? Oder ist es das Schicksal Weimars, dass es sich zwischen dem Buchenwald und dem »Edel sei der Mensch, hilfreich und gut« niemals zum Ganzen fügen kann? »Immer strebe zum Ganzen«, hatte Goethe verlangt, vielleicht Deutschlands Zerrissenheit vor Augen, jenes innere Gespaltensein, das dieses Land bis heute so unberechenbar macht.

In Kafkas Tagebuchnotiz folgt eine kurze, doch eindringliche Beschwörung des Platzes mit dem Brunnen und dem unebenen Pflaster, den er offenbar als nicht zum Goethe-Haus passend empfand – eine Metapher für Weimar, für Deutschland? Etwa drei Jahrzehnte später beschreibt ein anderer deutsch-jüdischer Schriftsteller, der aus dem amerikanischen Exil heimkehrende Hans Sahl, den ersten deutschen Platz, den er 1945 wiedersah, ebenfalls zu nächtlicher Stunde: »Fachwerkbauten. Mondschein. Ein Springbrunnen plätscherte ... Die hohen Pflastersteine glänzten im Mondlicht wie Totenschädel.«

»Totenschädel«, »Totenwald« der nächtliche Marktplatz des Hans Sahl ist mit einem Wissen beschrieben, das Kafka nicht haben konnte. Umso erstaunlicher, dass auch ihm der unebene Platz mit dem Brunnen die drohende Disharmonie des Ganzen verkörpert, eines Ganzen, das »kein Bild wiedergibt«. Kafka findet 1912 kein Bild mehr für das Goethe-Haus auf diesem Platz, kein Bild mehr für Goethe in Weimar, Goethe in Deutschland. Ihm, der sonst so reich an Bildern ist, verweigert sich hier zumindest die Sprache, vielleicht sogar die Vorstellungskraft. Noch berührt er die Mauer des Goethe-Hauses als wäre es sein Jerusalem. Aber ihm ist unbehaglich. In dem Düsteren, Disharmonischen das er in diesen Augenblicken spürt – »das Dunkel der Fenster«, »die dunklen, etwas länglichen Fenster in das Braungelbe eingelegt«, »der unebene Platz, der Brunnen«, »die gebrochene Baulinie des Hauses« – hinterlässt er uns, die wir um die Katastrophe wissen, seine beklemmende kafkaeske Vorahnung.

Nur wenig mehr als drei Jahrzehnte später werden sich all die suchenden Adjektive, das »dunkle«, »unebene«, »gebrochene«, in dem klaren Bild des überlebenden Juden Hans Sahl vereint haben, in dem wissenden Wortbestandteil »Tod«. Und für die dräuende Disharmonie zwischen Goethe-Haus und umgebender Stadtlandschaft, zwischen Goethe und seinen deutschen Mitbürgern, wird es nachträglich erklärende Theorien geben, viele Theorien, ganze Bibliotheken. In meinem Fall zunächst marxistische. Nach diesen befand sich Goethe – um kurz zusammenzufassen, was ich als Kind in der Schule lernte – als Träger des bürgerlichen Fortschritts in ständigem dialektischen Kampf mit der ihn umgebenden feudalen Reaktion. Er war Vertreter von gesellschaftlichen Kräften, die einen der antagonistischen Widersprüche der Geschichte verkörperten, der sich nur revolutionär lösen ließ, versuchsweise durch die in Deutschland nicht gelungene bürgerliche Revolution, dann endlich durch die sozialistische, die sozusagen auch den toten Goethe mitbefreit hatte. Erst in der DDR konnte das Wort aus Faust Zwei in Erfüllung gehen: »Solch ein Gewimmel möcht ich sehn, / auf freiem Grund mit freiem Volke stehn.«

Und da an dieser Stelle Faust »zum Augenblicke sagen« wollte: »Verweile doch, Du bist so schön«, waren wir verpflichtet, diesen

Zustand zu einem ewig währenden zu machen, ihn mit aller Kraft zu erhalten, alle Versuche reaktionärer Kräfte, »das Rad der Geschichte zurückzudrehen«, zu vereiteln. Goethe war eingebaut in das Legitimationsgebäude des Staates, als eine der tragenden Säulen, als Vorkämpfer eines sozialistischen Deutschland, als Wegbereiter, Namensgeber, Patron, dargestellt auf Geldscheinen, Medaillen, Büchern und ideologischen Broschüren. Sein Bild gehörte zu denen, die jedes Kind kannte; er war kanonisiert durch Karl Marx selbst, der ihn den »größten Deutschen« genannt hatte.

Er war von daher Gegenstand unendlicher Forschung und Literaturwissenschaft und die Stadt Weimar Sitz eines Ordens von Eingeweihten; ihre Wissenschaft hieß »Goethe und die deutsche Klassik« und gehörte zur »Pflege des nationalen Erbes«. Ich will damit keineswegs den DDR-Klassikbetrieb abtun, es gab darunter viel ehrliches Bemühen, manche ernsthafte Arbeit, die uns hilft, die Goethe-Zeit zu verstehen. Es gab viele gute Bücher, gut besorgte Editionen, schöne Klassikerausgaben – in einer Zeit um sich greifender Schluderei im Buchgewerbe möchte ich das besonders betonen. In Weimar und andernorts in der DDR waren tausende Menschen mit humanistischen Studien der Goethe-Zeit beschäftigt, immerhin dies in Tagen zunehmender Literatur-Feindlichkeit und modernen Analphabetismus.

Aber Goethe, wie er dort – unter ständiger Aufsicht des SED-Ideologieapparats – in einer für DDR-Bürger gereinigten Weise neu erstand, war als Mensch unglaubwürdig. Die Absicht schimmerte immer durch: sein Werk handhabbar zu machen für den Gebrauch in einer Erziehungsdiktatur. Als Dreizehnjähriger genügte mir ein einziger Gang durch das fast leere Goethe-Haus, um zur Überzeugung zu gelangen, dass in diesen Räumen ein anderer Mensch gelebt hatte als die papierne Gestalt meiner Schulbücher. Auch dazu verhalf Weimar: Es war ein Blick hinter die Kulissen. Das Goethe-Haus war zu authentisch, um das fade Bild literaturwissenschaftlicher Propaganda zu stützen; ein einigermaßen sinnlicher, sensibler junger Mensch spürte hier – vielleicht zum ersten Mal – die Lüge.

Jedenfalls sorgte das offizielle Goethe-Bild meiner Kindheit und Jugend dafür, dass ich Goethe und das um ihn gruppierte Ensemble aus Schiller, Herder und Wieland, dem Herzog, der Herzoginmutter, kunstsinnigen Damen, korrespondierenden Schöngeistern, durchreisenden Fremden und Weimar-Pilgern, niemals so ernst nehmen konnte wie andere. Das andächtige »Anrühren der Mauer« zu nächtlicher Stunde, das der junge Kafka in seinem Tagebuch festhält – solche Ehrfurcht vor dem »Genius von Weimar« war mir unmöglich, nachdem der Goethe-Kreis eine so pompöse, propagandistische Rolle in meinen Schulbüchern gespielt hatte.

Weimar hat mich trotzdem immer begleitet, bis in andere Länder, bis nach Israel. Den Schriftsteller Goethe habe ich später, als ich in West-Berlin lebte, für mich entdeckt, wie man einen Schriftsteller für sich entdeckt: Indem man von ihm liest, was einen angeht. Ich kaufte mir sogar die schöne Cotta'sche Ausgabe in zwanzig Bänden von 1840. Zunächst kein Problem mit Goethe, seine antisemitischen Nebensätze entdeckte ich erst später. Sie gingen übrigens nicht über das damals Obligate hinaus. Ich beschrieb in einem meiner Bücher, wovor er Deutschland bewahren, was er in Weimar und von Weimar aus installieren wollte, »ein Figurenensemble mit Dichtern, aufgeklärten Fürsten, Mäzenen, tief und fest verwurzelt in Europas Kultur, gedacht als ein Netz, das den Absturz in die Schlünde des Barbarischen für lange Zeit verhindern soll«.

Es kam anders. Keine hundert Jahre später wurde Hitler gewählt, vielleicht nicht von denen, die sich Goethe und seinem Weimar verpflichtet fühlten, aber von deutschen Mehrheiten. Zu den tragischsten Nachwirkungen Weimars gehörte die Goethe- und Weimar-Begeisterung deutscher Juden. Sie trübte ihr Realitätsgefühl, sogar ihren Überlebenssinn, sie hinderte viele an der rettenden Emigration. Eine Nation, die so große humanistische Dichter hervorgebracht hatte, solche Werke der Weltliteratur, soviel Philosophie und Aufklärung, konnte und durfte nicht barbarisch sein. Dieses Argumentationsmuster höre ich heute noch von alten deutschen Juden in Tel Aviv, wenn auch – nach Auschwitz – in Frageform: Wie war es möglich, wie konnte eine Nation, die einen Goethe hervorgebracht hatte …?

Ich bezweifle, dass Kafka zu jenen gehörte, die so sehr an Weimar glaubten. Er war ein empfindsamer Beobachter, er bemerkte die Missklänge, die anderen entgingen. Seine Notizen verraten – trotz angelernter Weimar-Verehrung in einem deutsch-jüdischen assimilierten Elternhaus – einen leisen Anflug von Degout. Das Tagebuch vom nächsten Tag, dem 30. Juni 1912: »Goethehaus. Repräsentationsräume. Flüchtiger Anblick des Schreib- und Schlafzimmers. Trauriger, an tote Großväter erinnernder Anblick. Dieser seit Goethes Tod fortwährend wachsende Garten. Die sein Arbeitszimmer verdunkelnde Buche. Schon als wir im Treppenhaus saßen, lief sie mit ihrer kleinen Schwester an uns vorüber …« Wer lief vorüber? Wer war *sie*? Wir müssen im Tagebuch von Kafkas Reisebegleiter Max Brod nachlesen, um herauszufinden, was in diesen Sommertagen 1912 im Goethe-Haus in Weimar tatsächlich geschah. Brod am selben Tag: »Dann Goethehaus (…). Die Repräsentationsräume sind schön. Aber Schreibzimmer dunkel (…), und Schlafzimmer kläglich dumpf und eng. Statt Waschtisch nur Lavoir und Schwamm. Wo ist das Badezimmer? Warum wird das Kloset nicht gezeigt?« Und später am selben Tag: »Im Garten. Herrlich. Kafka kokettiert erfolgreich mit der schönen Tochter des Hausmeisters (…). Kafka macht mit der Familie des Hausmeisters einen Ausflug nach Tiefurt (…). Deshalb also hat man sich jahrelang an diesen Ort gewünscht.«

Ob es Brod recht war oder nicht, Kafkas Liebesgeschichte mit der Hausmeistertochter des Goethe-Hauses bestimmte von nun an die Weimar-Reise. Offenbar fühlte sich Kafka auf diese Weise von Goethe inspiriert. In seiner nachgelassenen Bibliothek fanden sich mehrere Bücher, die meine Vermutung bestätigen, dass er in Goethe vor allem den Erotiker sah: Kafka besaß – unter seinen wenigen Büchern – den Band »Goethes Liebschaften und Liebesbriefe« und die Anthologie »Alles um Liebe: Aus Goethes Briefen«. Es war eine geniale Art, mit jedem »Goethe-Problem« fertig zu werden, mit der erdrückenden Übermacht des »Dichterfürsten«, des Abgotts der assimilierten deutschen Juden. So eingestimmt, wird das Goethe-Haus in Kafkas Reisetagebuch noch einige Male erwähnt, aber nur, um das nächste Rendezvous mit der Hausmeistertochter festzuhalten. Die Romanze okkupierte alle verbleibende Zeit in Weimar und verlief dennoch ergebnislos. Verlor sich im Nichts wie viele Romanzen des Vorbilds Goethe. Nacheifern, auch im Vergeblichen? Flucht ins Lebendige, Sinnliche aus den im Goethe-Haus gefühlten Zweifeln an einer schon absterbenden deutsch-jüdischen Kultur? Flucht, wie immer in eine Geschichte auf dem Papier, in eine kafkaeske Geschichte? Jedenfalls blieb die Beobachtung von der »sein Arbeitszimmer verdunkelnden Buche« tatsächlich Kafkas letztes hinterlassenes Wort über Goethe im Goethe-Haus. Und wie so oft lässt er uns mit einem gewissen Erschrecken zurück: dass es ausgerechnet eine Buche sein muss, die 1912 ihren Schatten auf Goethes Schreibtisch wirft, ein Baum aus dem »Totenwald« der nahenden, von Kafka nicht mehr erlebten Unzeit …

Weimar prägte für mehrere Generationen deutscher Intellektueller, auch deutscher Juden, das Bild von Italien, vom Süden überhaupt. Umso mehr, wenn – wie in meinem Fall – Italien und der Süden lange verschlossen blieben und römische Veduten nur im Goethe-Haus und im beigeordneten Klassikbetrieb zugänglich waren. Die Bilder des Südens, die ich als Kind aufnahm, waren durchweg historische Bilder, meist in den verklärenden Darstellungen des 18. und 19. Jahrhunderts. Sie senkten sich tief in mein Inneres und erwiesen sich als so dauerhaft wie jede kindliche Prägung. Das moderne Italien hat mich niemals wirklich interessiert. Mir schien damals und scheint noch heute, dass in den Glasvitrinen, Kupferstichen und Dichterhäusern von Weimar ein essentielles Italien fortlebte, eine südliche, antike Welt, die heute durch moderne Kulissen verstellt sein mag, aber in der Tiefe überlebt hat. Weimar hatte, wie die ganze DDR, entschieden konservierende Wirkung.

Das reale Italienerlebnis war der Prüfstein. In meinem Fall geschah etwas wirklich Überraschendes. Ich hoffte, in Italien die Bilder meiner kindlichen Sehnsucht zu finden – und fand sie tatsächlich. Wäre es nicht so gewesen, hätte mich das tief entmutigt, für mein Vordringen nach Italien selbst, auch für weitere gewagte Schritte. Ich habe meine erste Italienreise lange hinausgezögert, erst im Sommer 1989 folgte ich einer Einladung des in Pescara lehrenden Literaturwissenschaftlers Christoph Ferber. Warum das Zögern? Aus Furcht vor einer großen Enttäuschung? Bis heute bin ich Italien dafür dankbar, dass es mir diese Enttäuschung erspart hat. 1991 gingen meine Frau und ich nach Rom, um dort ein Vierteljahr zu bleiben. Wir blieben fast fünf Jahre, in gewisser Weise »für immer«, da wir uns in Rom dazu entschlossen, nach Israel auszuwandern. Wir blieben von da an »im Süden«, im Mittelmeerraum, in der »Alten Welt«, und sind – außer zu kurzen Besuchen – nicht wieder nach Deutschland zurückgekehrt.

Rom: Für uns wurde es das klassische Fenster nach Süden, das Fenster in eine Welt von gestern und morgen. Aber Italien selbst, wie sich im Verlauf der nächsten Jahre zeigte, nicht das Ziel. Auch für Goethe war Rom nicht das Ziel, er kehrte zurück nach Weimar, in herzogliche Dienste, in die Dienste deutscher Erziehungsliteratur. Bestand die Versuchung auch für uns? Gewiss gab es einen Sog, einen Drang, zurückzukehren. Meine Frau hat mich in Rom gemalt, im alles entscheidenden Augenblick. In meinem Buch »Taube und Stern« beschrieb ich später die Szenerie: »Auf der Piazzale Caffarelli, einer der entzückendsten, verschwiegensten Anlagen der Innenstadt, mit Blick auf die tobende Straße des Marcellus-Theaters, gelbe Busse, Schwärme von Mopeds, Touristen. Im kleinen Park vollständige Stille. Von hier oben sah ich, was mich immer wieder nachdenklich stimmt: die Kuppeln von Synagoge und Petersdom nahe beieinander.«

Vielleicht war dies der Grund, warum wir nicht zurückkehrten, ein Grund, der uns erst allmählich bewusst wurde. Wir fanden in Rom noch Älteres, älter als Rom selbst, fanden hinter der Kirche die Synagoge, ahnten drüben, hinter dem blauen Meer, ein weiteres Land. Daran, dass wir Älteres suchten, uns nach den Ursprüngen sehnten, mochte wiederum Weimar seinen Anteil haben, Weimar mit seiner die Zeit aufhebenden Wirkung. Früh hatte man, aus Goethes Gefilden kommend, Pflanzliches im Sinn, diesen, wie Kafka beobachtete, »seit Goethes Tod fortwährend wachsenden Garten«. Nicht unbedingt die Buche, eher den Ginkgobaum, den Urbaum, das ewige Werden des zeitlos Vegetarischen, das Kontinuierliche der Schöpfung, das niemals Endende des Vergangenen, in dem der Schlüssel zum Morgen liegt.

In Rom las ich D. H. Lawrence' »Etruscan Places« und zitierte in meinem Tagebuch die folgende Stelle, eine bis heute zutreffende Beschreibung der römischen Campagna, die mir deshalb auf Anhieb wahrhaftig schien, weil sie mit meinem kindlichen Erstaunen, Wärmegefühl und rätselhaften Wiedererkennen im Garten des Hauses am Frauenplan im Einklang stand: »The pleasant pineta, an open, sparse forest of umbrella-pines, once spread on and on, with tall arbutus and heather covering the earth from which the reddish trunks rose singly, as from an endless moor, and tufts of broom making thickets. The pinewoods farther north are still delightful, so silent and bosky, with the umbrella roofs.« Es war eine getreue schriftliche Wiedergabe der Sepiazeichnungen und Gouachen europäischer Italienschwärmer – zuerst Goethes, dann der vielen anderen, die ich später kennenlernte, Poussin und Lorrain, Tischbein und Hackert, Joseph Anton Koch und Jacob Asmus Carstens, der Nazarener und Präraffeliten.

Diese Bilder sah ich wie schon mancher Italienentdecker vor mir bedroht von der Neuzeit, bedroht von einer amerikanisierten Moderne. Eine heute übliche Intellektuellensicht. Wie sie zum Beispiel ein deutsches Reisemagazin kalkuliert, als Headline über einem Artikel zum Thema römisch-vorstädtisches Ausufern und -wuchern: »Landschaften der Seele, vom Bauboom bedroht«. Der Artikel steht zwischen Autoreklamen und Annoncen von Tourismusunternehmen. Am selben Tag, an dem ich Lawrence zum ersten Mal las, notierte ich in mein Tagebuch, im Zubringerzug von Roma Trastevere zum Flughafen Fiumicino, von wo ich an diesem Tag zu einer Lesung nach München flog:

»Der römische Flughafen hat große Flächen dieser Gefilde verschlungen.«

Das Gefühl der Gefahr begleitete mich. Am Abend dieses Tages, nach einer turbulenten, umstrittenen Lesung aus einem meiner Bücher in München: »Nachts erzählt mir Geisel (der verstorbene Berliner Publizist Eike Geisel), dass er ›die Deutschen nicht mehr erträgt‹ und im Begriff sei, sich einen Lehrauftrag in Amerika zu besorgen. Ein Uhr ins Bett, wieder in Lawrence' Campagna-Schilderungen gelesen. Eine Ruhe ist in dieser Landschaft, die ich nicht mehr missen kann. Mir hat man die Ruhe geraubt, ich bin ein gebranntes Kind voller Befürchtungen. Die wenigen Zeilen, die ich noch wahrnehme, geben mir ein Gefühl von Zuhause; beruhigt denke ich an das Rückflugticket in meiner Tasche.«

Dieses – zugegeben irrationale – Zuhausegefühl in Rom, einer an sich fremden Stadt, wurde in meinem Fall bestärkt durch das Erlebnis jüdischen Lebens, das sie mir bot, das sie seit zwei Jahrtausenden möglich machte, einer selbstverständlichen, seit der Antike sesshaften Diasporakultur, wie ich sie nie zuvor – weder in Deutschland noch anderswo – gesehen hatte. Auch in der Ära des Faschismus wurden die römischen Juden nicht verfolgt, es geschah erst während der deutschen Besatzung Roms. Später, in Sperlonga am Meer, fanden wir heraus, dass in der nahegelegenen Kreisstadt Fondi der Schriftsteller Alberto Moravia, Sohn eines Juden, während der deutschen Besatzung von den Einwohnern versteckt wurde, obwohl die Einwohner Fondis zum großen Teil Faschisten waren. Italienischer Faschismus und deutscher Nationalsozialismus waren gerade in diesem Punkt sehr verschieden.

Diese Beobachtung erwähnte ich in meinem Buch »Taube und Stern. Roma Hebraica«, das 1995 in einem deutschen Verlag erschien: »Es überrascht nicht, wenn sich die Römer nach Jahrhunderten eines überwiegend gedeihlichen Zusammenlebens weigerten, ihre jüdischen Mitbürger zu verfolgen. Die ›ebrei romani‹ wurden nicht als Fremde, sondern als Römer anderer Konfession betrachtet, als Mitbürger, die es zu schützen galt. Tausende Juden wurden in Klöstern versteckt. Anderen verhalfen die Römer zur Flucht außer Landes.« Außer Landes – nach Süden natürlich. Nach Palästina, Israel. Wohin sonst? Damals las ich noch einmal Goethes »Italienische Reise« und besuchte viele der Orte, die er beschrieben hatte. Ich lief hinaus bis Ponte Molle. Am 27. Mai 1992 notierte ich in mein Tagebuch: »Die unansehnliche Tiber-brücke hinter Villa Flaminia ist die berühmte Ponte Molle. Karl der Große, der Staufer Friedrich II., Christine von Schweden sind über Ponte Molle in Rom eingezogen. Auch traurige Rückkehr hat diese Brücke gesehen: Goethe fuhr todunglücklich über Ponte Molle zurück nach Deutschland. Der von Napoleon verhaftete Pius VI. überquerte die Brücke unter Bewachung im geschlosse-nen Wagen, wobei ihn die französischen Offiziere mit ›Bürger-papst‹ anredeten. Die Brücke hat so viele Seufzer gehört, die nie aufgezeichnet wurden, dass ich auf die kommende Welt warten muss, um dort Einblick in die Bibliothek der ungeschriebenen Bücher zu nehmen.«

Die Notiz verrät, dass ich mich soweit akklimatisiert hatte, um in Goethe einen unglücklichen Rückreisenden zu sehen, unglück-lich in dem Sinne, dass er »aufgegeben« hatte. Offenbar begann ich so zu fühlen: Es gab ein Weitergehen und ein Zurück, und das Zurück wäre Niederlage und Selbstaufgabe gewesen. Vielleicht sind es Gedanken von der Art, wie sie in schneller Gangart entste-hen, im leichten Rausch des Vorwärtstürmens. Ich erinnere mich, dass ich an diesem Tag rasch gelaufen war, vom Campo de' Fiori, wo unsere Wohnung lag, immer am Tiber lang, bis hinaus zur Villa Flaminia: »Auf dem Stadtplan ein gerader Weg. In Wahrheit aufregend, etwa auf Höhe von Ponte Risorgimento verläuft die unsichtbare Grenze, die das Rom der Touristen vom Rom der Rö-mer scheidet. Ein Fremder mit Stadtplan in der Hand ist in den Wohnvierteln entlang der Via Flaminia, der Viale Tiziano selten. Alte Männer lesen auf Kieswegen Zeitung, vor billigen Trattorien sitzen Arbeiter beim Mittagessen. Straßenbahnen rasen in hals-brecherischem Tempo in die Vorstädte nach Norden. Besser, ihren Gleisen fernzubleiben. Der Tiber nimmt hier draußen wilde Formen an, sein Wasser ist sichtlich vergiftet. Hinter Porta Popolo treibt sperriger Müll, Kadaver von Kühlschränken, Sofas, abgestürzten Bäumen ragen aus den gelben, schäumenden Fluten. Autowerkstätten, Eisenwarenläden, Buden mit Kaffeetrinkern, Villa Flaminia gut versteckt. Ich war der Illusion des Stadtplans aufgesessen, wo sie durch ihr leuchtendes Grün sofort ins Auge fällt. Ein Mädchen erklärte mir den Weg zum Tiber. Kichernde Freundinnen. Im Eilschritt zur Piazza Cardinale Consalvi, dann eine Brücke, an der ich Halt machte. Eigentlich war ich in Stimmung, noch weiter zu laufen, hinaus aus der Stadt, womöglich bis Viterbo.«

Doch zunächst wäre diese Brücke zu überqueren gewesen, eine Brücke, die ich nicht kannte, vor der ich jedoch zurückschreckte. Auf dem Stadtplan hieß sie Ponte Milvio. Häusliche Lektüre verriet mir, dass es Ponte Molle war, die »Rückkehrerbrücke«, die Brücke, über die Goethe Rom verlassen hatte. Ein Fall von höherer Eingebung: Ich habe Ponte Molle, Roms klassische Ausfahrt nach Norden, nie betreten. Ich kehrte an diesem Tag – wieder stundenlanges Laufen – in unsere Wohnung zurück und dachte unterwegs: Nein, nicht nach Norden. Eine Rückkehr dieser Art, Goethe'scher Art, schien mir von da an unmöglich. Das späte Weimar, das »klassische Weimar«, in dem der Italienrückkehrer den Olympier gab, blieb mir zeitlebens fremd. Eine Abneigung aus Kindertagen mag im Spiel gewesen sein, unerklärlich, tief ins Herz gesenkt, wie solche Abneigungen sind: Es war das Weimar meiner Schulbücher. Etwas Abgelebtes, als Illusion Erlebtes. Ein Weimar, das neben dem echten, lebendigen Italien meines Alltags verstaubt und lächerlich wirkte.

Nie fühlte ich mich innerlich Goethe und Weimar so fern wie in diesem ersten Winter in Rom. Dezember und Januar waren überraschend kalt, Stadtstreicher erfroren in den Vorhallen der großen Kirchen, wir heizten die Wohnung Tag und Nacht mit einem Kerosinöfchen, das uns eine englische Freundin brachte. Ich las – in dieser fast deutschen Kälte – Goethes »Italienische Reise« nochmals durch, von der ersten bis zur letzten Seite. In dem Versuch zu verstehen, warum er zurückgereist war. Noch einmal zitiere ich aus dem Tagebuch, nicht ganz ohne Überwindung, weil es unveröffentlichte, von Herzen kommende, für deutsche Leser vielleicht unerfreuliche Notizen sind: »Goethe gelesen, in der Ausgabe von 1840. Meine Abneigung wächst. Was für ambitiöse Briefe hin und her zwischen Rom und Weimar. Wie viel Mühe, diese Kleinstädter durch Bildung, Studium, Beschäftigung mit fremder Völker Kultur zu veredeln. Was hat es genützt? Hundert Jahre nach seinem Tod haben sie sich darangemacht, sechs Millionen Juden umzubringen.«

Zwei Tage darauf, die römische Kälte hatte ihren Tiefpunkt erreicht: »Wieder Goethe, Italienische Reise. Er versteckt sich hinter Aventuren, wissenschaftlichen Schilderungen, neckischen Anekdoten. Lesefutter für den Weimarer Damenkranz um Frau von Stein. Es ist schon alles da: die heimliche Überhebung, die Besserwisserei, der Fetisch ›System‹. Der reisende Aufgabenerfüller und Reporter aus Italien ... Und immer Geschäftsmann: ›Lernte wieder ... hatte viel Vorteil ... der Gewinn bestand darin ...‹ Der Abstecher ins Leben durfte kein Vergnügen sein, sondern musste Nutzen bringen: ›Ich bin sehr fleißig ... ich nehme von allen Seiten ein ... du wirst sehen, dass alles aufs Bedürfnis der lyrischen Bühne gerechnet ist ... Ich raffe alles mögliche zusammen ...‹ Die Antike war ihm Material. Auf Land und Leute glaubte er herabsehen zu können. Wie man das Vitale von ihnen lernen könne, ohne die eigene kalte Rechnerei zu vergessen.«

An diesem Bild mag manche Einzelheit wahr sein, doch insgesamt ist es ungerecht, fern der Klärung, weit hinter Kafkas menschlicher Lösung des Goethe-Problems zurück, jener Lösung, die sich ihm gleich vor Ort eröffnete: sich einfach in die Hausmeistertochter zu verlieben, Goethe beim Wort zu nehmen, gleich im Goethe-Haus. Klar – bei aller Unklarheit meiner damaligen Notizen – erweist sich jedoch, dass in meinem Fall eine Rückkehr unmöglich wurde, ob nun über Ponte Molle oder den Flughafen Fiumicino. Hier versagte meine Vorstellungskraft. Ich konnte mir mein weiteres Leben in Deutschland nicht vorstellen. Es ging mir wie Kafka mit dem Goethe-Haus: »Kein Bild gibt das Ganze wieder.« Ich flog damals viel hin und her, Rom–München, Rom–Mailand–Hannover, Neapel–Frankfurt, auch die später eingestellte Linie Rom–Berlin gab es noch, ich war oft in Deutschland, aber stellte mich taub, nahm es nicht mehr wirklich war. Eine schwierige Zeit. Ich hatte kein neues Ufer gefunden, mein damals bei Rowohlt veröffentlichtes Buch hieß »Leben ohne Deutschland«, ein Titel der Verneinung, Absage, Abwendung – Haltungen, von denen sich geistig auf Dauer nicht leben lässt. Und insgeheim das Gefühl, ungerecht zu sein mit meinem totalen Nein-Sagen, weder mir selbst noch meinen Lesern damit zu helfen.

Trotz glücklicher äußerer Umstände war eine unerklärliche Trauer in meinem Herzen, eine Resignation ganz Goethe'scher Art. Und daher Weimar auf unterbewusste Art lebendig, das Nichtausgelebte und Nichtausgeweinte dieses Ortes, das Sichzurücknehmen und Innerlich verzichten, wie es der Rückkehrer in Weimar gepredigt hatte, in meinem Fall noch absurder, da vor leuchtenden italienischen Kulissen. Mit einem deutschen Freund, der mich in Italien besuchte, fuhr ich per Vorortbahn nach Neapel, an Hügeln mit Pinien, sonnenbeschienenen Buchten vorbei, um das elende Haus zu suchen, in dem der Dichter Leopardi gestorben war, ganz eingestimmt auf tragische Schauplätze. Ich konnte dem Gast nichts anderes bieten als das, was er ohnehin aus Deutschland mitbrachte, Pessimismus, Verluststimmungen, das Erfülltsein von Niedergängen.

Das Negative brach sich nicht Bahn, nirgendwohin, führte weder in den üblichen Zynismus noch zu einer befreienden Aktion, es schwelte im Stillen, ließ mich unausgesprochen, trocken, gleichgültig werden, ein Wesen in Wartestellung. Ich schrieb Texte für deutsche Zeitungen. Ich schrieb über Deutschland, über Schuld und Versagen, über Mittäterschaft, über Schriftsteller, die für die Stasi gearbeitet hatten – sicher aus einem begreiflichen Impuls, doch zugleich bedrückend, gefährlich für mich selbst, Ausdruck einer Unfähigkeit, mich zu lösen. Es ging mir wie in einem Gedicht von Corrado Govoni, das ich damals entdeckte: *Ho bisogno di piangere, ma non posso.* »Ich hätte es nötig zu weinen, aber ich kann nicht.« Der Autor beschreibt seinen Zustand, die Starre, in die er gefallen ist, den »Knoten im Herzen, im Hals den Knochen«. In diesem Gedicht dominiert lange Zeit das Ich, um sich gegen Ende überraschend an ein fernes Du zu wenden:

> Se dalla tua beata eternità
> tu vedi quale automa son ridotto
> meccanico, straniero, indifferente:
> fammi piangere, caro, per pieta …

»Wenn du von dort siehst, aus deiner ewigen Seligkeit, was für ein Automat ich geworden bin, mechanisch, allem fremd, gleichgültig, dann mach, dass ich weinen kann …« Wozu? Zu dem sich hier andeutenden einzigen Ausweg und Rückweg, dem in die Ewigkeit, zu Gott. Dieses Gedicht hatte auf mich erlösende Wirkung. Zunächst weil es meinen eigenen Zustand unterdrückter Trauer so genau beschrieb, dann, weil ich diesen Zustand plötzlich unerträglich fand: Wer möchte schon gern mechanisch, aller Welt fremd und gleichgültig sein, unfähig zu weinen, zu trauern?

Ich las Govonis Gedicht zuerst in Rom und lese es bis heute immer wieder. Zunächst erreichte mich seine poetische Botschaft. Ich wusste nichts von den Hintergründen seiner Entstehung. Daher darf ich in aller Unschuld zitieren, was ich erst Jahre später erfuhr, weil es der Herausgeber Hartmut Köhler, ein Deutscher der »goetheschen«, der gewissenhaften Art, im Anhang seiner Edition für erwähnenswert hielt: »Govoni begann zu Beginn des Jahrhunderts als *crepuscolare*, war dann eine Zeitlang Weggenosse Marinettis, fand deutlicher zu sich selbst mit den Gedichten über Kindheit und ferraresische Heimat aus den zwanziger Jahren. Der Zweite Weltkrieg und die Erschießung seines Sohnes (er war unter den Opfern der Vergeltungsaktion der SS in den römischen Fosse Ardeatine am 24. März 1944) bewirkten einen nochmaligen Wandel, eine Hinwendung zu den Themen der Geschichte und des Leidens.«

Er hätte den Hinweis nicht geben müssen, das Gedicht wäre ohne ihn nicht weniger erschütternd. Dass er es tat, zeigt sein persönliches Bedürfnis auf den schrecklichen, den »deutschen« Aspekt hinzuweisen. Ich wusste, dass damals, 1944 in den Fosse Ardeatine, auch Juden erschossen worden waren. Kein weiteres Wort dazu, keine weitere Erklärung, wie mich Deutschland immer wieder einholte, Idyllen entriss, aufstörte, an die Notwendigkeit erinnerte, mich nach einem Ausweg umzusehen. Govonis Gedicht erinnert mich bis heute daran, warum mir Rückkehr unmöglich war, Rückkehr nach Deutschland, das übliche Ende der Italienreisen deutscher Literaten.

Ein deutscher Literat bin ich dennoch geblieben. Auch zu Goethe fand ich zurück, spätestens, seit ich nicht mehr in Italien lebe. Er ist und bleibt ein großer Denker, auch über jene elementaren Fragen, die mich seit damals mehr und mehr beschäftigten. Ich fühlte mich in Italien von einer Last befreit, von der Last täglichen Widerstehenmüssens, täglicher Anspannung gegen ein Außen. Ich wurde innerlich frei, um nachzudenken, in Ruhe, ohne Furcht, über tiefe Unstimmigkeiten meines eigenen Lebens, über mein ungeklärtes Verhältnis zum Judentum und zur jüdischen Herkunft, vor allem – nach atheistischer Erziehung – zur jüdischer Religion.

Zunächst zu Religion überhaupt – und erst damit verließ ich das Muster Weimar. Goethes Weg hatte offensichtlich aus dem Religiösen herausgeführt, zumindest aus dem Christlichen und Biblischen, vielleicht ganz aus dem Monotheistischen. Er sprach vage von »Göttern«, nicht mehr von »Gott«. Ein unverbindlicher Pantheismus trat an Stelle des Dekalogs, ein damals noch prickelnder, provokanter Hedonismus, noch fern von der öden, massenhaften Egomanie, die daraus werden sollte. Er mochte Gründe haben für das, was er tat, mochte sich seinerseits von den pietistischen Neigungen seiner Frankfurter Kaufmannsfamilie bedrängt fühlen. Er versetzte dem Christentum in Deutschland einen schweren Schlag, indem er – ohne öffentlich mit ihm zu brechen – einfach nicht mehr nach ihm lebte.

Schon bei meinem ersten Besuch im Goethe-Haus hatte die mich führende ältere Frau in Andeutungen auf Goethes Privatleben geschwelgt, in Hinweisen auf Promiskuität und »freie Liebe«, Ehebruch und wilde Ehe, auf seine notorische Untreue, auf die Untreue seiner Frau Christiane, die den alternden Goethe ihrerseits betrog, mit Studenten die Nächte durchtanzte, Bier trank, früh »an der Wassersucht« erkrankte. Auf ihre Unbildung und die falsche Orthographie ihrer unter Glas ausgestellten Tagebücher. Auch auf Tragisches, das sich aus diesem Lebensstil ergab, auf jenen unehelich gezeugten, später in Trunksucht endenden Sohn, der Goethes einziger blieb: Ein brauchbarer Vater war er nicht.

Lag hier der Grund für Kafkas Abwendung nach anfänglicher, fast religiöser Ehrfurcht? Er eilte noch nachts zum Haus am Frauenplan, um den Stein zu berühren wie den eines Heiligtums, und reiste wenige Tage später ernüchtert ab. Er fand nicht, was er suchte. Er erspürte eine atmosphärische Leere und hielt sie fest in den wenigen Sätzen, die er dem Inneren des Goethe-Hauses zu widmen für wert hielt: trauriger, an tote Großväter erinnernder Anblick. Dieser seit Goethes Tod fortwährend wachsende Garten. Die sein Arbeitszimmer verdunkelnde Buche.

Kafka hat auch dem eigenen Vater diese Leere vorgeworfen, den Mangel an Spiritualität, den Verrat am Biblischen und Religiösen, in seinem Fall am Judentum. Etliche Seiten in seinem berühmten »Brief an den Vater« handeln von der im Atheismus verborgenen Ichsucht, der Kälte des Herzens, der verratenen Liebe. Abkehr vom Religiösen und allmähliches Versinken in Profanität waren für den jungen Kafka eins. Offenbar wurde er vom Vater verhöhnt, als er sich dem verlorenen Gott wieder zu nähern versuchte: »Übrigens war Deine negative Hochschätzung meines neuen Judentums sehr übertrieben: erstens trug es ja Deinen Fluch in sich und zweitens war für seine Entwicklung das grundsätzliche Verhältnis zu den Mitmenschen entscheidend, in meinem Fall also tödlich.«

Sah Kafka voraus, dass er sein Problem zu Lebzeiten nicht mehr würde lösen können, weder sein »Verhältnis zu den Mitmenschen« noch, daraus sich ergebend, sein Verhältnis zu Gott? Ahnte er, dass ihm der Sprung hinüber nach Jerusalem nicht gelingen würde, obwohl er sich jahrelang darauf vorbereitete, Hebräisch lernte, sogar schon mit der Wohnungssuche begann? Dass die Spiritualität, die er beim Vater, bei Goethe vermisste, auch seinerseits Sehnsucht bleiben musste, nicht beendete Suche, abgebrochen durch frühen Tod? Wie oft bringt der Tod Erlösung, unter Umständen auch für die Trauernden. In Corrado Govonis Gedicht bittet der Vater den toten Sohn, ihn aus der Öde eines gottlosen Lebens, »mechanisch, fremd, gleichgültig«, zu erlösen. Und er bittet darum, wieder fähig zu sein zur Liebe, zum Mitgefühl – zu einer Lösung dessen, was Kafka »das grundsätzliche Verhältnis zu den Mitmenschen« nennt: »Lass mich weinen, Lieber«, schließt Govoni, »aus Erbarmen.«

Wo ließe sich über derlei besser nachdenken als in Rom? »Über Rom wölbt sich eine blaue Himmelskuppel«, schrieb ich 1992, »der man mühelos glaubt, sie sei belebt. Geflügelte Wesen krönen Roms Gebäude. Es sind Heilige, Sphingen und Engel, Nike, Musen und Nymphen, Boten in vielerlei Gestalt. Menschlicher Phantasie waren hier keine Grenzen gesetzt, und die Phantasie galt dem, was der Himmel über Rom versprach. In ihrem Schatten lebt die Stadt … Am Freitagabend gehe ich in die Synagoge und höre die alten Gesänge, hier glaubhaft wie nur in Jerusalem.« Die jüdische Gemeinde in Rom, älter als zweitausend Jahre, wurde am Tiber geduldet. Manche Päpste erließen Bullen zu ihrem Schutz, manche verbannten sie ins Ghetto, doch Schlimmeres geschah nicht. Von dieser Gemeinde geht eine Würde aus, ein Selbstbewusstsein, eine selbstverständliche Nähe zu Israel – als Land, Volk und Konzept –, die ich von deutschen Juden nicht kannte. Nie werde ich die Freitagabendgebete im Tempel am Tiberufer vergessen, das Öffnen der Türen Richtung Jerusalem mit Blick auf Palmen und einen mittelmeerischen Himmel.

Der Weg zurück durch die Zeiten, vom Atheismus der Moderne über das Christliche ins Römisch-Polytheistische oder Alttestamentliche –, denn dies waren die geistigen Antipoden der Alten Welt –, beschäftigte mich in meinem Buch »Taube und Stern. Roma Hebraica«, das 1994 in Rom entstand. Ohne religiöses Judentum wirklich zu kennen und ohne um die zentrale Bedeutung der Fast-Opferung Isaaks, auf hebräisch *akedah*, genau zu wissen, spürte ich in Rom – beim Anblick des Colosseums, eines Ortes ständiger Menschenopfer – die große Herausforderung, die jene Stelle im Ersten Buch Mose 22 für die antike Welt gewesen sein muss: *Va jikrah ejlav malach adonai min ha shamaim va jomer ... Al tishlach jadeicha v al ta'as lo ...* (Da rief ihn ein Engel des Ewigen und sprach: Lege deine Hand nicht an den Knaben und tu ihm nichts ...) Mein Essay hieß »Gnade für Isaak«. Ich begann zu verstehen, was dieser Gott meinte, worin seine Neuheit bestanden hatte, seine Einzigartigkeit, die Revolution gegenüber den zahllosen anderen Göttern der Alten Welt.

Und selbst hier war, wenngleich zum Zeitpunkt der Niederschrift unbewusst, Weimar im Spiel, Goethe und seine unklare, ungestillte Sehnsucht nach »dem Süden«. Dem englischen Germanisten David Horrocks verdanke ich einen Hinweis, der mir die innere Verbindung vor Augen führt. Er schreibt in einem Brief, den ich erst Jahre später in der Wüste Negev erhielt: »I recently bought a copy of your ›Roma Hebraica‹ and found it fascinating, even though my knowledge of Rome is scant. What I found most striking and moving in the book was your stress on the fundamental significance of the Abraham-Isaac-story. It reminded me of the somewhat cryptic reference to it in Goethe's late ›Novelle‹, in the hymn-like stanza sung towards the end of the story that contains the line ›Blankes Schwert erstarrt im Hiebe ...‹. There is also a marvellous account by Max Ophüls of his reading the Goethe story for the first time in Hollywood during his exile from Nazi Germany: ›Während dieser Tage brannte drüben in Europa meine Heimatstadt, wusste ich nicht mehr von meinen Freunden und Verwandten, ob sie in den Konzentrationslagern oder den Armeen je diese Zeit überleben würden, und in einer solchen Nacht klang durch den Alpdruck dieses mörderischen Unsinns die Stimme des Kindes, das die Flöte spielt in der ›Novelle‹, und dem Löwen den

Dorn aus der Tatze zieht: Blankes Schwert erstarrt im Hiebe, wundertätig ist die Liebe … Und da wurde ich ruhig und geriet wieder in mein Gleichgewicht.‹«

Das Haus am Frauenplan öffnete meine Sinne für eine Suche nach der Vergangenheit, nach dem Ursprung, nach der Wahrheit in mir selbst. Vielleicht hatte ich Goethes »Novelle« schon einmal gelesen. Doch beim Schreiben meines Essays in Rom war sie mir nicht gegenwärtig, ich fühlte mich Goethe fern wie nie. Die »Novelle« ist einer seiner späten Texte, eine seltsame Mischung aus deutscher Romantik und einer in die Ferne schweifenden Sehnsucht. Es gibt ein paar Äußerungen gegenüber Eckermann, aber sie betreffen formal-literarische Fragen. Über den Inhalt verlor der Autor – damals in seinem achtundsiebzigsten Lebensjahr – kein erklärendes Wort. Als ich die »Novelle« kürzlich in der Wüste Negev von neuem las, staunte ich nicht wenig über ihre Botschaft: Sie ist durchweg biblisch. Die »hymnischen Stanzen«, aus denen David Horrocks zitiert hatte und vor ihm Max Ophüls in seiner Erinnerung an die Nacht im Exil, sind Zeile für Zeile nichts anderes als Assoziationen an die hebräische Bibel.

Chaim Noll

Das andere Land

Es gibt keine Tagebuchnotiz von diesem Tag, kein Wort wurde geschrieben, nicht in den Laptop, noch auf ein Blatt Papier. Ich vermute, dass ich Stift und Papier in der Tasche hatte wie immer. Dennoch: kein einziges Wort. Das Datum habe ich im Kopf, auch heute, zehn Jahre später. Wir waren unterwegs wie so oft, eine Fahrt im Auto zum Bahnhof, im Vorortzug zum Flughafen, ein Flug übers Mittelmeer. Im Zeitalter der millionenfachen Reisen ein alltäglicher Vorgang. Ein Tag Ende Juli, ein Wochentag, weder Sonntag, *domenica* – der Tag begann in Italien –, noch Freitag oder Sonnabend, *Schabbat*. Ein paar Bilder stellen sich ein: der Morgen blau, in der Frühe kühl, ein wenig Dunst vom Meer. Die Terrasse, das alte Marmorgeländer, der Sarrazenenturm unterhalb, auf dem Felsvorsprung im dunklen, noch nächtlich schweren Wasser. Kleine Lämpchen schaukeln nah und fern in der Bucht, die Boote der Fischer.

Allmähliches Hellerwerden. Das nervöse Gefühl vom Aufstehen an, der spürbare Unwille des Körpers, den angenehmen, gewohnten Ort, das Klima, das Licht, die salzige Brise vom Meer, die selbst im Dunkeln vertrauten Räume zu verlassen. Unterhalb einer Schicht aus Willen, guten Absichten, Hoffnungen, vernünftigen und anderen Gründen: der Widerstand des Körpers. Wir liebten den Ort, er war unser Zuhause. Vorübergehend. Eine letzte Dusche im weiß gekachelten Bad. Ein Kaffee im Stehen. Ein letztes Mal das Futter hingestellt für den halbwilden Kater, der uns, noch ein Baby, in einer stürmischen Winternacht zugelaufen war, aber unsere Hilfe nicht durch Treue vergalt. Seine Untreue tröstete in diesem Augenblick, auch wir waren untreu: ihm, den Nachbarn, dem Ort gegenüber. Viele hatten uns in den letzten Tagen ihr Bedauern ausgesprochen. Ein Aufbruch im Morgengrauen, in einer gewissen Eile.

Auf der Piazza junge Leute aus der Stadt, die irgendwo die Nacht durchgefeiert hatten, müde, vom aufkommenden Zephyr des Sommertags wiederbelebt. Sie spielten mit einer blassroten Frisbeescheibe. Der Besitzer der Bar, ein kleiner gedrungener Mann in Hemdsärmeln und Hosenträgern, ließ einen Wortschwall auf sie los, wegen der Gefahr für die Fensterscheiben, worüber sie lachten … Tomi und Ula, wie verabredet. Er lud unser Gepäck ins Auto, wir stiegen ein, die Serpentine abwärts, noch einmal Meer und Strand, dann durch flaches Land zum Bahnhof. Kurz vor Einfahrt des Zuges, schon in vollem Licht, ein Foto, vermutlich das einzige, das uns gemeinsam zeigt.

Tomi und Ula waren Flüchtlinge aus Sarajevo, ein Ehepaar in den Vierzigern. Sie lebten in einer der leeren Sommervillen am Strand, als Wächter, Gärtner, *custodi*. Ihr eigenes Haus hatten sie verloren, überhaupt fast alles, was einst ihr Leben war, ihre Berufe, ihre Freunde, ihr Eigentum. Doch ihre Söhne hatten die beiden in Sicherheit bringen können, kurz bevor der Krieg ausbrach, indem sie ihnen Stipendien in Amerika besorgten. Es war der einzige glückhafte Umstand in einem durch höhere Gewalt ruinierten Leben. In Sarajevo war Tomi Professor gewesen, in einer technischen Wissenschaft, in Italien schlug er sich als Tennislehrer durch. Er zeigte uns Zeitungsausschnitte über sich, Jahre alt, schon vergilbend, sorgfältig in Klarsichthüllen aufbewahrt, geschrieben in einer uns unverständlichen Sprache. Sie lebten von der Hoffnung, dass ihnen die Söhne Greencards für die Einreise nach Amerika besorgen würden.

Eines Tages hatten sie uns in ihrem klapprigen Auto mitgenommen, als wir aus der Stadt kamen und vom Bahnhof Fondi kein Bus mehr fuhr, obwohl er im Fahrplan stand. Wir lebten schon zu lange hier, um die Unzulänglichkeiten des Lebens schwer zu nehmen. Sie waren, wenn man wollte, Anregungen zur Improvisation. Wäre der Bus an jenem Tag gefahren, wie der Fahrplan verhieß, hätten wir Tomi und Ula nie kennengelernt. Nie ihre Ge-

schichte gehört, eine Geschichte von Krieg, Flucht, Verlust und un-
wahrscheinlicher Hoffnung, die unserem Bild von Europa, einem
sicher geglaubten Bild, im letzten Augenblick einen überraschen-
den Akzent verlieh. Ein paar Mal fuhren sie uns in ihrem Auto
nach Gaeta oder Terracina, in die Städte der Umgebung, wo wir
sie zum Essen einluden und uns gegenseitig Mut machten, meist
mit Blick auf das offene Meer.

Sie blieben winkend auf dem Bahnsteig zurück. Der Ort verschwand, der Bahnhof, die Trattoria gegenüber. Zuletzt sah ich,
was ich hundertmal, von Rom kommend, aus dem Ausland, aus
Deutschland, bei der Ankunft zuerst gesehen hatte: die vier großen Palmen neben dem Bahnhofsgebäude. Sie waren zehn Meter
hoch oder höher, irgendwo in der Luft klapperten ihre grünen
Wedel im Wind, ein vertrautes Geräusch, eine Begrüßung ... Wir
schwiegen, als der Zug durch ockergelbe, grüne, basaltfarbene Flächen sauste. Wir waren erschüttert, weil wir fuhren. Es war lange
geplant, lange vorbereitet, seit einem Jahr galt alles, was wir taten
und dachten, diesem Tag. Es war unser freier Wille, das Ergebnis
langen Nachdenkens. Und doch blieb diese Abfahrt, in der Tiefe,
am Grund der Gründe, etwas Unerklärliches.

Seit wir hier lebten, spürten wir auf der anderen Seite des Meeres das andere Land. Die Existenz dieses Landes ließ uns keine
Ruhe. Ich war hin- und hergeflogen. Es lag nur Wasser dazwischen, es gab keinen Bruch, kein Gefühl des Weltwechsels wie immer, wenn ich die Alpen überflog. Wir hatten uns mit dem kleinen Land identifiziert, lange bevor wir dort lebten. Es schien uns
ein Wunder an Tapferkeit. Eines Abends in Berlin, kurz nachdem
ich meine Stellung an der Universität verloren hatte, sprachen wir
zum ersten Mal allen Ernstes darüber: Warum nicht morgen Ti-
ckets kaufen, zum Flughafen fahren, in ein paar Stunden sind wir
dort ... Es zog sich jahrelang hin, wie die Ausführung guter Vor-
sätze meist, ein Buch musste beendet werden, dann noch eins,
Reisen zurück, Lesungen in Deutschland, Angebote, Bekannt-
schaften, Projekte. Das erste Jahr in Rom verging, dann ein weiteres, wir lernten Italienisch, noch ein Sommer mit Baden im Mit-

telmeer, mit violetten Sonnenuntergängen hinter den Hügeln von Felice di Circeo, wo die Zauberin gelebt haben soll, die Odysseus und seine Gefährten in ihrem Bann hielt, jahrelang.

Italien war ein wunderbares Exil. Es war uns so viel näher als das Land unserer Geburt, dass wir einige Jahre lang glaubten, »im Exil zuhause« zu sein. Wir hatten uns in Deutschland nie »zuhause« gefühlt, obwohl nicht nur wir dort geboren waren, sondern auch unsere Eltern, sogar einige Großeltern und Urgroßeltern. Die Unerklärlichkeit dieser Abneigung hatte uns belastet, als sei sie eine sinnlose, abwegige Regung. Sie war dennoch stark, wir trugen sie mit uns herum, eine Gewissheit von Kindheit an. Nur mit wenigen Menschen konnte man darüber sprechen. Schon am ersten Abend unserer Bekanntschaft hatte dieses seltsame Wissen eine Rolle gespielt. Vielleicht war es das entscheidende Bekenntnis an unserem ersten Abend und an noch unzähligen Abenden und Tagen, wenn der Himmel über Berlin tot und bleiern war, wenn wir froren, weniger vor Kälte, als aus dem Gefühl, am falschen Ort zu sein: das Eingeständnis des Fremdseins, der Abstoßung gegen eine Umgebung, die daran so wenig ändern konnte wie wir.

Aus heutiger Sicht scheint es mir sinnlos, dass wir Deutschland, dem Land, das wir nicht lieben konnten, dafür Vorwürfe gemacht haben. In uns war Abneigung, Misstrauen, tief und unüberwindlich, rätselhaft wegen dieser Unüberwindlichkeit. Gewiss, es gab Gründe, vernünftig klingende Gründe. Es gab Nazis in diesem Land und noch mehr Leute, die einst Nazis gewesen waren, damals, als Nazi-Sein nicht als schimpflich, sondern als glorios gegolten hatte. Es war immer wieder bedrückend, empörend bis in die Knochen, so viele unbelehrt zu sehen, fern von jeder Beschämung. Die Rentnerin in der U-Bahn, die mir plötzlich einen kalten, spähenden Blick zuwarf, schien durch mein Aussehen an etwas erinnert, womit sie aufgewachsen war und woran sie vielleicht bis heute glaubte. Solche Blicke galten mir, seit ich denken konnte. Es war ein anderes Land als heute, der Anblick von Fremden selten. Einmal, als ich mir als Student Geld für eine Reise verdiente, hatte mich ein alter Arbeiter nachdenklich angestarrt und erklärt:

»Siehst aus wie'n Jude.« Und als ich zurückgab, es läge wohl daran, dass ich einer sei, hatte er sich zu entschuldigen begonnen, hastig, tief erschrocken. Die Entschuldigung machte die Sache noch hoffnungsloser: Als sei es in seinen Augen eine Schande, »wie ein Jude« auszusehen.

Im Grunde war es ein Missverständnis. Ich hatte kein Problem damit, wie ein Jude auszusehen – manche Deutsche hatten es. Mein Problem war, dass ich am falschen Ort lebte. Seit meiner Kindheit habe ich davon geträumt, »woanders« zu sein. Eine Weile konnte man sich vormachen, die Disharmonie mit dem Ort sei produktiv, interessant, aufregend in dem Sinne, dass sie »kreativ macht«. Man konnte weiteres Bleiben für den Sinn des Lebens halten, sogar für eine Verpflichtung, wie einst eine deutsche Theologin zu mir gesagt hatte: »Sie müssen bleiben, ein paar Leute wie Sie muss es geben ...« Doch je länger es so ging, umso mehr schien es eine falsche, verquere, aussichtslose Lage, durch nichts zu kompensieren, nicht durch Geld, Bekanntheit, öffentliche Anerkennung, nicht durch Sendungsbewusstsein oder pädagogische Ambitionen.

Zu bleiben hätte geheißen, als ewiger Vorwurf herumzulaufen, als ewige Anmahnung an etwas längst Geschehenes, Nicht-mehr-zu-Änderndes, Irreversibles. In dieser Rolle zu leben führte nirgendwohin. Die Grenze zwischen Trauer und Totenbeschwörung ist fließend, die Fixierung auf die Opfer geht über in Selbst-Fixierung, in Identifikation mit dem Opfersein: Sie beginnt, das Leben zu überschatten, das Weiterleben, die Zukunft ... Eines Tages, schon in Italien, las ich meiner Frau aus einem meiner Bücher vor, aus einem Buch – wie eine Zeitung geschrieben hatte – »voller Trauer und Mokerie«, voller Wissen um das Schreckliche und still glimmender Wut auf die, die es getan oder hatten geschehen lassen. Meine Frau saß auf der Terrasse, den Kopf dem Meer zugewandt, und sagte irgendwann: »Ich verstehe dieses Buch erst jetzt. Es ist dein Versuch, Auschwitz ungeschehen zu machen.«

Ihr Blick auf das Meer war der unausgesprochene zweite Satz, der Satz, der die Aufforderung enthielt. Es war ihre Art zu denken:

Sie begnügte sich nie mit der Feststellung des Bedrückenden, sie schlug sofort etwas vor, einen neuen Schritt. Man konnte Auschwitz nicht ungeschehen machen. Wir wussten, dass auf der anderen Seite des Meeres die Lebenden waren, und dass wir nicht zurückbleiben wollten auf der Seite der Toten, der Mahnung, des Vorwurfs. Dass wir hinüberwollten in das Land der Lebendigen, wenigstens um es zu sehen. Vielleicht würde sich dort unsere Abneigung verlieren, der Schatten auf unseren Seelen. Von diesem Land ging soviel Leben aus, dass wir es bis hierher spürten. Wir saßen auf der Terrasse und starrten auf jene Linie im Blau, die ein Zusammenwachsen von Himmel und Wasser vortäuscht, ein Ende, und in Wahrheit das Gegenteil ist: ein Übergang, eine Grenze, dazu gemacht, sie zu übertreten.

Das Übertreten von Grenzen war seit langem unser Thema, das Weitergehen gegen Augenschein und Gewohnheit, das Brechen der Verabredung, notfalls der Skandal. Wir waren in einer zugesperrten, ummauerten Stadt aufgewachsen, hatten gegen die Mauer rebelliert, sie überwunden und dadurch Recht bekommen, dass sie eines Tages zusammenfiel und verschwand. Es war die einzige Zeit, in der unsere Abneigung gegen das Land einem Gefühl der Zustimmung gewichen war. »Die Deutschen«, wie wir oft sagten, wie ich auch schrieb – mit einem gewissen Unbehagen, weil solche Vereinfachung nicht wirklich half –, die Deutschen waren an etwas schuldig, das wir ihnen nicht vergessen konnten. Aber es machte keinen Sinn, sie mit lebenslanger Aversion zu verfolgen. Jahre später in der Wüste Negev, bei einer Fahrt auf leerer Straße zwischen Sandhügeln, unter samtblauem Himmel, auf dem still die Mondbarke schwamm, kam mir zum ersten Mal der Gedanke, dass es Menschen geben könnte, die deutsche Landschaften so innig lieben wie ich diese Wüste. Die sich, sagen wir, im Schwarzwald, in Mecklenburg, in der Eifel glücklich und zuhause fühlen. Und dieser Gedanke erstaunte mich, besser gesagt: Mich erstaunte, dass er mir zum ersten Mal kam. Denn natürlich war es so, musste es so sein. Warum sollte ein Deutscher nicht seine Landschaft lieben wie ich diese hier?

Warum sollte ein Deutscher nicht zufrieden, selbstgewiss, von mir aus stolz darauf sein, ein Deutscher zu sein? Wenn es ihm half, wenn es ihm ein wenig Zuversicht gab, mit dem Leben zurechtzukommen, mit den Enttäuschungen unserer Tage, mit dem Deutschland zugedachten Stück Himmel, an dem nur selten die Sonne auftaucht … Warum sollten sie nicht sein, wie sie waren? Es war ihr Land, das ihnen Zugedachte im göttlichen Plan. Sie hatten dort immer gelebt, es gab keinen Grund, es ihnen zu missgönnen. Die endlosen Vorwürfe, die ihnen ins Gesicht geschleuderte Abneigung, die Anmahnung früherer Untaten half niemandem mehr, weder uns noch ihnen. Für uns war es eine Falle, uns in die dunklen Gefilde der Abneigung zu verlieren, aus denen es irgendwann keine Rückkehr mehr gibt. Wo lag hier der Sinn? Es war nicht mehr sicher, ob der ewige Vorwurf genützt oder geschadet hatte. Sichtlich hatte er dazu beigetragen, dass sie ängstlich, schreckhaft, nachgiebig geworden waren, in vielem duldsamer, als gut tat, dass sie wilde Leute in ihr Land ließen, Brandredner und Bombenbastler, und in einer wiederum schwer verständlichen Demut dem neuen Unheil nicht wehrten.

Auch das war ein Missverständnis. Es war fragwürdig, Menschen den einfachen Gedanken auszureden, dass sie eine Heimat hatten und folglich ein Recht, sich gegen feindliches Ansinnen zu behaupten – nur weil man selbst keine Heimat hatte oder sich einbildete, keine zu haben. Weil man selbst zu ängstlich, zu unentschlossen, zu hochmütig war, sich dorthin aufzumachen, wenigstens versuchsweise. Ich verstand, dass ich ihnen erst gerecht werden könnte, wenn ich selbst irgendwo zuhause war. Wir hatten uns nie wirklich vorstellen können, was es bedeutet, zuhause zu sein. In Italien kam dieses Gefühl zum ersten Mal auf, breitete sich im Körper aus, verursachte eine Entspannung, die Rückkehr zunehmend unmöglich machte. In Rom standen wir abseits, beobachteten und lernten. Zum Beispiel, wie angenehm es sich zwischen den eigenen Leuten lebte. Wir gehörten nicht zu ihnen, aber wir genossen die Liebe eines Volkes, die sich selbst galt, die Wärme, die von dieser Liebe ausging, die Leichtigkeit dieser Tage.

Wie viel Anspannung, täglicher Argwohn, präventive Aggression entfällt, wenn man nicht in der Vorstellung lebt, unter Feinden zu sein. Wir sahen es von außen, als Zuschauer, aber nahe genug, um es uns zu wünschen, für uns, unsere Kinder deren Kinder.

Vielleicht dachte ich darüber nach, in der Vorortbahn, während wir die Hügel hinter uns ließen und flache *pineta* durchfuhren, die Landschaft der Campagna. Ich dachte darüber nach wie so oft in diesen Tagen, dachte Gedanken, die zu äußern zu früh oder missverständlich war, da mir selbst klare Worte fehlten. Vermutlich war es so. Denn ich schrieb keine Zeile an diesem Tag, nirgendwo, weder im Zug noch auf dem Flugplatz Fiumicino, weder im Flugzeug noch in dem Auto, in dem wir später am Tag durch die Wüste und junge Wälder fuhren. Es gab nichts zu schreiben, ich dachte und träumte, aber fand keine Worte. Es war ein Tag des Vorwärts, des wortlosen Handelns, des eigenen und fremden. Zwei Tage zuvor hatte ein Selbstmordattentäter in Ramat Gan sechs Menschen getötet und dreißig verletzt. Am Reisetag selbst las ich von einer anderen Bombe, am Vortag in Paris, in der Metro, sieben Tote, wenn ich mich recht erinnere. Um mich herum, im Vorortzug, lasen alle darüber. Auch ich hatte, als sei ich ein Einheimischer, auf dem Bahnhof Fondi den *Corriere* gekauft und zu lesen begonnen, ohne Verwunderung oder Stocken in der fremden Sprache.

War sie noch fremd? Die Sprache hatte uns sanft gewonnen, in ihr Denken eingesponnen, wie zuvor auf andere Weise das Englische. Von da an blieben wir mehrsprachig, ohne noch einer Sprache schicksalhaft anzugehören, blieben wir »zwischen den Sprachen«. Räumliche Trennung von der Muttersprache war Verlust, aber auch Befreiung – Befreiung von einer Besitzergreifung des Denkens durch sie, Öffnung für neue Metaphern, neue Wege des Verstehens. Mit jeder neuen Sprache tat sich eine Welt auf. Was uns gefehlt hatte, war genau dies: die Weite des Ausblicks. Zu lange hatten wir im Schatten unserer Abneigung gelebt. So kam es, dass ich aufhörte, deutsche Bücher und Zeitungen zu lesen, dass mich der neue Schrecken zuerst auf Italienisch erreichte. Und dass sich mir die Wendungen dieser Sprache einprägten, klare, leidenschaftliche Worte: »Guerra in Algeria. Dopo tre anni di guerra civile strisciante, in Algeria sarebbe coninciata la fase dello scontro totale tra i militari e militanti islamici …«

Der Tag, auf den ich mich zu besinnen versuche, ist zehn Jahre her. Schon damals lebten wir mit diesen Meldungen. Der Anschlag in Paris erinnerte mich an ein Gespräch im Lebensmittelladen: Sandrina, die Besitzerin, hatte gefragt, ob wir keine Angst hätten, nach Israel zu gehen, wo so viel Schreckliches passiere. Und ich hatte zurückgefragt, ob sie es nicht für möglich hielte, dass es überall geschehen könne? Man glaubte es damals in Europa noch nicht. Unsere Kinder waren in Israel gewesen, als ein Bus in die Luft flog. Sie brachten Zeitungen mit, bunte Fotos von toten Kindern, Fotos, von denen wir noch viele sehen sollten. Sie waren tief erschrocken, aber es konnte sie nicht abschrecken. Benny, unser Sohn, war schon dort, auf einem Kibbuz, um die Sprache zu lernen.

Wir hatten in den letzten Monaten viel darüber gesprochen, am Telefon, bei unseren seltenen Begegnungen. Wir lebten verstreut über mehrere Länder und sahen uns nur gelegentlich. Und obwohl diese Art Familienleben damals Mode wurde, war meine Frau nicht davon zu überzeugen, dass es mehr sein könne als ein Provisorium. Ein Land müsse es geben, behauptete sie, ein Land, in dem man gemeinsam zuhause sei in sich verdunkelnden Zeiten wie diesen. Es gab Gründe, die dafür, und andere, die dagegen sprachen. Der Gedanke war immer wieder aufgetaucht: Wenn es das in Frage kommende Land tatsächlich gibt, wenn es wieder existiert nach zwei Jahrtausenden und wenn dieses Wunder ausgerechnet in unsere Lebenszeit fällt, wäre es nicht jammervoll, verpasste Gelegenheit, vertane Hoffnung, es nicht wenigstens zu versuchen?

Aber Monte San Biaggio, die alte Stadt auf ihrem Hügel, die mittelalterlichen Gemäuer über grünen, wilden, mit Felsbrocken gesprenkelten Hängen, die alten Steine bemoost, im Morgenlicht – Monte San Biaggio schien milde zu lächeln über unseren

Aufbruch, die Mühen, die wir uns zumuteten, die Abschieds-
schmerzen, wo wir doch einfach hätten bleiben können, wie sie
selbst unerschütterlich auf ihrem Hügel saß, seit Jahrhunderten.
Wir fuhren langsam vorbei, ich erinnerte mich an Besuche dort
oben, an enge, gewundene Gassen, in denen man schwarz gekleidete Frauen und Katzen traf. Ich erinnerte mich an Blicke von der
Wehrmauer über das grüne Land mit den Gemüsefeldern, Ölhai-
nen und Zitronenbäumen. Wie alle alten Städte war Monte San
Biaggio zugleich Festung. Dann der Bahnhof Campoleone, »Leos
Feldlager«, nahe dem Schlachtfeld, auf dem Papst Leo die Hun-
nen schlug und seine Nachfolger die Sarrazenen, die Araber der
Wüste, die Muslime von damals, als sie Süditalien erobert hatten,
die Campagna verwüsteten und Rom bedrohten, jahrhundertelang. Der Sarrazenenturm unter unserem Fenster, ein Wachturm,
auf felsigem Vorsprung ins Meer gesetzt, hatte uns täglich daran
erinnert.

Schon war ein blauer Himmel aufgespannt, transparent und
sanft, von hier bis Afrika, die Alte Welt umfassend, die Welt des
Mittelmeers. Wir blieben in diesem Raum, blieben in der Welt.
Hier spielte sich über die Jahrhunderte im Auf und Ab, in einem
verborgenen Rhythmus der Gezeiten, immer das Gleiche ab. Die
vertrauten Gehöfte im welligen Land der Campagna, heute ohne
Türme, Wehrmauern und ohne Furcht. Schöne alte Häuser. Oft
hatte ich mir vorzustellen versucht, wie mein Leben verlaufen
wäre, hätte ich in einem von ihnen das Licht der Welt erblickt.
Kurz bevor wir Italiener wurden, kam uns das andere Land in den
Sinn.

Der Zug verlangsamte seine Fahrt, blieb irgendwo stehen –
ein deutliches Zeichen, dass wir uns Rom näherten. Ich erinnere
mich, wie mich an diesem Morgen der Anblick der Porta Maggiore erschütterte, kurz vor dem Einlaufen ins dunkle Gewirr des
Bahnhofs Termini. Wir waren hier unzählige Male vorbeigefah-
ren, der Anblick konnte nicht mehr aufregend sein, doch heute
ergriff er mich tief, bis zu Tränen: Es war zum letzten Mal. Die
Porta, antikes Gemäuer, ergraute Säulen aus dem schier unzerstör-

baren Stein des Imperiums, war nicht Stadttor, nicht wirklich Porta, nur Durchgang unter dem Aquädukt der Aqua Claudia und des darüberliegenden Anio Novus. Davor das Grabmal des Eurysaces, eines reichen Bäckers, in Form eines römischen Getreidespeichers. Die bunten Blechdächer der Autos. Das Gehupe, der Lärm, das grandiose Durcheinander der Stadt. Der Bahnhof, chaotisch, unvergesslich. In seinen dunklen Passagen war mir weißes Pulver auf Handflächen hingestreckt worden, hatte ich bei Schwarzhändlern Zigaretten gekauft, waren wir am frühen Morgen über die Gestalten Liegender gestolpert. Saßen wir eines Tages im Vorortzug, der nicht abfuhr, wohl eine Stunde lang, bis ein durch die Wagen schlendernder Bahnbeamter im Vorbeigehen hinwarf: *scioppero*, Streik. Sprach Benny eines Winterabends, ehe er in den Nachtzug nach München stieg, den unvergesslichen Satz: »Unsere Generation wird die erste sein, die europäisch lebt.«

Aber er hatte es sich anders überlegt. Auch wir. Etwas war geschehen, etwas Allmähliches, eine langsame Abwendung, ein Verlust an Vertrauen ... Was war Europa anderes als ein Begriff, ein reichlich pauschaler Begriff? Je mehr er strapaziert wurde, umso weniger ließ sich verstehen, was gemeint war. Eine aufgeblasene Bürokratie, ein theoretisches Konstrukt? Ein Rummel und Ausverkauf? Ein in sich brüchiges Gebilde, das sich durch immer weitere Expansion zu retten versucht, über den Bosporus, ins Land der Türken, zu den Persern, nach Asien ... Hat dieses Wuchernde, dieses werdende Monstrum, einen inneren, spirituellen Zusammenhalt? Kann man wirklich darauf bauen, dass es halten wird und nicht eines Tages, in seinem haltlosen Wachstum und Ausgreifen zerbrechen, von Innen her zerfallen? Unsere zunehmende Europa-Müdigkeit ist eine Folge von Überforderung. Wie soll ein Mensch, ein Wesen mit begrenzten Kräften, seine Liebe zwanzig, dreißig Ländern zugleich zuwenden, immer entfernteren, immer fremderen, wie soll er sie in den eigenen *orbis* einbeziehen?

Ein einzelner Ort wäre genug. Wenn es der richtige ist, der dem Herzen, dem Verstehen nahe. Rom wäre uns fast Zuhause geworden, eine Stadt, die uns mit kleinen Dosen Beglückung fütterte, jeden Tag. Der Blick vom Gianicolo über die im Abendlicht versinkenden Dächer. Die salzige Brise vom Meer, früh am Morgen, ehe die Autos losgelassen werden. Die wandernden Heiligen auf dem Portikus des Lateran, wenn man über zerbrochene Säulen, Barockportale, an den Pinien des Palatin und den Resten des Colosseums vorbei über die Foren blickt. Das Affengehege im stets leeren Zoo. Die »Straße der obskuren Geschäfte«. Das Café La Teste Matte im Durchgang zwischen Campo de'Fiori und Palazzo Farnese, wo abends John the Bagman, der englische Stadtstreicher, seine Monologe in verschiedenen Sprachen hält. Die jungen Mädchen auf Mopeds mit ihren wehenden Mähnen. Das abgeblätterte Pfirsichrot der alten Palazzi. Einsames Wandern im Schatten der Aurelianischen Mauer. Der Papst zu Fuß in der stickigen Luft der Via Merulana, bei seinem jährlichen Pilgergang nach Santa Maria Maggiore. Der Oberrabbiner in Weiß, am Abend des Versöhnungstages, als er für die deutschen Juden betete. Die Büsche am Goethe-Denkmal in der Villa Borghese, wo ich Lorbeerblätter pflückte für unsere Suppe …

Es wäre angenehmer, vielleicht auch klüger gewesen, zu bleiben. Wir hatten spät, unvermutet und unwiderstehlich im Herzen Europas eine Lebensform gefunden. Nach Israel gehen – in manchem Sinne war es eine unvernünftige Entscheidung. Alle möglichen Leute hatten uns darauf hingewiesen. Wir wussten es selbst. Ein Land in Gefahr. Ein junges Land, ein umstrittenes, unruhiges, von vielen mit Hass verfolgtes. Die Porta Maggiore rührte mich zu Tränen an diesem Morgen. Dann war sie vorbei, wir stiegen in einen anderen Zug, fuhren nochmals durch die Campagna, näherten uns dem Flughafen. Es war ein Glück gewesen, Rom so nahe zu sein, das Wort Europa gewann noch einmal Sinn. Wir sprachen wenig auf dieser Fahrt, saßen einander gegenüber, am Fenster, draußen das flache, sonnige Land. Manchmal streifte mein Blick das Gesicht meiner Frau, und doch hielt mich zugleich eine Scheu zurück, sie genau anzublicken: Mir war, als hätte ich auch in ihren Augen Tränen gesehen.

Gegen Mittag flogen wir von Rom nach Tel Aviv. Unser Gepäck bestand aus zwei Taschen und einem Laptop. So kann man heute reisen, in ein anderes Land gehen: Was man braucht, gibt es am Ankunftsort zu kaufen. Keine Flucht mit Koffern und Bündeln, keine unzivilen Zwischenfälle. Kein Geschleppe von Habseligkeiten, das einem den Atem und die Besinnung nimmt. Für mich, der ich oft flog, war es ein fast alltägliches Ereignis. Meine Frau nahm es schwerer: Der Umstand, dass sie diese Reise nicht – wie sie vorgezogen hätte – mit der Bahn machen konnte, sagte genug über unsere unvernünftige Wahl. Ein isoliertes Land, umringt von Nachbarn, die es offenbar so wenig mögen, dass sie nicht mal eine Eisenbahnlinie oder eine Autobahn mit ihm teilen. Vor fünfzig Jahren war Else Lasker-Schüler per Schiff von Italien nach Alexandria und von dort mit dem Zug nach Jerusalem gereist: über den Sinai, durch die Negev-Wüste, auf die Küste zu, schließlich ein Schwenk nach Osten. Was ist seither geschehen? Die Reste der Eisenbahngleise verrosten in den Dünen zwischen Kadesh Barnea und Beer Sheva, biblischen Orten, für die das Zeitalter der Eisenbahn nur ein Wimpernschlag ist.

Wir sind nicht frei in der Zeit. Die Vergangenheit lastet auf uns und die Zukunft. In der Zukunft lag Ungewissheit – Mühe, Wüstensand, sich verdunkelnder Horizont. »Sie wollen Europa wirklich verlassen?«, hatte eine Redakteurin am Telefon gefragt, Staunen in der Stimme. Andere fragten nicht, sie brachen die Beziehungen ab, stillschweigend, mit einem Schulterzucken. Es war nicht unser erster Abschied, doch wir begannen zu ahnen, dass verglichen mit diesem die bisherigen fast spielerisch waren. Von nun an würde meine Sprache woanders wohnen als ich. Und mir würde dort, wo man sie liest und versteht, Misstrauen gelten. Wegen dieses Weggehens. Wegen des Landes, das wir gewählt hatten. Wir wussten noch nicht, wie unbeliebt dieses Land in Europa werden sollte. Wir wussten nicht, was uns erwartete. Doch es lag vor uns, klar, durchsichtig wie das blaue Wasser, über das wir flogen, *mare nostrum*, das Unsere, das Innere der Alten Welt.

Lea Fleischmann

Kreuz und quer durch Deutschland

Im Café Mohr

Jedes Jahr reise ich in den Wintermonaten durch Deutschland und lese aus meinen Büchern. Es ist eine trübe Jahreszeit. Die meisten Tage sind grau und verregnet, und der Himmel ist wolkenverhangen. Kahl und entblättert stehen die Bäume an den Wegrändern, die Felder liegen brach. Braun, schwarz und weiß fliegt die Landschaft am Fenster des ICE-Zuges vorbei. Manches Mal sitze ich stundenlang im Zug und vertreibe mir die Zeit mit dem Kundenmagazin der Bahn oder einer liegen gebliebenen Tageszeitung, weil ich bei meinen Lesereisen keine Bücher mitnehmen kann. Jedes Blatt Papier wiegt, und ich muss mit dem Gewicht so sparsam wie möglich umgehen. Um die eintönige Fahrt aufzulockern, gehe ich in das Bordbistro, trinke einen Cappuccino und wandere auf meinen Sitzplatz zurück. Und wieder schaue ich mir die winterliche Landschaft an.

Ein scharfer Wind weht an den zugigen Bahnsteigen. Auf großen Reklamewänden lächeln schüchtern zwei dunkelhäutige Kinder, »Brot für die Welt« ruft zu Spenden auf, und gut aussehende Männer preisen auf überdimensionalen Plakaten Zigaretten an. Auf den Postern steht: Rauchen schadet Ihrer Gesundheit. Aber welcher Raucher schert sich darum? In einer Würstchenbude verkauft eine Frau mit einer weißen Kittelschürze heißen Kaffee und belegte Brötchen. Fette Tauben picken die Brotkrümel vom Boden. Eine Türkin mit Kopftuch und bodenlangem Mantel steht hilflos vor einem Fahrkartenautomaten. Sie umklammert die Hand ihres kleinen Sohnes, der in Richtung des Kiosks zerrt. Um die Mittagszeit bevölkern lärmende Schulkinder das Terrain und warten auf die Regionalbahn. Die heranwachsenden Mädchen haben bunte Schals um den Hals geschlungen. Sie tragen modische Hosen und bauschige Jacken. Sie kichern und tuscheln miteinander. Im Bauch einer blauen Metallfigur ist ein Blatt mit den Ankunftszeiten angebracht, und eine ältere Dame, die einen schwarzen Koffer hinter sich herrollt, bleibt stehen und sucht ihren Anschlusszug. Neben dem Wagenstandsanzeiger bemerkt ein grauhaariger Herr zu seiner eleganten Begleiterin: »Die Erste-Klasse-Wagen halten im Abschnitt A.« Aus einem Lautsprecher tönt eine Frauenstimme: »Achtung am Gleis 3, der Zug fährt in Kürze ein.«

Die großen Bahnhöfe wie Köln, Hamburg, München oder Frankfurt haben sich zu Einkaufszentren entwickelt. Lebensmittelketten, Zeitschriften- und Blumenläden, Bäckereien und Gaststätten bieten ihre Waren an. Im Reisezentrum und am Service-Point warten Menschenschlangen. »Immer, wenn ich es eilig habe, geht es in meiner Reihe nicht voran«, schimpft eine junge Frau und wippt ungeduldig mit dem Fuß. Es herrscht ein geschäftiges Treiben in den Bahnhofshallen. Total verändert haben sich die Bahnhöfe in Ostdeutschland, als hätte ihnen eine Zauberhand ein neues Gesicht aufgestülpt. Als ich kurz nach der Wende auf dem Weg nach Hoyerswerda in Leipzig umstieg, fand ich eine dunkle Bahnhofshalle mit verrußten Wänden, abgenutzten Bänken und fahlem Licht vor. Heute steht dort ein mehrgeschossiges Shoppingcenter mit Boutiquen, Cafeterien und einladenden Restaurants. Und als ich das erste Mal Rostock besuchte, stieg ich in einem grauen, unansehnlichen Bahnhof mit wenigen Gleisen aus. Fünf Jahre später fuhr ich in eine moderne Konstruktion mit Rolltreppen und Aufzügen ein.

Das Charakteristische einer Lesereise ist der dauernde Wechsel von Städten und Menschen. Jeden Morgen wache ich in einem anderen Hotel auf, und in keinem Ort halte ich mich länger als einen Tag auf. Damit ich diese permanente Veränderung ertragen kann, setze ich mir Fixpunkte. Um sieben Uhr stehe ich auf, und nachdem ich mich geduscht und angezogen habe, gehe ich in den

Frühstücksraum und nehme Obst, Joghurt und zwei Tassen Kaffee zu mir. Anschließend packe ich meinen Koffer und fahre mit dem Taxi zum Bahnhof. Gegen Mittag komme ich in der nächsten Stadt an. Die Veranstalter holen mich ab und bringen mich ins Hotel. Ich packe meinen Koffer aus, verzehre ein belegtes Brötchen und ruhe mich bis vier Uhr nachmittags aus. Danach halte ich Ausschau nach einem Café und trinke eine heiße Zitrone oder einen Hagebuttentee. Anschließend mache ich mich zurück auf den Weg in meine Unterkunft. Ich ziehe mich um, um sechs Uhr esse ich zu Abend, um halb acht werde ich abgeholt und zum Ort der Lesung gebracht. Die Veranstaltung dauert meist etwa eineinhalb Stunden, und hinterher signiere ich Bücher. Nach der Lesung werde ich ins Hotel gefahren, und am nächsten Tag geht das Programm von vorne los.

In Trier verbringe ich den Nachmittag im Café Mohr. Auf einem freien Tisch liegt eine Zeitung, die ein Gast vergessen hat, und ich setze mich dort hin. Früher habe ich jeden Tag Zeitung gelesen, aber irgendwann merkte ich, dass mir nicht das Geringste fehlt, wenn ich auf die Zeitungslektüre verzichte. Das Zeitungslesen empfinde ich genauso wie das Fernsehen als Zeitverschwendung, und beides habe ich inzwischen abgeschafft. Gelangweilt schaue ich mir das Blatt an, und unverhofft stellt sich, wie ein ungebetener Gast, die trübe Laune ein. Das dauernde Zugfahren und der stete Wechsel von Städten und Menschen sind anstrengend und ermüdend, und unversehens schleicht sich der Gedanke ein: Warum ist mir dieses Los beschieden?

Gegenüber von meinem Tisch steht in der Ecke die Statue eines Mohren. Er hält einen dreiarmigen Leuchter in der Hand. Die Wärme im Café bringt meine Nase zum Laufen, und ich krame in meiner Handtasche nach Papiertaschentüchern. Mit ihnen fische ich mein Psalmbüchlein heraus. »Seid gesund« hat es mir in die Hand gedrückt. Auf dem belebten Platz vor dem Eingang zum Jerusalemer Busbahnhof sitzt jeden Tag eine alte Frau auf einem niedrigen Hocker. Noch in der größten Sommerhitze trägt sie blickdichte braune Strümpfe, und ihr schmuddeliges Kopftuch hat sie unter dem Kinn verknotet. Ihr Teint ist rötlich, die Augen sind blau und das Gesicht faltig. Sie hat einen hellen Oberlippenbart, auf dem Schweißtropfen stehen. Ihre Hände sind mit Altersflecken übersät. Auf ihrem Schoß liegen kleine Psalmbüchlein. Mit der rechten Hand streckt sie den Passanten einen durchsichtigen Plastikbecher entgegen, in der linken hält sie rote Kabbalahbändchen, die vor dem bösen Blick schützen. Unablässig wiederholt sie die Worte: »Seid gesund, seid gesund, seid gesund.« Wer ihr ein Almosen zusteckt, erhält von ihr ein Bändchen oder ein Psalmbüchlein. Das blaue Psalmbüchlein von »Seid gesund« trage ich in meiner Handtasche.

In den Autobussen in Jerusalem liest kein Mensch die Zeitung, aber viele Fahrgäste die Psalmen. Die Zeitung macht Angst, die Psalmen beruhigen das ängstliche Herz. Eine Busfahrt in Jerusalem wird immer mit den furchtbaren Bildern von den Terroranschlägen begleitet, und wo soll die bange Seele Trost finden, wenn nicht beim Schöpfer: »Ich hebe meine Augen auf zu den Bergen. Woher kommt mir Hilfe? Meine Hilfe kommt vom Herrn, der Himmel und Erde gemacht hat.«

»Was darf es sein?«, fragt die Kellnerin und stört mich aus meinen Gedanken auf.

»Ein Früchtetee, bitte.«

Als sie mir den Tee bringt, stehen auf ihrem Tablett außerdem ein Stück Apfelstrudel und Schwarzwälder Kirschtorte. Das Gebäck serviert sie den beiden Damen am Nebentisch, die bereitwillig ihre Kaffeetassen zur Seite rücken. Die Kuchen schmecken ihnen sichtlich, und eigentlich hätte ich auch Lust auf Torte, aber wie viele Frauen in meinem Alter kämpfe ich mit dem Übergewicht. Für meine Linie ist es besser, wenn ich mich in die Psalmen vertiefe und nicht dauernd zum Nebentisch schiele.

»Herr, öffne meine Lippen, damit mein Mund deinen Ruhm verkündet«, lese ich. In Deutschland fällt es mir schwer, Gottes Ruhm zu verkünden. In Jerusalem bin ich von Menschen umgeben, für die Gottes Wort lebendiger Alltag ist und die in allem und jedem den Fingerzeig des Herrn erkennen. Ihr Glauben macht es mir leicht, Gottes Gegenwart zu empfinden. Aus Ehrfurcht sprechen sie das Wort Gott nicht aus, sondern nennen Ihn *Ha Schem* – der Name. Und *Ha Schem* schwebt in der Alltagsatmosphäre. »Ha Schem segne dich«, sagt der Bettler zu der Frau, die ihm einen Schekel zusteckt. »Mit Hilfe von Ha Schem werde ich morgen den Schrank aufbauen«, verspricht der Handwerker und küsst beim Verlassen der Wohnung die Mesusa, die kleine Holzkapsel, in der ein Pergamentblatt mit dem Glaubensbekenntnis »Schma Israel« eingerollt ist. »Gelobt sei Ha Schem«, antwortet der Lebensmittelhändler auf die Frage, wie es ihm geht. Das sind Sätze, die ich in Jerusalem täglich höre, und sie gehen mir dort selbstverständlich von den Lippen. In Deutschland hingegen bleiben mir in Alltagssituationen die Worte »Herr« oder »Gott« im Mund stecken.

Bei meinen Reisen muss ich häufig von einem Zug in einen anderen umsteigen, und die kleineren Bahnhöfe haben keine Aufzüge. Zwar gibt es überall Förderbänder, auf denen man die Koffer treppab und treppauf transportieren kann, aber bisweilen funktionieren auch sie nicht. Es bleibt mir nichts anderes übrig, als mit dem Koffer die Treppen zur Unterführung hinabzusteigen und am nächsten Gleis das Gepäck wieder hochzuschleppen. Deswegen halte ich bei diesen Gelegenheiten immer Ausschau nach einem jungen Mann. Jeder, den ich um Hilfe bitte, trägt mir den Koffer zum Gleis. Wenn ich »Danke« sage, verstehen sie mich, aber wenn ich mich mit einem »Gott segne Sie« bedanke, dann schauen sie mich verwundert an, als hätte ich etwas Unpassendes bemerkt. Wenn noch andere Jugendliche dabei sind, dann kichern sie, und irgendwie ist es mir peinlich. Es kommt mir vor, als sei das Wort »Gott« auf dem Bahnhof deplatziert.

»Verwirf mich nicht von deinem Angesicht und deinen heiligen Geist nehme nicht von mir«, lese ich in den Psalmen. Dein heiliger Geist heißt in Hebräisch *Ruach Kodschecha*. »Seid gesund« strahlt *Ruach Kodschecha* aus, *Ruach Kodschecha* spüre ich beim Fischhändler auf dem Markt Machane Jehuda, der mir den Karpfen einpackt und einen gesegneten Schabbat wünscht, und *Ruach*

Kodschecha empfinde ich, wenn die Sonne in Jerusalem untergeht und die Sirene ertönt, die den Schabbat ankündigt. *Ruach* ist der Geist, die Laune, und wenn die Heiligkeit fehlt, dann wird sie trüb und schlecht, und das Leben wird schwer. *Ruach Kodschecha* – Deinen heiligen Geist – hat Deutschland bitter nötig. In den Nachrichten wurde durchgegeben, dass dreißig Karstadtfilialen geschlossen werden. Vor einigen Tagen kaufte ich bei Karstadt wollene Strumpfhosen und kam mit der Verkäuferin ins Gespräch. »Was soll ich denn anfangen, wenn ich arbeitslos werde?«, beklagte sich die Frau. »In meinem Alter kriege ich doch keine Arbeitsstelle mehr.« Ihre blond gefärbten Haarsträhnen verdeckten das erste Grau, der blaue Lidschatten war dezent aufgetragen und um den leicht faltigen Hals hatte sie ein schickes Tuch geschlungen. Ihr Blick war besorgt.

»Aber in Deutschland verhungert doch kein Mensch, auch wenn er arbeitslos ist«, hielt ich ihr entgegen.

»Natürlich nicht. Aber man ist nichts mehr wert, wenn man keine Stelle hat«, sagte die Frau.

Wüsste diese Frau, dass sie in den Augen Gottes sehr viel wert ist, dann hätte sie sich weniger Sorgen gemacht. Aber die Verkäuferin hat keinen Gott, sie ist in keiner religiösen Gemeinde eingebunden und kennt die Gebote der Wohltätigkeit und der Nächstenliebe nicht. Geläufig sind ihr die gängigen Modefarben. Sie weiß, wie man sich kleiden und schminken muss, damit man »mehr wert« ist. Und niemand hilft ihr.

Menschen brauchen Hilfe. Hilfe kommt nicht von der Regierung, nicht von der Wirtschaft, nicht von den Ärzten und nicht von der Logik. Solange der Mensch glaubt, dass er alles allein meistern kann, kommt er nicht zur Ruhe. Es geht ihm wie dem Mann, der sich einer Herzoperation unterziehen musste. Der Kranke konsultierte auf der Suche nach dem besten Spezialisten mehrere Professoren und informierte sich über verschiedene Behandlungsmethoden. Als er schon auf dem Operationstisch lag und der Anästhesist dabei war, ihm die Narkose zu verabreichen, fragte das zweifelnde Herz: »Hast du auch alles Menschenmögliche getan, damit diese Operation gelingt?« Und das kranke Herz zitterte vor Angst. Aber der Mann, der zur Operation geht mit dem Wissen, dass das Können des Arztes begrenzt und die Hilfe von Gott kommt, kann in Ruhe beten: »Herr, ich habe das Meinige getan. Ich habe den Arzt aufgesucht und unterziehe mich der Operation. Nun begebe ich mich in Deine Hände.« Dieser Mensch unterwirft sich dem Willen Gottes, und das kranke Herz zittert nicht.

Dieses Gottvertrauen habe ich in Jerusalem gelernt und darf in Deutschland davon erzählen. Wie komme ich dazu, auch nur einen Moment mit meiner Aufgabe zu hadern und über die Schwere der Reise zu klagen? Getrost verstaue ich das Psalmbüchlein von »Seid gesund« in meiner Handtasche, zahle und verlasse das Café Mohr.

Besuch in meiner Geburtsstadt Ulm

Die Volkshochschule in Ulm lud mich ein, zum Holocaust-Gedenktag am 27. Januar 2004 einen Vortrag im Stadthaus zu halten. Im September 2003 reiste ich deshalb für einen Tag nach Ulm, um mich von der Stadt inspirieren zu lassen. Drei Örtlichkeiten habe ich mir in Ulm angesehen. Die erste Stätte war die Sedanstraße 43. Ein Restaurator fand im November 1999 in einem abbruchreifen Hause in Söflingen, inmitten von Schutt und Kehricht, einen vergilbten Zettel, auf dem Namen von Ulmer Displaced Persons standen. Auf dieser Liste fand sich auch der Name meines Vaters, Leon Fleischmann. Darüber war »Haus 43« vermerkt. Gemeint ist die Sedanstraße 43. Ich besitze ein Foto, das an meinem ersten Geburtstag aufgenommen wurde. Mein Vater und meine Mutter halten mich in ihrer Mitte, die Gäste haben sich hinter dem gedeckten Tisch postiert und im Hintergrund ist ein Fenster zu sehen. Es ergab sich für mich die Gelegenheit, mir eine Wohnung in der Sedanstraße 43 anzusehen und diesem Fenster nachzuspüren. Neugierig sah ich diesem Besuch entgegen und hoffte so, einen Hinweis auf meine verschüttete Vergangenheit zu erhalten.

Als ich in die Sedanstraße kam, fiel mir auf den ersten Blick nichts Besonderes auf. Das betreffende Haus war ein langgezogener zweistöckiger Wohnblock mit mehreren Eingängen. Ein schmaler Bürgersteig trennt das Haus von der Fahrbahn. Eine Frau, etwa fünfzig Jahre alt, öffnete die Wohnungstür, und ich befand mich in einer Drei-Zimmer-Wohnung ähnlich der Sozialbauwohnung, in der ich in Frankfurt groß geworden bin. Von einem dunklen Flur führten die Türen in die Zimmer. Ich spürte mit Sicherheit, dass hier während der DP-Zeit mehrere Familien gelebt hatten. Meine Eltern bewohnten nur ein Zimmer. Die Wohnung in der Sedanstraße war mir zwar fremd – und doch war mir irgend etwas dort bekannt. Ich sah mich um, und da erkannte ich sie wieder, die vertraute Weggefährtin meiner Jugend, die Armut. Zwar stand im Wohnzimmer ein großer Fernsehapparat, und die Wohnung war mit all den Möbeln ausgestattet, die eine Familie benötigt, aber überall lagen Kleider, Reste von Essen und Papiere herum. Alles sah heruntergekommen und schmutzig aus, ich spürte eine Trostlosigkeit in diesen Zimmern. Obwohl ich regelmäßig nach Deutschland komme, habe ich dort keine Armut in den Wohnungen angetroffen. Ich übernachte in gepflegten Hotels und verkehre mit Angehörigen der Mittelschicht. Entweder bin ich bei Lehrern, Leitern von Volkshochschulen oder Pfarrern eingeladen, die in Einfamilienhäusern oder in geräumigen Wohnungen leben. Obdachlose und junge, verwahrloste Menschen sind mir nur in den Bahnhöfen der großen Städte aufgefallen. Sie betteln, trinken oder kiffen, ihr Blick ist leer, und manchmal sind sie aggressiv. Eine abgrundtiefe Hoffnungslosigkeit spricht aus ihren Gesichtern und Gesten. Sie sind arm an Gütern und arm an Geist.

Nun komme ich aus Jerusalem, einer Stadt, in der die Armut zuhause ist. Aber in Jerusalem bedeutet materielle Armut noch lange nicht geistige Armut. Materielle Armut mit Gottvertrauen gepaart kann die Seele nicht antasten. In Margalits Wohnzimmer in der Rechov Kleinmann in Jerusalem stehen eine abgesessene Couchgarnitur und ein paar Plastikstühle. Die Türen des Bücherschrankes klemmen und die Wände hätten einen Anstrich nötig. In dieses Zimmer kommt einmal in der Woche ein Rabbi, der die Thora lehrt. Eine kleine Gruppe trifft sich dort regelmäßig. Es sind meistens Frauen. Viele sind zu dick von der schlechten Ernährung. Sie haben abgearbeitete Hände und Zahnlücken. Aber Margalit begrüßt jeden Gast, als wäre er etwas Besonderes, und keiner achtet auf die billige Kleidung der anderen. Die wunderbaren Vorträge, durchsetzt mit Gleichnissen und Geschichten, fesseln die Zuhörer. Die göttlichen Worte bringen die Seele zum Klingen, und keiner stört sich an der Armut in diesem Raum.

Auch in der Küche von Frau Hirsch fühlt sich die Armut wohl. Das Ehepaar Hirsch wohnt in einem heruntergekommenen Haus in Mea Schearim, einem orthodox-religiösen Viertel in Jerusalem. An der Decke sieht man die Feuchtigkeitsflecken, die der Regen verursacht, wenn er im Winter durch das lecke Dach tropft. Das Ehepaar Hirsch lädt jeden Freitagabend Gäste ein – Menschen, die alleinstehend sind und keine Familie haben. Jeden Donnerstag backt Frau Hirsch in ihrem altgedienten Backofen zwei große Hefezöpfe, kocht Fisch und Fleisch und dankt Gott, dass Er ihr genug gibt, um das Gebot der Gastfreundschaft zu erfüllen. Gemeinsam feiert das Ehepaar Hirsch mit seinen Gästen den Schabbat. Wenn die Tischgemeinschaft mit dem Gebet *Schalom Alejchem malachei hascharet* (Friede sei mit Euch ihr Engel des Friedens) beginnt, dann fliegen die Engel des Friedens durch dieses Zimmer und verhüllen die Feuchtigkeitsflecken an der Decke. In den Hefezöpfen von Frau Hirsch schmeckt man die Freude. Kein Herd, mag er technisch noch so ausgereift oder mit dem letzten modischen Schnickschnack versehen sein, kann solche Hefezöpfe backen wie der alte Backofen von Frau Hirsch.

Materielle Armut in dem Konsumparadies Deutschland hingegen ist gleichbedeutend mit Hoffnungslosigkeit. Denn wo ist hier die ideelle Kraft, die sie neutralisiert? Der Rechtsradikalismus mit seinem Fremden- und Judenhass sitzt noch gefesselt in der Ecke.

Aber die Bande lockern sich. Junge Menschen, die nicht in den Arbeitsprozess eingebunden werden und deren Selbstwertgefühl angeschlagen ist, weil sie sich nutzlos vorkommen und nicht wissen, was sie mit sich und ihrer Energie anfangen sollen, sind empfänglich für rechtsradikales Gedankengut. »Du kannst dir die vielen schönen Dinge nicht kaufen, die du jeden Tag in den Schaufenstern siehst, aber wisse, du bist viel besser als die Juden und Ausländer, denn du bist deutsch, und die anderen sind minderwertig«, flüstert ihnen der Rechtsradikalismus ein. Wie ein Flächenbrand kann er sich eines Tages wieder ausbreiten. Die Kirche, die als moralische Instanz einen Gegenpol zum Konsumdenken bilden könnte, ist schon zu sehr vor der ökonomischen Vernunft in die Knie gegangen. Ohne nennenswerten Widerstand der Geistlichkeit wird der Sonntag untergraben und ist ein Feiertag abgeschafft worden.

Die Armut wird sich in Deutschland ausbreiten, die Angst vor ihr spricht aus vielen Menschen. Oft saß ich in geräumigen Wohnzimmern, auf ledernen Couchgarnituren, an reich gedeckten Tischen – und die Gespräche drehten sich um Arbeitslosigkeit, mangelndes Wirtschaftswachstum und unsichere Renten. Große Firmen zerplatzen wie Seifenblasen, die Arbeitslosigkeit greift um sich, und jeder denkt: Wann wird es mich erwischen? Vor ein paar Jahren vernahm ich während einer Lesereise die Nachricht, dass die Deutsche Bank die größten Gewinne in ihrer Geschichte gemacht habe. Im nächsten Satz gab die Nachrichtensprecherin bekannt, dass das Unternehmen beschlossen hat, Filialen abzubauen und mehrere tausend Mitarbeiter zu entlassen. Ein Atemzug lag zwischen diesen beiden Nachrichten. Ich verstand die Logik nicht. Wenn die Bank so große Gewinne macht, könnte sie doch mehr Menschen einstellen und ihnen Brot und Arbeit geben. Es ist doch die Gesellschaft, die der Deutschen Bank zu den großen Gewinnen verholfen hat, die Angestellten, die Sparer, das Volk. Was wollen diejenigen, die die großen Gewinne machen, mit dem Geld denn anfangen? Sich noch größere Häuser kaufen, noch schönere Autos anschaffen oder noch tollere Urlaubsreisen unternehmen? Sie können mit den großen Gewinnen gar nichts mehr anfangen, weil sie schon alles haben. Ich kann bezeugen, dass die Deutsche Bank ihre Ankündigung wahr gemacht hat. Ich hatte ein Konto bei der Deutschen Bank, und in Amberg, in Nürtingen und in Neumarkt gibt es keine Filialen mehr. Auf die Dauer kann so etwas nicht gut gehen, die Konsumgesellschaft frisst sich inzwischen selber auf.

Die zweite Stätte meiner Besichtigung war das Israelfenster im Ulmer Münster. An der Westseite befindet sich das zwölf Meter hohe Kunstwerk. Es ist anstelle des Reichsfensters, das im Krieg bei einem Bombenangriff zerstört wurde, 1986 von dem Künstler Hans Gottfried von Stockhausen gestaltet worden. Im Mittelpunkt des Israelfensters und unter einem siebenarmigen Leuchter steht Moses vor dem brennenden Dornbusch. Bei der Einweihung erklärte von Stockhausen, mit dem brennenden Busch wolle er das Lebensgeheimnis Israels darstellen: »Gottes Feuer brennt auf diesem Volk, aber es verbrennt und vergeht nicht.« So versuchte der Künstler das Wunder zu erklären, dass das jüdische Volk trotz schwerster Verfolgungen nicht vergangen ist. Bedeutende Kulturen sind im Meer der Geschichte versunken, aber das Volk Israel hat sich erhalten. Aber nicht weil Gottes Feuer auf dem Volk Israel brennt, sondern weil Gottes Feuer in den Herzen des Volkes Israel lodert, ist dieses Volk unbezwingbar. Diese Herzen sind erfüllt von der Liebe zu Gott und zweifeln nicht an Seinen Verheißungen. Darum widerstand das Volk Israel allen Versuchen, es zu vernichten.

Im unteren Teil des Israelfensters ist ein aufgerissenes Maul mit spitzen Zähnen dargestellt, in dem nackte, blau angelaufene Juden stehen. Die eingefügten Worte – Treblinka, Auschwitz, Bergen-Belsen – erinnern an die NS-Vernichtungslager. Der weit geöffnete Rachen symbolisiert die Gaskammer, erbaut und ausgedacht von Nationalsozialisten, die auf eine zweitausendjährige christliche Kultur zurückblicken konnten. Bekannte und unbekannte Massenmörder kamen aus christlichen Elternhäusern, so wie Rudolf Höß, der Lagerkommandant von Auschwitz, der als Jugendlicher Priester werden wollte, oder Walter Stahlecker, dessen Vater ein evangelischer Pfarrer aus Sternenfels war. Hinter den Opfern hat der Künstler Synagogenfenster angedeutet. Er wollte damit ausdrücken, dass durch die Gebete der Opfer die Gaskammer zum Bethaus wurde.

Ein entscheidender Fehler ist dem Künstler in seiner Darstellung unterlaufen. Die Juden auf dem Israelfenster schweigen. Das Volk Israel schwieg aber nicht in der Gaskammer, sondern es schrie. Das ist in den Handschriften von Mitgliedern des Sonderkommandos Auschwitz-Birkenau bezeugt. Das Sonderkommando bestand aus jüdische Häftlingen, die gezwungen wurden, den Tötungsbetrieb aufrechtzuerhalten. Nach dem Krieg fand man in Auschwitz sechs schriftliche Berichte von Mitgliedern des Sonderkommandos. Die Verfasser legten Zeugnis ab. Als sie ihre Beobachtungen niederschrieben, wussten sie, dass sie diese Hölle nicht überleben würden. Alle paar Monate wurden die Häftlinge vom Sonderkommando durch neu angekommene Häftlinge ersetzt und selbst vergast. Die sechs Niederschriften sind unter dem Namen »Megilot Auschwitz« veröffentlicht worden. Megila ist eine Rolle. Die Berichte waren gerollt in wasserdichte Behälter eingeschlossen und in der Erde von Auschwitz vergraben worden. Aber Megila ist auch die Bezeichnung für einen heiligen Text, denn diese Texte sind heilig.

Genauso wie es unmöglich war, das ganze Volk Israel umzubringen, war es auch unmöglich, alle Häftlinge des Sonderkommandos Auschwitz-Birkenau zu liquidieren. Gideon Greif arbeitet als Historiker in Yad Vashem, der Holocaust-Gedenkstätte in Jerusalem. Er hat sieben Überlebende des Sonderkommandos Auschwitz-Birkenau ausfindig gemacht und die Männer interviewt. Diese Interviews sind in dem Buch »Wir weinten tränenlos« erschienen. Gideon Greif verdeutlicht durch seine Fragen jeden Schritt des Vernichtungsvorganges: Die Opfer kamen in Zügen an. Sofort wurden die Männer von ihren Frauen und Kindern getrennt. Die Menschen mussten sich in Fünferreihen aufstellen und zu den Krematorien marschieren. Die Gaskammern waren unterirdisch angelegt, und Reihe für Reihe stiegen sie hinab in den Entkleidungsraum, der sich neben der Gaskammer befand. Dort warteten die Männer vom Sonderkommando. Das Sonderkommando musste den völlig verwirrten und verängstigten Menschen beim Entkleiden behilflich sein und den Opfern gut zureden, damit sie ruhig in die als Duschbad getarnten Gaskammern gingen. Im Entkleidungsraum befanden sich immer bewaffnete SS-Leute, die Acht gaben, dass alles reibungslos ablief und keine Panik ausbrach. Sobald die Opfer in der Gaskammer waren, schlossen die SS-Leute die Türen ab und warfen das Gas Zyklon B durch eine Luke in die Kammer. Nach der Vergasung, die etwa 15 Minuten dauerte, zogen die Gefangenen vom Sonderkommando die Leichen aus der Gaskammer und untersuchten die Münder der Toten. Wenn sie Goldzähne fanden, wurden diese ausgebrochen und gesammelt. Danach schafften sie die Leichen zu den Verbrennungsöfen.

Tausend Menschen befanden sich in der Gaskammer, jeder eingehüllt in seinen Gedanken und in seiner Angst. Sobald die nackten Opfer das Gas rochen, begannen sie gegen die Tür zu hämmern und zu schreien. Was schreit ein Mensch, der plötzlich erkennt, dass die letzten Augenblicke seines Lebens angebrochen sind? Wir wissen nicht, was jeder Einzelne geschrien hat, aber einen Schrei vernahmen die Männer vom Sonderkommando ganz deutlich: »Schma Israel!« Elieser Eisenschmitt, ein Überlebender des Sonderkommandos, gab in einem Interview zu Protokoll: »Kurze Zeit nachdem das Gas hineingeworfen worden war, merkten die Menschen den Gasgeruch, und wir hörten aus der Gaskammer die Rufe: Schma Israel. Der Deutsche rief zum Spott seinen Kameraden zu: ›Sie rufen: *Schmeiß rein, schmeiß rein!*‹« So deutlich vernahm man die Worte der Menschen, dass der SS-Mann meinte »Schmeiß rein« (Schma Israel) zu hören

Schma Israel bedeutet: Höre Israel! Es ist das Glaubensbekenntnis des jüdischen Volkes, der Kernsatz der Thora. Der vollständige Satz lautet: »Höre Israel, Gott ist unser Herr, Gott ist Einer, und du sollst den Herrn deinen Gott lieben von ganzem Herzen, von ganzer Seele und von ganzem Gemüt!« Das Volk Israel stand zusammengedrängt in der Gaskammer, und sobald das Gas eingeworfen wurde, wussten die Eingepferchten, dass es kein Entrinnen mehr gab. Die Türen waren verschlossen. Das Gas vernebelte die Sinne, und die Menschen erstickten. Das Volk stand auf der Schwelle zwischen Leben und Tod. Die Opfer hatten ihr Zuhause und ihre Familienangehörigen verloren, sie hatten keine Kleider und keinen Besitz mehr. Aber ihre letzte Botschaft war: »Höre Israel, Gott ist unser Herr, Gott ist Einer, und du sollst den Herrn deinen Gott lieben von ganzem Herzen, von ganzer Seele und von ganzem Gemüt!«

Wer ist Israel? Jeder, der diese Worte auf den Lippen hatte, gehörte zum Volke Israel. Er rief sich die Worte selber zu und starb eingebunden in der Liebe zu Gott. Aber auch draußen im Entkleidungsraum standen Männer vom Volke Israel, die die Botschaft vernahmen. Und das Sonderkommando Auschwitz-Birkenau hat die Botschaft weitergegeben. Welch eine Gottesliebe und welch eine Gottestreue spricht aus den Worten des sterbenden Volkes! Das Volk Israel hat in seiner kollektiven Todesminute nicht »Eli, Eli, lama asawtani – Mein Gott, mein Gott, warum hast Du mich verlassen?« gerufen, sondern »Schma Israel!«. Und dieses Schma Israel aus den Gaskammern wird durch die Jahrtausende tönen und das Volk Israel in schweren Zeiten tragen. Diese Gottesliebe begegnet mir in Jerusalem auf Schritt und Tritt und gibt dem Volk Israel in der heutigen schweren Zeit Kraft und Mut.

Noch eine dritte Stätte besuchte ich in Ulm, die Synagoge in der Neutorstraße. Die Synagoge ist im Erdgeschoss eines mehrstöckigen Wohnhauses untergebracht und von außen nicht als Gotteshaus zu erkennen. Die Ulmer Synagoge ist zwar unscheinbar, aber sie besitzt eine ganz besondere Thorarolle. Eine Thorarolle darf nicht gedruckt werden, sondern muss mit der Hand auf Pergament geschrieben werden. Der Diakon und evangelische Religionslehrer Christoph Maihöfer hatte eine Bürgerinitiative unter dem Namen »Eine Thora für Ulm« ins Leben gerufen und bei

Bürgern, Vereinen, Kirchengemeinden und der Stadt für dieses Projekt geworben. Er schrieb mir: »Mein persönlicher Weg hat mich in die Thora geführt, und in meinem Projekt in Ulm lag auch ein Bekenntnis: Es drückt mein Verhältnis zur Thora, meine Liebe und Wertschätzung ihr gegenüber aus.«

Ulmer Bürger haben diese Initiative auf breiter Basis unterstützt, und die Thora konnte in Jerusalem geschrieben werden. In einer Feierstunde wurde sie am 14. Juli 2003 der jüdischen Gemeinde übergeben. Das habe ich noch von keiner anderen Stadt gehört. In vielen Orten sind ehemalige Synagogen mit großem Aufwand restauriert worden und dienen heute als Kulturzentren oder als Begegnungsstätten. Aber dass deutsche Bürger für eine Thorarolle spenden und sie in Jerusalem schreiben lassen, das ist neu. Das ist ein ganz außergewöhnlicher Akt, es ist der Anfang einer neuen christlichen Haltung der Thora und dem Judentum gegenüber. Wie übel ist den Christen während der Jahrtausende die Auserwähltheit Israels aufgestoßen. Wozu ist Israel denn auserwählt? Gott hat dem Volk Israel die Thora gegeben, und – im Gegensatz zum Christentum – hat Israel niemals einen Missionsauftrag erhalten. Israels Auftrag ist es, nach der Thora zu leben, sie zu lernen und lehren und für kommende Geschlechter zu bewahren, und zwar in ihrer originalen Fassung, in der heiligen Sprache Hebräisch. Wie viel jüdisches Blut ist geflossen und wie viel Hohn und Spott hat das Volk auf sich genommen, um diesem Auftrag gerecht zu werden.

Die Thora bildet den Anfang der Bibel. Aber wer die Bibel nur in einer Übersetzung kennt, ist noch lange nicht thorakundig, denn die Thora ist nicht übersetzbar. Jedes Wort hat mehrere Bedeutungen und kann vielfältig interpretiert werden. An drei hebräischen Worten aus der Thora möchte ich die Tiefe, die in ihr zum Ausdruck kommt, verdeutlichen. Beginnen wir mit dem ersten Wort in der Thora: *Bereschit*. In der Lutherbibel wird dieses Wort mit dem Begriff »Am Anfang« (Am Anfang schuf Gott Himmel und Erde) übersetzt. In der hebräischen Sprache wird jedes Wort auf eine Wurzel von drei Buchstaben zurückgeführt. Die ersten drei Buchstaben in der Thora lauten: Bet, Resch, Alef. Das ist die Wurzel vom Wort »gesund«. In dem hebräischen Wort »Bereschit« ist also der Begriff »gesund« enthalten. Die Thora beginnt mit dem Gedanken der Gesundheit. Ihre Gebote halten den Körper und die Seele gesund. Das Wort »Bereschit« drückt aber auch »Rosch« – das bedeutet »Kopf« oder »Anfang« – aus. Die Übersetzung »Am Anfang« ist also nicht falsch, aber sie gibt nur einen Teilaspekt des hebräischen Begriffes »Bereschit« wieder. Und so können wir Wort für Wort in der Thora hinterfragen. Es ergeben sich völlig andere Einsichten und Erkenntnisse als in der übersetzten Bibel. Mag die Übersetzung noch so gut und sorgfältig ausgeführt worden sein, niemals reicht sie auch nur im entferntesten an das Original heran.

Die beiden anderen hebräischen Worte, die ich erklären will, sind *Israel* und *Sara*. Im Reichsgesetzblatt vom 17. August 1938, Teil eins, ist die zweite Verordnung zur Durchführung des Gesetzes über die Änderung von Familiennamen und Vornamen aufgeführt. Dort heißt es unter Paragraph zwei: »Soweit Juden andere Vornamen führen, als sie nach § 1 Juden beigelegt werden dürfen, müssen sie vom 1. Januar 1939 ab zusätzlich einen weiteren Vornamen annehmen, und zwar männliche Personen den Vornamen Israel und weibliche Personen den Vornamen Sara.« Unterzeichnet ist die Verordnung vom Stellvertreter des Reichsminister des Innern, Dr. Stuckart, sowie dem Reichsminister der Justiz, Dr. Gürtner. Was bedeutet der Name Israel? In der Thora steht die Geschichte von Jakob, der mit dem Engel kämpft. Der Engel kann Jakob nicht überwinden und sagt zu ihm: »Schicke mich fort, denn der Morgen ist angebrochen.«

Jakob antwortet: »Ich werde dich nicht fortschicken, außer du segnest mich.«

Und der Engel sagt ihm: »Nicht Jakob soll fortan dein Name sein, sondern Israel – *ki sarita im Elohim we im anaschim wetuchal* –, du hast mit Gott und den Menschen gekämpft und gewonnen.«

Im Wort Israel ist der Begriff *sar* enthalten. Sar ist ein Minister, jemand, der die Herrschaft innehat. Das weibliche Pendant zu dem Namen Israel lautet Sara: die Herrscherin, die Fürstin. 1938 saßen die Abgesandten des Bösen in Berlin, der Reichsminister des Inneren, der Reichsminister der Justiz und ihre Helfershelfer, und sie überlegten, wie sie das jüdische Volk erniedrigen könnten. Und da fiel ihnen ein, den Juden die Namen Israel und Sara anzuhängen. Mit dem Namen Israel wird die Auserwähltheit des Volkes verbunden. Auserwählt hatten die Nationalsozialisten jedoch sich selber, indem sie dem deutschen Volk den Namen »Herrenvolk« gaben. Ihre Absicht war es, den Namen Israel in ein Schandmal zu verwandeln und den Segen Gottes in einen Fluch zu verkehren. Sie benötigten aber auch einen Frauennamen und entschieden sich für Sara, nicht ahnend, dass Israel und Sara identische Namen sind. In ihrer Hybris haben sie den Kampf mit Gott aufgenommen, aber ihre Gotteslästerung wurde ihnen zum Verhängnis. Wenige Jahre später lag Deutschland zertrümmert am Boden, und das Herrenvolk war geschlagen. Jeder thorakundige Jude hatte die Kunde, die sich in den Namen Israel und Sara verbarg, richtig deuten können. Ebensowenig wie der Todesengel Jakob überwinden konnte, konnten die Nationalsozialisten das jüdische Volk überwinden. Kein Jude wusste, ob er persönlich überleben würde, aber das Volk Israel und mit ihm die Thora würde überdauern. In tausenden und abertausenden Dokumenten haben die Deutschen die Namen Israel und Sara festgeschrieben und der Nachwelt die Mahnung hinterlassen: Wer Israel und Sara verflucht, wird selbst verflucht.

Es ist noch nicht lange her, da brannten in ganz Deutschland die Thorarollen. Viele Christen stimmten diesem Frevel zu, und dort, wo sie nicht zustimmten, schwiegen sie. Die wenigen Geistlichen wie Pfarrer Dietrich Bonhoeffer und Paul Schneider, die ihre Stimme erhoben haben, weil Gottes Wort für sie wichtiger war als die Übereinstimmung mit einem verbrecherischen System, wurden selbst auf dem Altar des Hasses geopfert. Aber zuerst brannten die Synagogen und danach ganz Deutschland. Damals schwiegen die christlichen Seelsorger und heute hört ihnen kaum noch jemand zu. Im Deutschland vertrauen die Massen den Geldinstituten und nicht Gott. Die Versicherungspaläste und Banken wachsen in den Himmel, aber die Kirchen sind leer. Für viele Städte sind sie eine Last, Bausubstanz, an der der Zahn der Zeit nagt und die es aus historischen Gründen zu erhalten gilt. Es sind eher Museen als Gotteshäuser.

Das Volk Israel hat in den letzten hundert Jahren eine enorme Kulturleistung erbracht, es hat die heilige Sprache Hebräisch wieder zum Leben erweckt. Und nun beginnen auch Christen die Thora zu entdecken. Der Christ, der sich in aufrichtiger Demut dem Volke Israel nähert, Hebräisch und Thora lernt, kann sich an der Quelle laben, die Jesus und seine Jünger getränkt hat. Und in Ulm habe ich einen Anfang gesehen.

Kainsmale

In Leer bin ich im Hotel Frisia am Bahnhofsring untergebracht. In der Nähe des Bahnhofs befindet sich das Zollhaus, ein Kulturzentrum, in dem Konzerte und Ausstellungen stattfinden. Die Anne-Frank-Ausstellung wird dort gezeigt, und ich nutze den Nachmittag, um mir die Ausstellung anzusehen. Vor dem Zollhaus steht ein Waggon, der mich an das Mahnmal im Holocaust-Museum Yad Vashem in Jerusalem erinnert. Jeden Morgen auf meinem Spaziergang durch den Jerusalemer Stadtwald stoße ich auf das Denkmal. Es erinnert an die Transporte in die Konzentrations- und Vernichtungslager. Ein brauner Eisenbahnwaggon, der anstelle von Fenstern vier vergitterte Luken hat, steht auf Schienen, die abrupt in der Luft enden, die in das judäische Bergland hineinragen. »Deutsche Reichsbahn München 11689 G« steht mit weißer Schrift auf dem Waggon. Auf einer grauen Steinwand ist mit schwarzen Lettern in Englisch und Hebräisch eingraviert:
Mehr als 100 Menschen wurden in unseren Waggon hineingepfercht. Es fehlen die Worte, die tragische Situation in dem geschlossenen Waggon zu beschreiben. Die Luft war knapp und jeder versuchte an die Luken zu gelangen. Wir lagen auf dem Boden. Dort

fand ich einen schmalen Spalt und legte meine Nase auf ihn, um ein
wenig Luft zu atmen. Der Gestank in dem Waggon war unerträglich.
In den vier Ecken haben die Menschen ihre Notdurft verrichtet. Nach
einer Weile hielt der Zug plötzlich an. Ein Aufseher trat ein, um uns
zu berauben. Jeder musste ihm zeigen, was er dabei hatte. Er nahm
alles, was wir nicht verstecken konnten, Geld, Uhren, Wertsachen …
Wasser! Wir bettelten bei den Aufsehern und waren bereit, viel Geld
dafür zu bezahlen. Wir zahlten 1000 bis 1500 Zloty für etwas Was-
ser. Ich habe 500 Zloty, die Hälfte meines Geldes, bezahlt und erhielt
ein Gefäß mit etwa einem halben Liter Wasser. Als ich anfing zu trin-
ken, fiel eine Frau, deren Kind in Ohnmacht gefallen war, über mich
her. Mit aller Kraft wollte sie mich dazu bringen, dass ich ihr das
Wasser gebe. Ich habe etwas Wasser in dem Gefäß gelassen und sah,
wie das Kind es trank. Von Minute zu Minute wurde die Situation in
dem Waggon schwieriger. Die Sonne erhitzte ihn, die Männer haben
sich halbnackt ausgezogen, und auch ein Teil der Frauen trug nur
noch ihre Unterwäsche. Menschen lagen auf dem Boden, stöhnten
und zitterten, als hätten sie Schüttelfrost. Jeder strengte sich an, etwas
Luft zu haschen, manche konnten sich nicht mehr bewegen. Wir ka-
men im Lager an. Viele lagen auf dem Boden, ein Teil war nicht mehr
am Leben. Zwanzig Stunden waren wir unterwegs. Wenn diese Fahrt
noch einen halben Tag länger gedauert hätte, wir wären alle vor
Hitze und Luftknappheit umgekommen.

(In einem Waggon auf dem Weg in ein Vernichtungslager. Zeugen-
aussage eines Überlebenden.)

Im Zollhaus gehen zwei Schulklassen durch die Ausstellung,
und ich schließe mich einer Klasse von fünfzehn- und sechzehn-
jährigen Jugendlichen an. Der professionelle Führer, den die Aus-
stellungsleitung zur Verfügung gestellt hat, ist ein junger Mann
aus einem arabischen Land. Er ist charmant, gut aussehend und
spricht fehlerfrei deutsch, wenn auch mit fremdländischen Akzent.
Ich vermute, dass er ein Student ist und sich mit den Führungen
durch die Anne-Frank-Ausstellung seinen Unterhalt aufbessert.
Aber die Seele dieses jungen Mannes ist nicht kalt, unparteiisch
und sachlich, sondern von Feindschaft erfüllt. Alle Klischees und

Vorurteile gegen Juden werden von ihm geschickt verbreitet, und seine Bewunderung für Hitler kann er nur schlecht verbergen.

Mit den Jugendlichen geht er von Bild zu Bild und erklärt die Fotos.

»Warum hasste Hitler die Juden?«, fragt er die Schüler.

Ein Junge antwortet wie aus der Pistole geschossen: »Weil sie reich waren.«

»Richtig, weil sie alle reich waren. Es gibt so viele Fotos von Anne Frank, weil ihr Vater sich eine teure Kamera leisten konnte.«

Das Klischee von dem reichen Juden ist anscheinend weiterhin verbreitet. Vor einem Bild, auf dem elende Gestalten im Warschauer Ghetto abgelichtet sind, stellt er die Frage: »Es gibt in Deutschland immer noch Ghettos. Wo zum Beispiel?«

Er erntet verblüfftes Schweigen.

»In Kreuzberg in Berlin«, sagt er daraufhin, »das ist auch ein Ghetto. Wenn man durch Kreuzberg geht, sieht man nur Ausländer und keinen Deutschen.«

Dass er bei einer Anne-Frank-Ausstellung das Ghetto Warschau mit dem Türkenviertel in Berlin vergleicht, verschlägt mir die Sprache. Doch diese Verharmlosung wird sogar von dem Lehrer kommentarlos hingenommen. Keiner regiert empört. Wir gehen an Fotos vorbei, die die Vernichtung der Juden dokumentieren.

»Die Juden wurden in den Konzentrationslagern in Gaskammern umgebracht«, erklärt er und schlägt plötzlich den Bogen zur Situation der Palästinenser im Nahen Osten:

»Ich kann es nicht verstehen, dass die Juden, die so Furchtbares erlebt haben, den Palästinensern heute das Gleiche antun.«

Nun kann ich nicht mehr schweigen:

»Gibt es in Israel Gaskammern?«, frage ich ihn.

Jetzt greift auch der Lehrer ein: »Dürfen sich die Israelis gegen den Terror nicht verteidigen?«

In diesem Moment versteht der gut aussehende junge Mann, dass er einen Fehler gemacht hat.

»Ich habe es nicht so gemeint«, entschuldigt er sich.

Es interessiert mich, ob die andere Gruppe Ähnliches zu hören bekommt oder ob nur der junge Mann seine Position ausgenutzt hat. Ich geselle mich zur zweiten Schulklasse. Eine junge Frau erklärt die Fotos, und aus ihren Kommentaren hört man, dass sie den Nationalsozialismus verabscheut. Diese Frau hat begriffen, dass die Nationalsozialisten nicht nur ein Unglück für die Juden waren, sondern zum Unglück für das eigene Volk geworden sind, indem sie die Deutschen in einen sinnlosen Krieg geführt und mit einer furchtbaren Schuld beladen haben. Bei ihr ist nichts von Hass gegen Juden und Israelis zu spüren. Nachdenklich verlasse ich die Anne-Frank-Ausstellung.

Am Abend lese ich im Kulturspeicher. Vor der Veranstaltung kommt eine ältere Dame auf mich zu. Das weiße Haar hat sie zu einem Knoten auf dem Hinterkopf zusammengedreht. Sie hat einen Briefumschlag in der Hand. »Hier sind dreihundert Euro«, sagt sie zu mir. »Bitte überbringen Sie das Geld einer Schule in Bat Yam.«

Ich will das Kuvert zuerst nicht annehmen.

»Bitte, tun Sie es Gott zuliebe. Ich weiß nicht, wie ich das Geld übermitteln soll. Die Schule braucht es dringend. Bitte, tun Sie es Gott zuliebe«, beharrt sie.

Sie drückt mir den Briefumschlag in die Hand, und ich verspreche schließlich, das Geld an die Schule zu schicken, sobald ich nach Israel zurückgekehrt bin.

So wie diese Frau stelle ich mir Herta Müller vor. Auf meinem morgendlichen Spaziergang im Wald komme ich am »Garten der Gerechten« vorbei. Neben Kiefern und Zypressen sind kleine Messingtafeln mit Namen angebracht. Jeder Baum steht für einen Menschen, der in Yad Vashem als Gerechter unter den Völkern geehrt wird. Es waren Zeitgenossen, die unter dem Einsatz ihres Lebens Juden gerettet haben. Auf einer Tafel lese ich: »Herta Müller, Germany«. Über das Schicksal von Herta Müller weiß ich nichts, aber sicherlich glaubte sie an Gott, denn woher hätte sie die Kraft nehmen sollen, in jener Zeit Juden zu helfen? Sie hat Mut und Menschlichkeit bewiesen. Es sind die Herta Müllers, die Deutschlands Ehre gerettet haben.

In Duisburg spaziere ich durch die Fußgängerzone, und an ihrem Ende stoße ich auf die Salvatorkirche. Über dem Portal erhebt sich der Turm mit einem oktogonalen Aufsatz. Ich betrete die leere Kirche. Auf einem Fenster auf der linken Seite im Chorraum ist ein Motiv aus Yad Vashem abgebildet. Es ist das Gedenkfenster für die Duisburger Juden und ihre Synagoge. Entworfen hat es Naftali Bezem, der Künstler, der auch den Eingang zum alten Holocaust-Museum entworfen hat. Einen Ausschnitt dieses Motivs hat er bei der Gestaltung des Fensters in der Salvatorkirche verwendet. Der Löwe Juda mit den zwei Schabbatkerzen über dem Kopf. In der Broschüre, die die Kirchenfenster erklärt, steht:

Gedenkfenster für die Duisburger Juden und ihre Synagoge. In der Nacht des 9. November 1938 brannte auch die Duisburger Synagoge, das Gotteshaus der Juden, nieder, von Deutschen angezündet. Mit dem Rest der Gemeinde wurde 1943 auch der Rabbiner Dr. M. Neumark deportiert. Das Fenster zeigt: die Duisburger Synagoge in den Flammen der Zerstörung am 9. November 1938, den Löwen Juda als Symbol der jüdischen Gemeinde, auf seinem Rücken den Rabbiner der Gemeinde, der im Theresienstadter Konzentrationslager umkam, zwei Sabbatleuchter, die Stadt Duisburg, angedeutet in Häusern, dem Rhein und einem Schiff, sowie im Maßwerk den Beginn des Kaddisch, des jüdischen Totengebets. In hebräischen Buchstaben: Erhaben und geheiligt sei Dein großer Name.

Jede deutsche Stadt hat ihr Mahnmal. In Hannover steht es neben dem Opernhaus. Stufen führen zu einer Plattform, über die sich ein quadratisches Monument erhebt. Auf dem Mahnmal sind die Namen der Deportierten und eine Inschrift graviert:

Dieses Mahnmal ist zur bleibenden Erinnerung an über 6800 Jüdinnen und Juden Hannovers errichtet worden. Viele Familien lebten hier seit Generationen. Ab 1933 wurden sie von den Nationalsozialisten gedemütigt, entrechtet, verjagt, in den Selbstmord getrieben oder getötet. Die verbliebenen jüdischen Kinder, Frauen und Männer mussten 1941 ihre Wohnungen räumen und wurden unter Mithilfe der Stadtverwaltung in Judenhäusern zusammengepfercht. Von dort aus wurden sie ohne nennenswerten Widerstand der übrigen Bevölke-

rung aus der Bürgerschaft herausgerissen, deportiert und ermordet.
Die Transporte gingen am 28. Oktober 1938 nach Polen, am 25. Juni
1939 nach Polen, am 15. Dezember 1941 nach Riga, am 31. März
1942 nach Warschau, am 23. Juni 1942 nach Theresienstadt, am
2. März 1943 nach Auschwitz, am 16. März 1943 nach Theresien-
stadt, am 20. Februar 1945 nach Theresienstadt. Es gab nur wenige
Überlebende in Hannover, 27 wurden am 10. April im Sammellager
Ahlen von amerikanischen Soldaten befreit. Die Namen der Ermor-
deten, soweit heute bekannt, sind auf diesem Mahnmal verzeichnet.

Errichtet 50 Jahre danach von einer hannoverschen Bürgerinitia-
tive, unterstützt von vielen Bürgerinnen und Bürgern und von der
Stadt Hannover, 9. Oktober 1994.

Diese Mahnmale kommen mir wie Kainszeichen vor. Mögen
die Städte in Deutschland noch so schön aufgebaut und renoviert
worden sein, die dunklen Flecken sind sichtbar und können nicht
weggewaschen werden. Und überall begegnen sie mir.

In die Zukunft weisende Stadt Kassel

In Kassel komme ich am Bahnhof Kassel-Wilhelmshöhe an. Ein
Flachdach auf hohen Betonstreben überdeckt den Bahnhofsvor-
platz. Der Sinn dieses Bauwerkes ist schwer zu begreifen. Das
Dach liegt auf so hohen Streben, dass der Reisende Sturm und Regen schutzlos ausgesetzt ist. Nässe und Wind fegen unter der Ab-
deckung hindurch. Wie ein Fremdkörper ragt die Konstruktion in
die Wilhelmshöher Allee hinein. Der Bahnhof sollte nach dem
Willen der Stadtväter das 21. Jahrhundert in Kassel einläuten.
Weitsicht haben die Stadtväter Kassels zweifellos bewiesen, und
die Planer waren ihrer Zeit voraus. Als der aufwändige Bahnhof
geplant wurde, befand sich Kassel im Zonenrandgebiet. Heute
liegt die Stadt in der Mitte Deutschlands und entwickelt sich zu
einem wichtigen Verkehrsknotenpunkt. Der Hochgeschwindig-
keitsverkehr in Deutschland wurde 1991 in Kassel eröffnet, und
in einer Sternfahrt fuhren von Hamburg, München, Stuttgart,

Wiesbaden und Bonn die ICE-Züge im Bahnhof Kassel-Wilhelmshöhe ein. Von Kassel nach Erfurt ist es etwa so weit wie von Kassel nach Dortmund, von Kassel nach Schwerin ebenso weit wie von Kassel nach Stuttgart.

Herr Oelson, der Vorsitzende der Deutsch-israelischen Gesellschaft, holt mich mit seiner Frau am Bahnhof ab. Wir machen eine kleine Besichtigungstour und fahren zum Herkules, dem Wahrzeichen der Stadt. Auf einem Oktogon und einer Pyramide steht die nackte Statue des griechischen Halbgottes. Er blickt auf die Parkanlage mit dem Schloss Wilhelmshöhe. Die Witterung nagt an dem Denkmal, und in einem aufwändigen Verfahren muss der Basalttuff mit Beton verstärkt werden. Das Erbe des Landgrafen Karl von Hessen lastet schwer auf der Tasche des Kasseler Magistrats. Aber seit dreihundert Jahren blickt Herkules auf Kassel hinab und gibt diesem Park sein einmaliges Gepräge. Was hat den Landgrafen bewogen, die nackte Statue des Herkules in die Mitte seines Parkes an eine exponierte Stelle zu setzen? Der Fürst regierte Ende des 17. Jahrhunderts. Der längste aller Religionskriege, der Dreißigjährige Krieg, war vorbei, aber die katholische Kirche stand noch in der Blüte ihrer Macht. Da ließ der Landgraf eine gigantische heidnische Skulptur aufstellen, die von jedem Einwohner Kassels gesehen werden konnte. Die Kirchenväter müssen getobt haben, was der Landgraf sich da erlaube. Als zukunftsweisend hat Karl von Hessen dieses Denkmal den Kasselern hingebaut, und tatsächlich hat auch die Klassik in Deutschland Jahrzehnte später ihren Blick auf die griechische Mythologie gerichtet.

Zukunftsträchtige Luft scheinen die Kasseler zu atmen. Was in Kassel funktioniert, funktioniert überall in deutschen Landen. Denn wie sich die Mitte verhält, so verhält sich die Peripherie. Das wussten auch die Nationalsozialisten und haben die Synagoge in Kassel bereits am 8. November 1938 in Schutt und Asche gelegt. Die Stadt Kassel war der Testfall für das gesamte Deutsche Reich. Vielleicht kam der Tipp von Roland Freisler, der seit 1929 Stadtverordneter in Kassel war. Später wurde er Präsident des Volksgerichtshofes in Berlin und sprach blutige Urteile. Irgendwo mussten ja Hitler und seine Konsorten erproben, wie das deutsche Volk und die Kirchen auf das Niederbrennen von jüdischen Gotteshäusern reagieren würden. Es hätte ja sein können, dass der Klerus energisch protestiert hätte und den Nazis mit erhobener Bibel entgegentreten wäre. Aber Kassels Kirchenmänner blieben am 8. November 1938 stumm. Der Pöbel jubelte, das Bürgertum schwieg, und Herkules blickte von seiner Höhe auf die brennende Synagoge, die als erste in Deutschland im Feuer aufging. Es war eine gelungene Generalprobe. Am 9. November tickten in allen deutschen Städten die Fernschreiber und übermittelten die Aufforderung aus Berlin, alle Synagogen im deutschen Reich anzuzünden.

Am Nachmittag trinke ich meinen Hagebuttentee im Come Café in der Königsgalerie. Am Nebentisch sitzt ein ausländisches Paar und an einem anderen Tisch ein Ehepaar mit einem Kind. Auf einem Stuhl liegt eine herrenlose Aktentasche. Die junge hübsche Kellnerin mit den breiten Backenknochen spricht gebrochen deutsch, und ich frage sie, woher sie kommt. Sie stamme aus der ehemaligen Sowjetunion. »Ich studiere in Kassel«, erklärt sie mir, während sie mir den Tee serviert. Die Kellnerin bemerkt die Tasche, sieht sich suchend um und schüttelt den Kopf, als wollte sie sagen: »Na, der Gast wird sich schön ärgern, wenn er entdeckt, dass er seine Tasche vergessen hat.« Ohne Aufhebens nimmt sie die Tasche mit.

Die Königsgalerie ist ein Einkaufszentrum wie das Dizzengoffzentrum in Tel Aviv. Es herrscht scheinbar die gleiche Atmosphäre. Parfümerieläden, Cafeterien, Restaurants, Schuhgeschäfte und Boutiquen gestalten die Etagen. Junge Mädchen probieren Jeans an, Kinder quengeln, weil ihre Mütter ihnen Computerspiele kaufen sollen, Jugendliche suchen im Musikladen nach CDs ihrer Lieblingsband. Aber in Tel Aviv ruft eine liegen gebliebene Aktentasche sofort Unruhe hervor. »Verdächtiger Gegenstand«, raunt es von Mund zu Mund. Und augenblicklich entfernen sich die Gäste und das Personal. Innerhalb von wenigen Minuten erscheinen Sicherheitsbeamte. Sie fordern die Passanten auf, das Haus ruhig, aber schnell zu verlassen, und Sprengstoffexperten rücken ein. In der Königsgalerie in Kassel bin ich die Einzige, die weiß, welch tödliche Ladung sich in so einer unschuldig aussehenden Aktentasche verbergen kann.

Mit Herrn Oelsen, der pensioniert ist, unterhalte ich mich über Bildung und Bildungsmisere in Deutschland. »Als Selbständiger konnte ich es mir nicht erlauben, krank zu werden. Wenn ich einen wichtigen Termin wahrnehmen musste, reiste ich trotz Grippe und Kopfschmerzen zu dem Kunden. Eine Bekannte von mir ist Lehrerin und fragte mich, warum ich mich nicht ins Bett lege, wenn ich mich nicht wohl fühle. Sie verstand nicht, dass ein wichtiger Auftrag verloren gehen kann, wenn man eine verabredete Besprechung versäumt, und hat die Tragweite eines Kundengesprächs nicht richtig einschätzen können. Beamte sind diesen Situationen nicht ausgesetzt, denn sie sind lebenslang abgesichert. Deswegen können sie die Wirtschaft nicht verstehen und für die Wirtschaft nicht ausbilden«, bemerkt er.

Dem kann ich vorbehaltlos zustimmen. Der Beamte lebt in einer milchigen Glaskugel, durch die er die wirtschaftliche Realität nicht sehen kann. Das galt zumindest für mich, als ich noch Studienrätin in Deutschland war. Ich ahnte nicht, welche Energien und schöpferischen Kräfte der Selbstständige aufbringen muss, um zu überleben. Als ich 1979 aus Deutschland auswanderte, verließ ich nicht nur ein Land, sondern gleichzeitig auch den deutschen Beamtenstatus. In Israel entwickelte ich mich zur Schriftstellerin und musste wie viele Autoren die Erfahrung machen, dass ich von den Tantiemen nicht leben konnte. Schließlich kam auch bei mir der Tag, an dem ich nicht mehr wusste, wie es weitergehen soll. Der Tag, vor dem so viele Menschen Angst haben. Ich hatte keine Arbeit und kein Einkommen, und meine Ersparnisse neigten sich bedrohlich dem Ende zu. In schlaflosen Nächten überlegte ich, was ich tun sollte, aber außer Sorgen fiel mir nichts ein.

Ich wohnte mit dem Künstler Dudu Barnis zusammen, der zauberhafte Aquarelle malte. Die Bilder bot er in der Ben-Jehuda-Fußgängerpassage den Passanten zum Verkauf. Mit wie viel Gleichmut und Geringschätzung ging ich, als ich noch deutsche Beamtin war, an den Straßenkünstlern vorbei, die in der Unterführung der Frankfurter Hauptwache ihre Produkte anboten. Wie kitschig fand ich ihre Bilder, und es wäre mir nicht im Traum eingefallen, bei ihnen eine Skizze zu kaufen. Über Kunst habe ich mich häufig mit Intellektuellen unterhalten, diesen oder jenen Stil kritisiert und mir hier und da eine Ausstellung angesehen. Aber erst in Jerusalem lernte ich das Künstlermilieu kennen und verstand, wie viel finanzielle Not sich hinter der Fassade von Extravaganz und Überspanntheit verbergen kann.

Dudu teilte das Schicksal von vielen namenlosen Künstlern. Er malte schrecklich langsam und saß tagelang über einem Bild, das er hinterher für ein paar Schekel einem Käufer überließ. Wenn ich mich beschwerte, weil er das Aquarell so billig verschleudert hatte, seufzte er nur: »Es ist eine Kunst, die Kunst zu verkaufen. Und diese Kunst beherrsche ich nicht.«

Eines Tages, ich kam gerade vom Postamt, traf ich auf der Agrippastraße zufällig Jonathan Press, der mir gut gelaunt entgegenkam. Jonathan ist auch Kunstmaler, der eine Frau und Kinder hat und von der Sorge um das Auskommen seiner Familie geplagt wird. Die beschwingte Stimmung, die er an diesem Morgen an den Tag legte, erstaunte mich. Nachdem ich mich nach dem Wohlergehen seiner Familie erkundigt hatte, fragte ich: »Und wie geht es der Malerei?«

»Ich stelle jetzt Kunst für die Massen her«, antwortete er.

»Was ist denn das?«

»Ich verkaufe keine Originale, sondern fertige von den schönsten Bildern Kunstdrucke an. Die sind einfacher als meine Ölbilder zu verkaufen, weil ich sie billiger hergeben kann. Wir leben nun einmal in einer Zeit, wo jeder aufs Geld und die wenigsten Menschen auf Originalität schauen«, bemerkte er achselzuckend.

Eine grandiose Idee. Wenn wir von Dudus Bildern Kunstdrucke anfertigen werden, dann muss er nicht tagelang malen, sondern hat immer Bilder, die er in der Fußgängerzone anbieten kann, überlegte ich sofort. In meiner Phantasie sah ich Touristenhorden auf die Kunstdrucke stürzen, und alle finanziellen Probleme schienen mir gelöst zu sein. Kaum zuhause angekommen, unterbreitete ich Dudu den Vorschlag und schilderte in leuchtenden Farben die sorgenfreie Zukunft, die auf uns wartete. Dudu war keineswegs begeistert.

»Dann werde ich ja nur noch Verkäufer sein«, maulte er.

»Unsinn. Du kannst abends malen so viel du willst, aber bei Tag verkaufst du die Kunstdrucke.«

Die Idee war gut, aber nicht einfach auszuführen. Zur Herstellung eines Originals benötigt man ein Blatt Papier, ein paar Wasserfarben und Inspiration, zur Herstellung von guten Drucken eine Menge Geld, das wir nicht hatten. Deswegen zogen Dudu und ich unsere besten Kleider an und marschierten zur Israel Discount Bank, um den Sachbearbeiter zu überzeugen, dass wir einen Kredit bräuchten. Zu unserer großen Überraschung war es gar nicht schwer, den Kredit zu erhalten. Von den schönsten Aquarellen ließen wir Kunstdrucke herstellen, und zur Feier des Tages gingen wir ins Restaurant Sima gegrillte Lammkottelets essen.

Nun hatten wir zwar genügend Bilder, aber gleichzeitig Schulden bei der Bank, und die Touristen stürzten sich keineswegs auf die Poster. Jeden Tag versuchte Dudu, in der Fußgängerzone die Drucke an den Mann zu bringen, aber der Verkauf war schleppend und keineswegs so ergiebig, dass man davon die Schulden zurückzahlen konnte. Mit dem Kredit hatten wir uns eine neue Bürde eingehandelt. Genauso wenig, wie es mir an guten Ideen mangelt, fehlt es Dudu an Eingebungen, und er hatte einen glänzenden Einfall:

»Du kannst mit den Kunstdrucken hausieren gehen«, schlug er mir vor.

»Ich? Niemals!«, wehrte ich ab.

»Warum nicht? Jemand muss die Bilder verkaufen, alleine schaffe ich es nicht.«

»Nie im Leben werde ich von Tür zu Tür gehen.«

Aber der finanzielle Druck war stärker als mein Stolz. In einer Tasche aus schwarzem Karton verstaute ich einige Kunstdrucke und fuhr mit dem Bus in das Neubauviertel Ramot. Ich klingelte an der ersten Tür und überlegte krampfhaft, was ich sagen sollte.

Es war ein heißer Nachmittag, die Mappe wog schwer in der Hand, aber weit schwerer als die physische Last war die psychische Überwindung. Lea Fleischmann, ehemalige hessische Studienrätin und Bestsellerautorin, musste in Jerusalem die Klinken putzen. An der ersten Tür stammelte ich etwas von Jerusalemer Künstler und Kunstdrucken. Eine ungepflegte Frau machte mitten in meiner Rede einfach die Tür wieder zu. Ich wäre am liebsten nach Hause gegangen, aber ich nahm mich zusammen und klingelte eine Tür weiter.

»Danke, ich brauche keine Bilder«, sagte ein Mann mit einem Bauch so groß wie ein aufgeblasener Medizinball.

Bei der dritten Tür erschien eine ältere Dame: »Bilder eines Jerusalemer Künstlers? Sie kommen wie vom Himmel geschickt, ich suche ein Geschenk für einen Bekannten. Treten Sie bitte ein.«

Drei Jahre habe ich an fremden Türen geläutet, Jahre, in denen Jerusalem mir meinen Stolz und meinen Hochmut ausgetrieben hat. Ich lernte, auf die Menschen zuzugehen, und entdeckte: Wenn ich die schwarze Mappe mit den Kunstdrucken unter den Arm klemmte und losging, verdiente ich mein tägliches Brot. Wenn ich keine Kraft oder Lust hatte und eine Woche aussetzte, spürte ich es sofort an meinem Geldbeutel. Als Studienrätin sah ich niemals einen Zusammenhang zwischen meiner Arbeit und meinem Gehalt. Meine Bezüge erhielt ich, ob ich krank war oder nicht, ob ich ausgeschlafen in den Unterricht kam oder mir die Augen vor Müdigkeit zufielen, ob sich die Schüler im Unterricht langweilten oder interessiert zuhörten. In den drei Jahren, in denen ich hausierte, habe ich mehr über das Verhalten von Menschen gelernt als während meines gesamten Psychologiestudiums. Diese Arbeit hat mir die Augen geöffnet. Ich sah die Kassiererin, der der Kopf am Abend brummt, weil beim automatischen Lesen der elektronischen Codes ein Pfeifton ertönt und sie acht Stunden lang diesem Lärm ausgesetzt war. Ich sah den Fliesenleger, dessen Hände vom Beton und Wasser rauh und aufgerissen waren, die Friseurin, die vom dauernden Stehen Krampfadern an den Beinen hatte. Sie wohnen in den tristen Hochhäusern in eintönigen Neubauvierteln rund um Jerusalem, und alle sind sie empfänglich für Ästhetik. Jeder will sein Heim schön gestalten und sich in seinen vier Wänden wohl fühlen.

Längst habe ich mir den intellektuellen Hochmut abgeschminkt, der mich glauben machte, dass man nur mit Künstlern und Akademikern über Kunst reden kann. Mit jedem Menschen kann man ein Gespräch über ein Bild, eine Plastik, ein Lied oder ein Buch führen. Auch die Unterscheidung zwischen Kunst und Kitsch ist für mich inzwischen belanglos geworden. Wichtig sind die Gefühle, die der Mensch mit den Gegenständen verbindet, mit denen er sich umgibt. Und in jeder Seele steckt eine reiche künstlerische Welt, die man nur aufwecken muss.

Viel habe ich in diesen drei Jahren gelernt, aber die allerwichtigste Lehre war, dass ich niemals arbeitslos werden kann. Ich brauche keine Angst vor der Zukunft haben. Was immer geschehen mag, die schwarze Mappe mit den Kunstdrucken steht in meinem Keller.

Die Marmelade in Lahnstein

Ein Glas mit Marmelade in Lahnstein zeigt mir, wie Europa dabei ist, sich selbst die Luft zu nehmen. Aber bevor ich von der Marmelade erzähle, möchte ich meine kulturelle Begegnungsstätte vorstellen. Irgendwann kamen Dudu und ich auf die Idee, in unserem Wohnzimmer eine kulturelle Begegnungsstätte für deutschsprachige Touristen einzurichten. Wir überlegten, dass es für jeden Reisenden wichtig sei, sich mit Menschen zu unterhalten, die in Israel leben. Normalerweise reist eine Gruppe durch das Land, sieht Ausgrabungen, Museen und Kirchen, aber die Teilnehmer haben in der Regel keinen Kontakt mit Einheimischen, sondern nur mit ihrem Reiseleiter. Dudu und ich könnten aus unserem reichen Erfahrungsschatz berichten. Jeder Künstler benötigt ein Publikum, und in unserem Kulturzentrum könnte ich aus meinen Büchern vorlesen und Dudu seine Bilder erklären. Einerseits wür-

den wir über Land und Leute aufklären, andererseits Dudus Kunstdrucke und meine Bücher anbieten und vom Verkauf unserer
Werke die kulturelle Begegnungsstätte finanzieren.

Gesagt, getan. Den Wohnraum räumten wir bis auf die Couchgarnitur aus, kauften ein paar Plastikstühle, ließen Dudus Kunstdrucke rahmen und hängten sie an die Wände, bestellten Bücher
beim Verlag – und fertig war unsere kulturelle Begegnungsstätte.
Zu Beginn kamen nur wenige Besucher, aber mit der Zeit sprach
sich unser Kulturzentrum bei den Reiseleitern herum. Bevor eine
Reisegruppe kam, buck ich Rührkuchen mit Haselnüssen und be-
reitete Kaffee vor.

»Guten Abend, Frau Fleischmann, guten Abend, Herr Barnis.«
»Guten Abend. Wir freuen uns, dass Sie heute unsere Gäste
sind.«

Jeden Gast begrüßten wir persönlich, und die Gruppe setzte
sich im Kreis. Ich las aus meinen Büchern vor, und Dudu erläu-
terte, was er sich beim Malen eines jeden Bildes gedacht hatte. Danach bewirteten wir unsere Besucher mit Kaffee und Kuchen, die
Stimmung lockerte sich, und viele Fragen wurden an uns gestellt.
Wir lernten auf diese Weise eine Menge Leute kennen, und häufig
kamen später bei meinen Lesungen in Deutschland Zuhörer zu
mir und erklärten: »Wir haben Sie in Jerusalem besucht, und Dudus Bilder erinnern uns an Israel.«

Eines Abends stellte ein Besucher fest: »Frau Fleischmann, in
Deutschland hätten Sie so ein Begegnungszentrum nicht einrich-
ten können.«

»Warum denn nicht?«

»Weil Sie nur eine Toilette zur Verfügung stellen. Die Auflagen
sind bei uns inzwischen furchtbar streng und kompliziert. Sie
müssten so viel Geld in bauliche Maßnahmen investieren, dass Sie
dieses Projekt wahrscheinlich gar nicht in Angriff genommen hätten.« Leider war unserem Kulturzentrum ein jähes Ende beschieden. Im Herbst 2000 begann die zweite Intifada. Der Tourismus
nach Israel brach zusammen und unsere kulturelle Begegnungsstätte auf dem Herzl-Boulevard mit ihm.

Nun zur Marmelade in Lahnstein. Ich bin zum Mittagessen bei Frau Schulz eingeladen und erzähle die Geschichte von meiner kulturellen Begegnungsstätte. »Ich möchte Ihnen etwas zeigen«, sagt meine Gastgeberin, erhebt sich vom Tisch und holt aus einer Vitrine ein Glas mit Marmelade. Am Glas klebt ein weißes Etikett, auf dem von Hand geschrieben »Erdbeermarmelade« steht. Frau Schulz erzählt mir, was es mit dieser besonderen Marmelade auf sich hat: »Frau Mehlig ist Rentnerin und hat einen großen Garten, den sie über alles liebt. Sie ist sehr rüstig, kümmert sich um die Pflanzen und Bäume und hält den Garten in Ordnung. Unter ihrer fürsorglichen Hand gedeihen die Blumen und Früchte. Jedes Jahr erntet sie weitaus mehr, als sie selbst verbrauchen kann. Vor ein paar Jahren hat sie beschlossen, das Obst nach der Ernte einzukochen und als Marmelade auf dem Weihnachtsmarkt zu verkaufen. Den Erlös erhielt die Aidshilfe. Alle freuten sich: Frau Mehlig, dass das Obst aus ihrem Garten einem guten Zweck diente, die Kunden, die diese leckere Marmelade kaufen konnten, und die Aidskranken, denen der Erlös zugute kam.

Jahrelang hatte Frau Mehlig ihren Stand auf dem Weihnachtsmarkt. Bis letztes Jahr zwei Beamte des Ordnungsamtes erschienen und den Verkauf der Marmelade beanstandeten. Sie machten Frau Mehlig die Auflage, auf dem Etikett präzise aufzuführen, wie viel Zucker und welche anderen Zusätze sie beim Einkochen verwendet. Sie haben damit die Frau derart verunsichert, dass sie beschlossen hat, das Einkochen sein zu lassen. Sie hatte Angst davor, sich mit den Behörden herumzuschlagen und mochte keine Ordnungsstrafe riskieren. Nun gibt es keine Marmelade von Frau Mehlig mehr auf dem Weihnachtsbasar.«

Als ich diese Geschichte einem Lehrer in Hannover erzählte, meinte er: »So sieht es leider überall aus. Die Verordnungen aus Brüssel liegen wie Mehltau über Europa und verhindern jegliche Eigeninitiative. Wir wollten in der Schule belegte Brötchen an die Schüler verkaufen, weil viele Kinder ohne richtiges Frühstück zur Schule kommen. Aber die Auflagen des Gesundheitsamtes haben uns abgeschreckt. Jeder einzelne Beamte hat sein kleines Ressort im Griff und passt auf, dass jede noch so unwichtige Verordnung eingehalten wird. Wir erwürgen uns allmählich selbst.«

Eliteuniversitäten

Das Auffälligste an den neuen Bundesländern ist, dass sich die Städte so rasant verändern. Es kommt mir vor, als hätte man ein westdeutsches Tuch über die ostdeutschen Städte geworfen: Überall begegnen mir die gleichen Ladenketten und ein ähnlicher Einrichtungsstil. An den heruntergekommenen Fassaden sieht man noch den Übergang von der Ost- zur Westzeit, aber viele alte Bauten wurden bereits renoviert. Und wo vorher dunkle, baufällige Häuser standen, erstrahlen die Gebäude in neuen Farben. Lücken werden mit Bauwerken gefüllt, und die Straßen sehen plötzlich freundlich und einladend aus. Ob die Herzen der Bewohner ebenso strahlen? Diejenigen, die im Arbeitsprozess eingebunden sind, werden die große Befreiung erleben, aber was ist mit denjenigen, die keine Arbeit haben? Ich kann sie nur beobachten, sie kommen nicht in meine Lesungen.

In Köthen spaziere ich vom Hotel in der Friedrich-Ebert-Straße ins Zentrum der Stadt. Auf meinem Weg sehe ich Häuser mit leeren oder vernagelten Fenstern, die darauf warten, dass sich jemand ihrer annimmt. Vor dem ehemaligen Casino auf der Weintraubenstraße stehen drei junge Araber. Auf der gegenüberliegenden Straßenseite verfolgt ein stiernackiger Mann misstrauisch jede ihrer Bewegungen. Er hat einen kleinen Terrier an der Leine, der hin und wieder zu den Ausländern hinüberkläfft. Eine Frau mit Kittelschürze und grauen Löckchen erscheint an der Haustür und spricht mit dem Hundehalter. Er deutet auf die Gruppe, und sie nickt zustimmend.

Die Deutschen wittern eine Gefahr. Ob sie real oder nur eingebildet ist, wissen sie nicht. Aber bei dem kleinsten terroristischen Anschlag in Deutschland wird sich eine aufgestaute Wut entladen. In allen deutschen Städten sehe ich die arbeitslosen jungen Men-

121

schen. In kleinen Grüppchen stehen sie beisammen, die Baseball-kappen nach hinten gedreht, eine Flasche Bier in der Hand. Sie langweilen sich und albern herum. Eine Gruppe weiß nichts von der anderen, aber schnell können diese jungen Menschen formiert werden. Sie sind ein gewaltiges Potential und bereit, sich für eine Ideologie einspannen zu lassen. Zum ersten Mal spüre ich, wie es in den dreißiger Jahren in Deutschland ausgesehen haben könnte. Genauso standen damals die arbeitslosen Jugendlichen herum und wussten nicht, was sie mit sich und ihrer Zeit anfangen sollten. Sie fühlten sich nutzlos und minderwertig. Mit den Zauberworten »Arier« und »Herrenmensch« haben die Nationalsozialisten sie ge-kapert. Plötzlich ware jeder von ihnen etwas Besseres.

In Stadthagen unterhalte ich mich mit Herrn Bolen. Er ist in meinem Alter und Lehrer an einem Gymnasium. Ich frage ihn: »Was interessiert einen Abiturienten heutzutage?«

»Dass er studieren kann und später einen gut bezahlten Job be-kommt«, antwortet Herr Bolen. »Die heutige Generation hat alles bekommen, was sie will. Sie sind in einem freundlichen Klima groß geworden, es gibt keinen Generationenkonflikt, denn sie dürfen alles tun. Es gibt kaum noch Verbote, alles ist erlaubt, alles ist gut, die Anforderungen sind niedrig. Wenn etwas nicht so geht, wie man es will, reagiert man eher beleidigt als aggressiv.«

»Aber wird man nicht schwach, wenn man nicht gefordert wird?«, will ich wissen.

»Mag sein«, antwortet er.

Und dann sagt er einen Satz, der mich aufhören lässt: »Ich bin Agnostiker, aber die Kopftücher in der Schule machen mir Angst.«

Verwundert beobachten die Deutschen den religiösen Trend bei den islamischen Jugendlichen und verstehen nicht, warum sich viele von den jungen Musliminnen nicht anpassen wollen. »Was sollen die langen Röcke und die Kopftücher?«, fragen sie be-sorgt und beruhigen sich mit der Erklärung: »Die Mädchen wer-den von ihren Eltern gezwungen, sich so zu kleiden.« Das mag in manchen Fällen stimmen, aber keineswegs immer. Eine Lehrerin in Düsseldorf erklärt mir: »Die Mütter der Schülerinnen trugen keine Kopftücher, sie wollten sich anpassen. Aber junge Musliminnen, die in Deutschland geboren und aufgewachsen sind und die deutsche Sprache perfekt beherrschen, ziehen mittlerweile oft das Kopftuch wieder an. Es ist ihr Protest gegen die westliche Konsumgesellschaft.«

Und was propagieren deutsche Politiker? Eliteuniversitäten. Was werden die auf den Eliteuniversitäten ausgebildeten Lehrer und Wissenschaftler den jungen Menschen vermitteln, die keine Arbeit haben, aber jeden Tag an den verführerisch dekorierten Schaufenstern vorbeigehen? Diese Jugendlichen schauen sich die teuren Autos, die Designerkleidung und Hochglanzprospekte an, die das Glück in fernen Urlaubsländern propagieren – und nichts von alldem können sie sich leisten. Ihren Frust und Ärger spülen sie mit Bier oder billigem Alkohol herunter. Die junge Muslimin zieht sich ein Kopftuch an. Sie bekennt sich damit zu ihrem Gott und hat in ihrer Seele einen Weg gefunden, der es ihr leichter macht, auf den Tand zu verzichten und der Werbung zu widerstehen. Das junge deutsche Mädchen weiß nicht, worauf es sich besinnen soll. Alles ist gut, alles ist erlaubt, jeder macht, was er will. Für sie gibt es keine Werte, keine Rituale und keine Gemeinschaft mehr. Das ist der breite Weg, der ins persönliche Unglück führt. Solange die Deutschen noch Arbeit haben und sich mit Geld und Konsum betäuben können, geht es noch gut, aber wenn auch das Goldene Kalb sich verflüchtigen wird, was wird ihnen bleiben? Ihre eigene christliche Kultur haben sie ausgehöhlt und schätzen sie nicht mehr. Und auch jene Parteien, die das Wort »christlich« im Titel führen, stehen für keine religiösen Werte ein. Ingrid, eine fünfunddreißigjährige Pädagogin, berichtet mir: »Man traut sich in Deutschland in intellektuellen Kreisen fast gar nicht mehr zu sagen, dass man Christ ist. Gleich wird man als intolerant bezeichnet oder als Fundamentalist beschimpft.« Und Ursula, eine Musiklehrerin und alleinerziehende Mutter, beklagt: »Wir haben kein religiöses Gerüst mehr. In Deutschland gehen Glauben und Intellekt, Bibel und Wissenschaft nicht zusammen.«

Die ethisch-moralischen Werte, die die westliche Welt geprägt haben, entstammen der Thora. Und wenn die westliche Welt sich von den jüdisch-christlichen Wurzeln abschneidet, dann verliert sie ihren Halt und reagiert nur noch mit Angst gegenüber den islamischen Kräften. Thorakenntnisse, die jahrhundertelang im deutschen Volk durch ihre jüdischen Mitbürger verankert waren, sind durch die Nationalsozialisten zerstört worden. Es wird Generationen dauern, bis dieses Wissen wiederaufgebaut sein wird. Die jüdischen Gemeinden in Deutschland werden heute weitgehend von russischen Einwanderern dominiert, die in den neunziger Jahren die ehemalige Sowjetunion verlassen haben. Diese Juden waren über siebzig Jahre von ihren eigenen biblischen Quellen abgeschnitten. Die jüdischen Gemeinden in Deutschland sind noch zu sehr mit Aufbau und Existenzsicherung beschäftigt und müssen erst selber ihren eigenen geistigen Ursprung wiederentdecken.

Ein Brunnen der Weisheit sprudelt in Israel. In zahllosen religiösen Hochschulen, den *Jeschiwot*, wird der Geist in Verbindung mit einem religiösen Wertesystem geschult. Diese Quelle haben die deutschen Intellektuellen noch nicht entdeckt. Stattdessen führen sie unentwegt abwertende Schlagwörter im Mund: Ultraorthodoxe, Fanatiker, Extremisten. Sie verengen den Blick auf die politische Auseinandersetzung zwischen Israelis und Palästinensern und übersehen dabei, dass jüdische Geistesgrößen, die das Denken der westlichen Kultur entscheidend beeinflusst haben, von der Thora gespeist wurden.

In der Myliusstraße in Frankfurt am Main befindet sich das Sigmund-Freud-Institut mit einer reichhaltigen Bibliothek. Dort stieß ich auf das Buch »Freud. Sein Leben in Bildern und Texten«. Ein Gedenkblatt aus der Freudschen Familienbibel ist in dem Band abgebildet. Jacob Freud, der Vater von Sigmund Freud, hatte dort in deutscher und hebräischer Sprache eingetragen:

Mein Vater seelig, Rabbi Schlomo, Sohn des Rabbi Ephraim Freud, ist in sein himmlisches Heim eingegangen am 6. Tag der Woche, Freitag 4 Uhr Nachmittag, am 6. Adar 616, und ist am 18. desselben

Monats in meiner Geburtsstadt Tismenitz beerdigt worden. Der Ster-
betag des Vaters nach christlicher Rechnung ist der 21. Februar, und
die Beerdigung fand statt am 23. Februar 1856.
Mein Sohn Schlomo Sigmund ist geboren Dienstag, den 1. Tag des
Monats Iar 616, 6 Uhr Nachmittag – 6. Mai 1856. Ist in den jüdi-
schen Bund eingetreten Dienstag, den 8. Tag im Monat Iar – am
13. Mai 1856. Der Moel war Herr Samson Frankl aus Ostrau, die
Pathen waren Herr Lippa Horowitz u. seine Schwester Mirl, Kinder
des Rabbiners aus Czernowitz. Das Sandykat vertrat Herr Samuel
Samueli in Freiberg in Mähren.

Diese zwei kurzen Eintragungen geben uns wichtige Aufschlüsse
über die Familie Freud. Der Vater von Jacob Freud hieß Schlomo,
das ist die hebräische Version des Namens Salomon. Er starb am
21. Februar 1856. Zu dieser Zeit war die Frau von Jacob Freud
schwanger. Am Todestag seines Vaters stand für Jacob Freud fest,
wenn ihm ein Sohn geboren wird, dann wird er das Kind Schlomo
nennen. Bei Juden erhält das Kind den Namen des verstorbenen
Ahnen, um das Andenken an den Toten zu ehren und wach zu
halten. Jacob Freud wollte nicht, dass sein Sohn wegen seines hebräischen Namens in der nichtjüdischen Gesellschaft auffallen
sollte, deswegen erhielt das Kind als zweiten Namen Sigmund.

Jacob Freud nannte seinen Vater »Rabbi Schlomo«. Er brachte
damit zum Ausdruck, dass sein Vater ein gelehrter und frommer
Mann war. Die Familie Freud lebte nach den Satzungen der
Thora. Am achten Tag nach der Geburt fand die Beschneidung
des kleinen Schlomo Sigmund statt. Alle Details der Beschneidung hielt Jacob Freud in der Familienbibel fest. Die Beschneidung eines jüdischen Jungen ist ein wichtiger religiöser Akt, und
bei dieser Zeremonie wird dem Kind der Name verliehen. Andere
Details wie das Geburtsgewicht, die Größe des Kindes und seine
Haar- oder Augenfarbe erwähnt Jacob Freud nicht. Für einen
nach den Werten der Thora lebenden Mann sind sie unwichtig.
Das Kind war gesund und hatte ein normales Geburtsgewicht –
das folgern wir daraus, dass das Kind am achten Lebenstag be-

schnitten wurde. Bei Knaben, die ein zu geringes Geburtsgewicht haben oder krank sind, wird die Beschneidung auf einen späteren Zeitpunkt verschoben.

Noch ein handschriftlicher hebräischer Text ist in dem Buch abgedruckt: eine Widmung Jacob Freuds an seinen Sohn Sigmund zu dessen 35. Geburtstag. An diesem Tag übergab der Vater die Familienbibel seinem Sohn und schrieb – schon mit zittrigen Händen – folgende hebräische Sätze:

Mein lieber Sohn Schlomo!

Im siebten (Jahr) Deines Lebens begann der Geist des Herrn Dich zu treiben, (Richter 13–25) und er sprach zu Dir: Gehe hin, lies in meinem Buche, das ich geschrieben, es werden sich Dir auftun die Quellen der Einsicht, des Wissens (Erkenntnis) und Verstehens. Sieh hier, das Buch der Bücher, aus ihm gruben die Weisen und lernten die Gesetzgeber Satzung und Recht (4. Mose 21,18). Gesichte vom Allmächtigen hast Du geschaut (4. Mose 24,4 16), hast gehört und versuchtest aufzusteigen und flogst sodann auf den Flügeln des Geistes (Ps. 18,11).

Seit langem war das Buch verborgen (aufbewahrt) wie die Scherben der Bundestafeln im Schrein seines Knechtes, (jedoch) zum Tage, an dem Deine Jahre die 35 vollenden, habe ich es mit einem neuen Ledereinband umhüllt und ihm den Namen gegeben: »Brunnen, steig auf! Singet ihm zu!« (4. Mose 21,17), und bringe es Dir dar zum Gedächtnis und Andenken der Liebe. – Von Deinem Vater, der Dich liebt, mit unendlicher Liebe – Jacob, Sohn des Rabbi Sch. Freud.

In der Hauptstadt Wien, 29. Nissan 5651, 6. Mai 1891.

Aus dem Eintrag in die Familienbibel können wir mit Sicherheit schließen, dass Sigmund Freud über gute Hebräischkenntnisse verfügte. Wäre dies nicht der Fall gewesen, dann hätte sein Vater ihm die Bibel mit deutschen Worten präsentiert. In jüdischen Familien, in der die religiöse Tradition gepflegt wird, lernen alle Knaben hebräisch lesen und schreiben. Am 13. Geburtstag müssen sie vor der Gemeinde einen Abschnitt aus der Thora und den

Schriften der Propheten vortragen. Sigmund Freud hat eine jüdische Erziehung mit fundierten Hebräischkenntnissen erhalten. Aber ebenso wie die wenigsten Menschen wissen, dass sein erster Name Schlomo war, kennen die wenigsten die Quelle, aus der er schöpfte, nämlich die hebräische Bibel, den Tenach.

In den siebziger Jahren studierte ich an der Universität in Frankfurt Psychologie. Wie viele meiner Generation war ich von den Schriften Sigmund Freuds fasziniert. Er entwickelte das Instanzenmodell der Seele und führte die Begriffe »Es«, »Ich« und »Überich« ein. Anhand dieses Modells lassen sich die unterschiedlichsten seelischen Konflikte erklären. »Es« nennt Sigmund Freud das Triebhafte im Menschen. Das Bedürfnis nach Essen, Trinken und Sexualität, die aggressiven Wünsche und Angst, das Lodernde und Brennende in der Seele, das nach sofortiger Triebbefriedigung drängt. »Überich« nennt Freud das Gewissen, die Moral, die religiösen und gesellschaftlichen Normen, in denen uns Eltern und Lehrer unterweisen. Die Gebote und Verbote, die uns lehren, wie wir uns benehmen, was wir sagen und denken sollen, damit wir mit den Eltern und der Gesellschaft in Einklang leben. Dies alles umfasst das »Überich«. Zwischen diesen beiden Kräften steht das »Ich« – der handelnde Mensch. Das »Ich« muss entscheiden, welcher Instanz es nachgibt. Das »Ich« möchte schön erscheinen, richtig handeln und gut sein, aber häufig harmonieren die Bedürfnisse des »Es« und die Forderungen des »Überich« nicht miteinander. Schnell befindet sich der Mensch in einem seelischen Konflikt.

Zahllos sind die Beispiele. Ein Mann verliebt sich in die Frau seines besten Freundes. Er möchte ihr seine Liebe eingestehen, aber sein Gewissen hindert ihn daran, und er entwickelt deshalb neurotische Symptome. Im Kaufhaus hängen modische Pullover, und ein Jugendlicher will so einen haben, aber ihm fehlt das Geld. Der junge Mann weiß, dass man nicht stehlen darf, die Versuchung ist jedoch groß, und er gerät in einen Konflikt. Laufend muss jeder Mensch entscheiden, welcher Kraft er nachgibt, dem Es oder dem Überich, seinen Wünschen oder den moralischen

Werten. Die Konflikte, denen das »Ich« ausgesetzt ist, beeinflussen unser seelisches Gleichgewicht. Ist das »Überich« zu stark und versagen wir uns alles, dann kann dies zu Schuldgefühlen, Angstzuständen oder einer Krankheit führen. Geben wir dem »Es« nach und nehmen keine Rücksicht auf moralische Normen, dann führt dies zu Eigensucht, asozialem oder sogar kriminellem Verhalten.

Dieses Instanzenmodell ist mir in einem anderen Zusammenhang viele Jahre später begegnet, nämlich beim Thoralernen in Jerusalem. Da begriff ich, dass Sigmund Freud aus der gleichen Quelle schöpfte, die sich mir allmählich erschloss. Im 1. Buch Mose 6,9 und 10 lesen wir: »Noah war ein frommer Mann (...), er zeugte drei Söhne: Sem, Ham und Jafet.« In Hebräisch lauten die vier Namen *Noach, Schem, Cham* und *Jafet*. *Noach* bedeutet ruhend, angenehm, ausgeglichen. *Schem* bedeutet Name. Gott wird so genannt. *Cham* bedeutet die Hitze, das Unkontrollierte, das Heißblütige. *Jafet* bedeutet die Schönheit, das Ästhetische, das Äußerliche.

Noach war der Urvater des Menschengeschlechts, der Prototyp des neuen Menschen nach der Sintflut. Seine drei Söhne sind drei Teile von ihm. Wir können aber auch interpretieren, dass Noach das Grundmuster der menschlichen Seele ist und die drei Söhne deren drei Instanzen sind. Nur wenn sie miteinander harmonieren, dann ist die Seele *noach* – ruhend und ausgeglichen. *Schem* steht für Gott, für die moralische Instanz, das Wertsystem, das die Bibel dem Menschen vermittelt. Freud nannte *Schem* das »Überich«. *Cham*, das Unkontrollierte in der Seele, das Triebhafte, nannte Freud das »Es«. *Jafet*, das ist das Handelnde im Menschen, das schön sein und gefallen will. Diese Instanz nennt Sigmund Freud das »Ich«. Sigmund Freud hat kein neues Modell gefunden, sondern alte, in der Bibel verborgene Weisheiten in neue Begriffe gegossen und diese Erkenntnisse einem Publikum, das weder hebräisch spricht noch jemals Thora gelernt hat, zugänglich gemacht.

Die biblische Erzählung von Noach lehrt uns, dass die Seele nur ruhig und ausgeglichen, also *noach* ist, wenn ihre Anteile »Schem, Cham und Jafet« im Einklang miteinander leben. Wenn eine dieser Kräfte überhand nimmt und die anderen unterdrückt werden, dann neigt der Mensch zu einer unausgewogenen Lebensart. Gibt er *Cham*, dem Triebhaften und Körperlichen übermäßig nach, dann entwickelt er Suchtverhalten, wie Ess- und Trinksucht, Sucht nach Sexualität, und nimmt auf seine Gesundheit und die Mitmenschen keine Rücksicht. Wird die Seele nur von *Schem*, dem göttlichen Anteil geleitet, dann kann der Mensch zum Eremiten werden und sich von der Welt abschließen. Die Thora lehnt die Einsiedelei und das Zölibat ab, weil diese Lebensform auf die sexuellen Bedürfnisse des Körpers keine Rücksicht nimmt. Und wenn *Jafet*, die Schönheit und Ästhetik das Leben bestimmen, dann kann es zu krankhaftem Verhalten kommen wie die Unterwerfung unter unnötige Schönheitsoperationen und das Aufsichnehmen von sinnlosen Schmerzen und Leiden, nur um »gut auszusehen«. Die Gebote der Thora helfen jedem Einzelnen, die drei Urkräfte im Gleichgewicht zu halten, damit die Seele in Frieden und Ruhe in unserem Körper leben kann. Sie wird gottgefällig und *noach*, so wie Noach, der Urvater der Menschheit.

Solange die Eliteuniversitäten nicht begreifen, dass sie die Weisheiten der Bibel in ihr Lehrprogramm aufnehmen, moralische Werte vermitteln und sich auf die jüdisch-christliche Wurzel besinnen müssen, werden sie lediglich gefühllose Wissenschaftler und habgierige Technokraten ausbilden. Und die werden alles andere als eine Elite sein.

Ein Spaziergang in Frankfurt

An einem lauen Frühlingstag sitze ich während der Mittagszeit neben der Skulptur »David und Goliath« an der Frankfurter Hauptwache. Die Stehimbisse auf der Zeil haben Hochbetrieb, die Obststände sind von Käufern umlagert, und vor dem Kaufhof bietet ein junger Inder die »Frankfurter Rundschau« an. Die ethnische Vielfalt in Frankfurt erinnert mich an Jerusalem, Menschen aller Hautfarben prägen auch dort das Straßenbild. Frankfurt ist farbiger, weltoffener und toleranter geworden als zu der Zeit, als ich dort noch lebte. Ein Pärchen geht eng umschlungen an mir vorbei. Er, ein hoch aufgeschossener Afrikaner, hat seine Hand um ihre Hüfte gelegt, und sie, eine junge Frau mit rötlichen langen Haaren und einem sehr hellen Teint, umfasst seine Taille. Vor dem Schuhgeschäft »Hako« bleiben sie stehen und begutachten die ausgestellten Modelle im Schaufenster. Die junge Frau erinnert mich an Inga, eine Schulkameradin in der Herderschule.

Die Herderschule in der Wittelsbacherallee war zu meiner Schulzeit noch ein Gymnasium für Mädchen. Unsere Klassenlehrerin, die Mathematik und Physik unterrichtete, war eine unverheiratete Frau. Sie war um die vierzig Jahre alt und wohnte mit ihren Eltern in einem Einfamilienhaus. Eines Tages musste ich ihr Klassenarbeiten nach Hause bringen, und sie lud mich in ihr Mädchenzimmer ein. Sie strahlte etwas Altjüngferliches aus, wie ein prüder Backfisch, der auf einer Entwicklungsstufe stehen geblieben war. In ihrem dunklen Haar schimmerten die ersten grauen Strähnen, und feine Fältchen umrahmten die Augen. Die Hoffnung auf einen Ehemann hatte sie wohl aufgegeben und widmete sich ganz ihrer pädagogischen Aufgabe.

Aber die Gedanken ihrer Schülerinnen drehten sich weitaus mehr um junge Männer als um Mathematik und Physik. Wir waren in der zwölften Klasse und Inga, ein auffallend schöner, rothaariger Teenager, hatte einen farbigen Freund. Er war als US-Soldat in Frankfurt stationiert. Welch einen Skandal verursachte das in der Schule! Eltern anderer Schülerinnen beschwerten sich beim Rektor, und die Klassenlehrerin legte ihr in einem vertraulichen Gespräch unter vier Augen nahe, den unpassenden Umgang aufzugeben. Noch vor dem Abitur ging Inga von der Schule ab.

Eine brave Mädchenklasse waren wir. Zum mündlichen Abitur 1967 erschienen wir aufgeregt in unseren schwarzen Kostümen. Wir begannen zu studieren und waren bereit, uns den Professoren zu fügen, wie wir uns den Lehrern gefügt hatten. 1968 brachen die Studentenunruhen aus, und die Frankfurter Universität wurde zum Schauplatz von Demonstrationen und gesellschaftspolitischen Diskussionen. Meine Studienjahre fielen in diese aufregende Zeit.

Vor dem Café Hauptwache hat sich inzwischen eine Menschenmenge versammelt, und ein Mann ruft »Angst ist geil« und »Terror jetzt« in ein Megaphon. Ein Heranwachsender verteilt Flugblätter, auf denen steht: »Man nimmt uns die Arbeit. Man zerstört unsere Heimat, unseren Glauben, unser Leben. Man versetzt uns in Angst. Wir sind Tote auf Urlaub. Wir sind Lügenbarone auf Zeit. Wir stehen jetzt auf und für uns ein: ANGST COF – Terrormaschine.«

Eine diffuse Angst grassiert in Deutschland, und ich weiß nicht, warum sie mir überall begegnet. Vielleicht bin ich durch das Leben in Jerusalem so sensibilisiert, dass ich die Angst in ihren leisesten Andeutungen wahrnehme. In Jerusalem fürchtet die Bevölkerung den Terror der radikalen Palästinenser, in Deutschland beherrscht die Menschen die Angst vor Zukunft, Arbeitslosigkeit und Alleinsein. »Der Konsumterror bringt uns um«, erklärt mir der junge Mann und drückt mir das Flugblatt in die Hand. »Wir müssen Gegenterror aufbauen. Hier, lesen Sie bitte.« Ich muss erst umständlich meine Brille aus der Tasche holen und sie aufsetzen, um den klein gedruckten Text zu entziffern:

Nach den desaströsen Erfahrungen des Jahrhunderts der gescheiterten Gruppen- und Glaubensphantasien müssen wir uns davor hüten, die Gewalt den Anderen zu überlassen und Gewaltfreiheit für unantastbar zu halten. Es war ein fundamentaler Irrtum fundamentalistischer Arbeitspolitik, Wirtschaft rein nach Naturgesetzen zu desorganisieren. Auf dem Arbeitsmarkt treibt ein spekulatives, von Symbolhierarchien bestimmtes Gespenst sein Unwesen – Gewinnprognosen und Zockermentalität, Aktienkurse und Tarifverträge sind Glieder jener Kette, mit der es rasselt.

Genauso umständlich waren die Flugblätter formuliert, die wir während der Studentenunruhen an die Passanten auf der Bockenheimer Warte verteilten. Damals wollten die Frankfurter Studenten die kapitalistische Vorherrschaft abschaffen und die klassenlose Gesellschaft einführen. Was für ein idealistischer Anspruch das war! Nächtelang haben wir über eine gerechte Zukunft für die Menschheit diskutiert. Eingetreten ist das Gegenteil, und nirgendwo in Deutschland offenbart der Kapitalismus sein unbarmherziges Gesicht so ungeschminkt wie im Frankfurter Bankenviertel.

Frankfurt ist in die Höhe geschossen. Als Studentin habe ich im Zürich-Hochhaus am Opernplatz gearbeitet. Das Zürich-Hochhaus war damals das höchste Gebäude in Frankfurt, bis zu seinem Abriss vor wenigen Jahren verschwand es fast neben den Türmen der Deutschen Bank. Die Commerzbank und die Dresdner Bank wollten der Deutschen Bank nicht nachstehen, und Frankfurt hat sich zur Stadt der Wolkenkratzer gemausert. Mainhatten nennt sie sich stolz mit einem Blick nach New York. Die Macht will immer hoch hinaus. Im Mittelalter waren die Kirchen die höchsten Gebäude, heute sind es die Banken. Hochmütig blicken die Kathedralen des Geldes auf die Welt herab.

Vor ein paar Jahren hatte sich die Rauschgiftszene in der Taunusanlage, inmitten des eleganten Bankenviertels, breit gemacht. Mittags hasteten die Bankangestellten in ihren dunklen Anzügen und schwarzen Köfferchen zum Essen ins Mövenpick oder in ein Restaurant auf der Fressgasse, während die heruntergekommenen Süchtigen auf dem Rasen dösten und manche von ihnen sich öffentlich Heroin spritzten. Sie gehören zusammen, die Erfolgreichen und die Versager. Beide hat der Mammon in seinen Klauen. Der junge Manager jagt dem Geld nach, um Besitz und Ansehen zu erwerben. Die Richtschnur seines Lebens ist der finanzielle Erfolg. Eine aggressive Werbung suggeriert ihm, dass er, um glücklich zu sein, all das überflüssige Zeug benötigt, das die Kaufhäuser auf der Zeil und die exklusiven Läden in der Goethestraße feilbieten. Je teurer desto besser. Sein Selbstwertgefühl basiert auf dem hoch dotierten Job, dem teuren Auto und dem schicken Anzug. Für den Obdachlosen hat er meist nur Verachtung übrig.

Der junge Businessman hat nicht mehr gelernt, dass der Zehnte den Mittellosen gehört und dass all der Plunder, den er kauft, eines Tages von den Motten gefressen werden wird. Der Arme stört ihn, er passt nicht in das erlesene Ambiente. Aber tief in der Seele fürchtet der erfolgreiche Geschäftsmann, dass seine Welt zusammenbrechen könnte. Sein Auftreten und seine Sicherheit hängen von seinem Einkommen ab, deswegen fürchtet er die negativen Wirtschaftsnachrichten. Er zittert davor, dass die Wirtschaftslage sich verschlimmern und er seinen Job verlieren könnte. Weil er sein Leben am Konsum orientiert hat und über kein ethisches Wertesystem verfügt, steht er im Falle einer Entlassung ungewappnet da. Heute erfolgreich, morgen arbeitslos, heute »in«, morgen »out«. Viele haben diesen bitteren Weg bereits antreten müssen.

Der Junkie auf dem Rasen in der Taunusanlage weiß auch nicht, dass seine Seele wertvoll ist. Auch er hat kein Gottvertrauen und kann keinen inneren Reichtum aufweisen. Vielleicht würde er sich gerne in Anzüge von Armani und Schuhe von Bally kleiden. Weil er aber auf der materiellen Erfolgsleiter nicht aufsteigen kann, fühlt er sich wertlos und sucht den Ausweg bei der Selbstzerstörung. Der junge Mann auf der Hauptwache hat schon recht: Der Konsumterror bringt die Menschen um. Die Obdachlosen und Junkies wurden inzwischen aus der Taunusanlage verbannt. Die Manager können ihren Weg zum Opernplatz fortsetzen, ohne laufend über gestrandete Gestalten zu stolpern.

Kultur wird in Frankfurt groß geschrieben. Das Schauspielhaus, die Kammerspiele und vor allen Dingen die Alte Oper zeugen von einem enormen kulturellen Engagement der Stadt. In meinen Erinnerungen sehe ich das Opernhaus noch als eine ausgebombte Ruine, von der nur noch die Fassade stand. Jetzt strahlt es in neuer Pracht, verpflichtet dem Wort des größten literarischen Genies, das Deutschland hervorgebracht hat, Johann Wolfgang von Goethe: »Dem Wahren, Schönen, Guten«. Diese Worte schmücken die klassizistische Fassade. Der Opernplatz verbindet die Einkaufszone Frankfurts mit dem Westend, wo bedeutende internationale Firmen ihre Büros haben. Der eine oder andere Besucher wird einen Moment innehalten, die Alte Oper betrachten und vielleicht darüber nachdenken, was in seinem Leben das Wahre, Schöne und Gute ist.

Im Verborgenen, in der Gottfried-Keller-Straße, gedeiht in Frankfurt eine andere eindrucksvolle Kulturpflanze, die »Frankfurter Jüdischen Nachrichten«. Gegründet wurde diese Publikation 1959 von Leo Sekel. Bis heute gibt seine Tochter, Shoshana Alter, die Zeitschrift heraus. Die Herausgeberin hat sich der Toleranz und Völkerverständigung verschrieben. Literaturgrößen wie Henryk Broder und Maxim Biller veröffentlichen dort ihre Beiträge, namhafte Professoren wie Micha Brumlik, Dan Diner und Detlev Claussen schreiben für diese Zeitschrift. Kein anderes jüdisches Organ in Deutschland erreicht das journalistische und literarische Niveau der »Frankfurter Jüdischen Nachrichten«. Mühsam finanziert die Herausgeberin die Zeitschrift durch Kleinanzeigen. Solange in Frankfurt noch Menschen mit so einem Idealismus wie Shoshana Alter leben, kann die Stadt zu Recht stolz auf ihre Kultur sein.

Im Baumweg 5–7 befand sich Anfang der sechziger Jahre das Jugendzentrum der jüdischen Gemeinde. Das jüdische Gemeindehaus in der Savignystrasse war noch nicht gebaut. Wir Jugendlichen gaben damals eine Zeitung heraus. *Regew*, die Scholle, hieß sie, und meine ersten Texte erschienen dort. Ich erinnere mich an den damaligen Rabbiner der jüdischen Gemeinde, Dr. Lichtigfeld. Eine große Gestalt war er, eine imposante Persönlichkeit, die mir Respekt einflößte. 1963 veröffentlichte er einen Artikel im *Regew*. Er schrieb:

Die jungen Menschen wurden durch ihre Familien in diesen religiösen und sozialen Rhythmus der Gemeinden hineingezogen und gliederten sich organisch ein. Wenn die Zeit an sie kam, dann übernahmen sie als selbstverständlich die Aufgaben, die ihnen zufielen. Beinahe alles von dem ist unseren jungen Menschen fremd oder ungewohnt. Man fragt sich, was soll man von ihnen verlangen und mit welchen Maßstäben messen. Wichtiger ist noch die Frage, welche

Maßstäbe die jungen Menschen an sich anlegen, welches Verhältnis wollen sie zum uralten Erbe des jüdischen Volkes einnehmen? Wenn man sie anspricht, dann beschleicht einen oft das Gefühl, dass sie denken: Was wollt Ihr eigentlich von uns? Wir wollen ja nur, dass die Jugend ernsthaft beginnt, darüber nachzugrübeln, welche Stellung sie geistig und jüdisch gesehen einnimmt und einnehmen will, dass sie sich fragt, ob sie ihre Zugehörigkeit zum Judentum ernst nimmt.

Lichtigfeld war ein orthodoxer Rabbiner, ein Mann, der die Gebote der Thora strikt einhielt. Er hatte erkannt, dass man nach der Katastrophe des Holocaust von der ersten jüdischen Nachkriegsgeneration in Deutschland nicht verlangen konnte, es ihm gleichzutun und die Thora als Lebensweisung anzunehmen. Die jüdische Kultur lag im Nachkriegsdeutschland am Boden. Es gab keine geeigneten Bücher für den Religionsunterricht. Nur wenige fähige Lehrer, die der deutschen Sprache mächtig waren, konnten gefunden werden. Und die junge jüdische Generation hatte keine Großeltern, die in den Familien ein wichtiges Glied bei der Vermittlung von religiösen Werten sind. Lichtigfeld forderte die Jugend auf »nachzugrübeln«. Nachdenken und besinnen sollte sich diese Generation, und langsam wollte er sie zu dem uralten Erbe zurückführen. Erst in Jerusalem begann ich, das uralte Erbe zu begreifen. Ob ich, wenn ich in Frankfurt geblieben wäre, zum Judentum und zur Thora gefunden hätte? Ich bezweifle es.

Regelmäßig besuche ich den jüdischen Friedhof in der Eckenheimer Landstraße. Mein Vater ist dort beerdigt. Ich hatte schon darüber nachgedacht, ob ich seine Gebeine nach Jerusalem überführen lassen soll, aber den Gedanken habe ich wieder aufgegeben. Frankfurt ist nun einmal die Stadt, in der ich aufgewachsen bin, in der ich meine Jugend- und Studentenzeit erlebt habe. Mein Schicksal hat mich als Zehnjährige nach Frankfurt gebracht, und mit 32 Jahren habe ich die Stadt verlassen. Die 22 Jahre haben mich entscheidend geprägt. Frankfurt ist ein Teil meiner Vergangenheit, und durch das Grab meines Vaters bleibe ich mit der Stadt verbunden. Wenn ich an den Grabsteinen vorbeigehe, steht

135

eine vergangene Zeit auf. Alle Nachbarn aus der Waldschmidt-
straße 129 und 131 liegen dort, und in meinen Gedanken werden
sie wieder lebendig. Frau Szankower und Herr Beker, Frau Sztain-
marder und Herr Axelrad. Sie sitzen auf der Bank, die auf dem
kleinen Spielplatz unweit der Wohnblocks stand, und unterhalten
sich in Jiddisch. Von der Nikolaikirche ertönt jede Viertelstunde
ein Glockenschlag und gibt die Zeit an. Und die Zeit läuft und
läuft, keiner kann sie festhalten.

Es ist Ende März, meine Lesereise ist zum Abschluss gekommen. Der Frühling hat Einzug in Deutschland gehalten, Osterglo-
cken und Hyazinthen, Primeln und Tulpen blühen in den Vorgär-
ten. Gelbe Forsythien säumen die Wege, die Luft ist mild und der
Himmel blau. Die Bäume sind noch kahl, aber dicke Knospen
deuten bereits die verschwenderische Pracht an, mit der sich die
Natur entfalten wird. In den Straßencafés sitzen sonnenhungrige
Gäste, genießen die warme Frühlingssonne und löffeln Eisbecher
aus. Meine Tochter ruft mich auf dem Handy an: »Alle freuen sich
auf deine Rückkehr. Was sollen wir einkaufen?«

»Kauft Lachs, ein Huhn, Obst und Gemüse. Am Freitagabend
kommt ihr doch alle zum Schabbatessen?«

»Na klar. Wir freuen uns schon.«

»Und ich erst.«

Lea Fleischmann

Vom Feminismus zum Schabbat

In der Eckenheimer Landstraße in Frankfurt am Main befand sich in den siebziger Jahren in einer vernachlässigten Altbauwohnung das Frauenzentrum. An den Wänden hingen Poster mit Che Guevara, afrikanischen Frauen und asiatischen Kindern. Auf dem Boden lagen Matratzen, und ein paar alte Sessel, vom Sperrmüll aufgelesen, vervollständigten die Einrichtung. Dort trafen sich junge Akademikerinnen und diskutierten über die Benachteiligung der Frau in der Gesellschaft, die unterschiedliche Sozialisation von Jungen und Mädchen und den gesellschaftlichen Wandel, den wir herbeiführen wollten. Wir waren uns einig, dass die Männer Ausbeuter und Unterdrücker sind und dass Kinder eine zusätzliche Last für die Frau bedeuten, Stillen die Bewegungsfreiheit einengt und Kochen eine entwürdigende Arbeit ist. Den Kampf schrieben wir uns auf die Fahnen. Viele Frauen heirateten gar nicht mehr, und diejenigen, die verheiratet waren, ließen sich scheiden. Alice Schwarzer war das leuchtende Vorbild für einen einflussreichen Teil der deutschen Frauengeneration der siebziger Jahre.

Wie ein trockener Schwamm sog ich diese Ideen auf. Ich lebte in einer, wie man es damals verächtlich nannte, »bürgerlichen Ehe«, hatte zwei Kinder und einen erfolgreichen Mann. Aber wie in jeder Ehe gab es Schwierigkeiten. Ich war Studienrätin mit einer vollen Planstelle, und er arbeitete in einem großen Unternehmen. Beide waren wir beruflich voll eingespannt. Nervös und überreizt kamen wir nach Hause, und jede häusliche Arbeit mündete in einem sinnlosen Streit. Wir stritten, wer den Müll ausleeren und wer die Geschirrspülmaschine ausräumen sollte, wer zuhause bleiben sollte, wenn eines der Kinder krank wurde, und wer sie ins Bett bringen musste, wer sich um das Abendbrot kümmern und wer die Anzüge aus der Reinigung holen sollte. Ich hatte das Gefühl der Doppelbelastung, aber nie und nimmer wäre ich auf die Idee gekommen, auf meine Karriere zu verzichten. »Lass doch deinen Mann für dich arbeiten und kümmere dich um die Kinder«, riet mir meine Mutter, aber ich fuhr sie an: »Wozu habe ich denn studiert? Damit ich zu Hause am Herd stehe und koche?«

»Deine Kinder fütterst du mit Gemüsebrei aus dem Gläschen. Das Zeug wurde vor Wochen hergestellt und konserviert, und du bezahlst einen Haufen Geld für ein Gläschen, nur weil du keine Zeit hast, ein paar Mohrrüben zu schälen und sie klein zu reiben«, warf sie mir vor.

Meine Mutter verstand mich nicht, und jede Diskussion mit ihr war sinnlos. Gleichgesinnte traf ich im Frauenhaus. Sie bestätigten mich darin, dass mein Weg der richtige sei. Karriere, Gleichberechtigung und sexuelle Freiheit waren unsere Ziele. Wenn ich damals noch nicht verheiratet gewesen wäre und keine Kinder gehabt hätte, wäre ich wahrscheinlich, wie so viele Akademikerinnen meiner Generation, ledig und kinderlos geblieben. Im Frauenhaus wurde Öl in das Feuer gegossen, das zwischen Mann und Frau ausgebrochen war. Jede Frau beschrieb ihre Schwierigkeiten mit dem Partner, und anstatt die Wogen zu glätten und die Kanten zu runden, wurden die Waffen geschliffen. Der Ausweg war die Scheidung. Ich sah nicht, dass mein Mann ein verantwortungsvoller und fürsorgender Vater war, ich sah die Tränen meiner Kinder nicht, und ich sah die Zerstörung nicht, die ich um mich herum anrichtete. Mit Hilfe der Frauenbewegung zerschlug ich meine Ehe und reihte mich in die Phalanx der Frauen ein, die eine Generation von verunsicherten Kindern, deren Gefühle zwischen Vater und Mutter zerrissen sind, geschaffen hat.

Mit meinen feministischen Ideen kam ich nach Jerusalem, und ich war bereit, alle Frauen aufzuklären. Mein Problem war jedoch, dass ich kein Hebräisch sprach. Und als ich endlich Hebräisch sprechen konnte, hatte ich längst etwas anderes kennen gelernt und dem Feminismus abgeschworen. In Jerusalem wohnte ich in der Nähe von Mea Schearim, einem jüdisch-orthodoxen Stadtbezirk. Am Freitagabend werden dort die Straßen durch Eisenbarrieren abgesperrt, und es können keine Autos mehr in das Viertel hinein- oder herausfahren. Kurz vor Sonnenuntergang ertönt eine Sirene und gibt kund, dass der Schabbat beginnt. Festlich gekleidete Menschen gehen in die Synagogen. In den ebenerdigen Fensterscheiben spiegelt sich der Lichtsein der flackernden Kerzen wieder, die die Hausfrauen in ihren silbernen Schabbatleuchtern angezündet haben, und aus den Küchen durftet gekochter Fisch und Tscholent.

Ich beobachtete damals Familien, die um den gedeckten Tisch saßen und Schabbatlieder sangen, Väter, die Wein und Brot segneten, Mütter, die die vollen Schüsseln auftrugen. Die Beobachtungen weckten in mir den Wunsch, den Schabbat zu feiern. Und so beschloss ich, am Freitag eine festliche Mahlzeit für meine Kinder vorzubereiten, die Wohnung zu putzen und am Abend Kerzen anzuzünden. Weil ich aber am Freitagvormittag in meinem Büro arbeitete und erst am Nachmittag mit den Schabbatvorbereitungen begann, wurde ich nicht zu Schabbatbeginn bei Sonnenuntergang, sondern erst in der dunklen Nacht fertig. Erschöpft vom Putzen und Kochen setzte ich mich an den Tisch, um mit meiner Familie das Schabbatmahl zu feiern. Was ich mir so feierlich vorgestellt hatte, artete in zusätzliche Arbeit aus und war mit Stress und Nervosität verbunden. Da begriff ich, dass ich mich zwischen meiner beruflichen Arbeit und dem Schabbat entscheiden musste. Entweder würde ich mein Büro am Freitag schließen, oder ich verzichtete auf den Schabbat. Ich entschied mich für den Schabbat.

Heute gehe ich bereits am Donnerstagabend auf den Markt Machane Jehuda und tätige meine Einkäufe für den Schabbat. Das schönste Obst und Gemüse, den frischesten Fisch und das beste Fleisch kaufe ich zu Ehren des Schabbats. In mir wohnt die anerzogene Eigenschaft, an den Ausgaben für Essen zu sparen, aber wenn ich zu Ehren des Schabbats einkaufe, dann kann ich mit Freude die teuersten Lebensmittel erstehen. Am Donnerstagabend backe ich den Kuchen und leite die Vorbereitung für den Schabbat ein. Der Freitag wird Rüsttag genannt. Nicht nur die Wohnung und der Tisch werden für den Feiertag gerüstet, sondern auch die Seele wird auf den Schabbat eingestimmt. Der Freitag dient ausschließlich der Herstellung der Schabbatmahlzeiten, und während ich Gemüse putze oder den Fisch säubere, höre ich im Radio die Schabbatlieder. Die Melodien stimmen mich auf den heiligen Tag ein.

Ich entdeckte, dass Kochen eine schöpferische und beruhigende Tätigkeit ist, wenn sie nicht mit Zeitdruck verbunden ist. Die fertigen Gerichte werden auf eine Warmhalteplatte, die Schabbatplatte, gestellt, und am Nachmittag bin ich mit den Vorbereitungen fertig. Das Essen ist gekocht, der Tisch gedeckt und der Schabbatleuchter mit seinen Kerzen aufgestellt. Nun dusche ich und ziehe mir ein Schabbatkleid an. Die Kleidung, die nur dem Schabbat vorbehalten ist, ruft in mir eine feiertägliche Stimmung hervor. Kurz bevor die Sonne untergeht, ertönt eine Sirene, die den Beginn des Schabbats ankündigt. Dann zünde ich die Kerzen an und heiße mit einem Segensspruch den Schabbat in meinem Hause willkommen.

Das Radio ist ausgeschaltet, es ist still, nur die Kerzen flackern. Die Sonne versinkt wie ein roter Feuerball hinter den judäischen Bergen, und die Schabbatruhe zieht in mir ein. Meine erwachsenen Kinder, Verwandte und Bekannte kommen eine Stunde später. Alle sind festlich gekleidet. Wir sitzen um den Tisch und beginnen mit dem Lied: »Friede sei mit euch ihr Engel des Friedens.« Die Kerzen, die Lieder und die Segenssprüche geben dem Abend einen feierlichen Charakter. Der Freitagabend ist im wahrsten Sinne des Wortes der »Heilige Abend« der Woche. Nach dem Ritual hilft mir meine Tochter, die Salate, den Fisch, die Suppe und das Fleisch aufzutragen. Um den Schabbattisch wird gesungen, gesprochen und gelacht. Zum Abschluss servieren wir den Kuchen und Tee. Die Mahlzeit endet mit dem Tischgebet, das der Psalm 126 einleitet: »Wenn der Herr die Gefangenen Zions erlösen wird, dann werden wir wie Träumende sein. Unser Mund wird sich mit Lachen füllen.« Ich blicke in die Runde, sehe die rosigen, satten Gesichter und danke jedes Mal dem Schöpfer, dass es Menschen gibt, für die ich den Schabbat vorbereiten darf.

Allmählich begann ich, den Sinn der Schabbatregeln, die mir zunächst nicht einleuchteten, zu begreifen. Telefonieren ist am Schabbat nicht erlaubt. Zuerst konnte ich mir nicht vorstellen, am Schabbat nicht ans Telefon zu gehen. Es könnte ja ein wichtiger Anruf kommen oder etwas passiert sein. Aber das Telefon läßt keine Feiertagsatmosphäre aufkommen. Lieder und Gebete würzen die Schabbatmahlzeit, und sobald das Telefon klingelt, wird die Stimmung zerrissen, und die Feiertagsatmosphäre zerplatzt wie eine Seifenblase. Ich lernte, an diesem Tag auf Fernsehen und Radio zu verzichten. Außerdem fahre ich am Schabbat kein Auto.

Inzwischen habe ich mich einer Gemeinde angeschlossen, und jeden Schabbatmorgen gehe ich zum Gottesdienst. Bevor ich die Wohnung verlasse, stelle ich die vorgekochten Speisen auf die Schabbatplatte, und während ich in der Synagoge der Thoravorlesung folge, wird das Essen warm. Auch die zweite Schabbatmahlzeit ist in einem Ritual eingebunden, und am Abend endet der Schabbat mit einer feierlichen Verabschiedung, der Hawdalah-Zeremonie. Der Schabbat ist für mich der Mittelpunkt der Woche. Im Laufe der Jahre hat er sich von einem Tag der Ruhe zu einem heiligen Tag gewandelt. Schabbat ist das große Geschenk, das mir Jerusalem gemacht hat.

Meine Erfahrungen mit dem Schabbat und die Beobachtungen an diesem heiligen Tag habe ich in meinem Buch »Schabbat – Das Judentum für Nichtjuden verständlich gemacht« festgehalten. Als ich in Jerusalem an diesem Buch arbeitete, fragte ich mich zunächst: »Für wen schreibst du ein Buch über den Schabbat?« Meine Bücher werden von einem deutschsprachigen Publikum gelesen, und ich konnte mir nicht vorstellen, dass sich in Deutschland jemand für den Schabbat interessiert. Aber ich hatte in Jerusalem eine so simple und doch faszinierende Beobachtung gemacht: »Die Stadtviertel Jerusalems, in denen vorwiegend religiöse Juden leben, werden am Schabbat für den Straßenverkehr gesperrt. Es gibt kein staatliches Gesetz, das das Autofahren am Schabbat verbietet, kein Polizist stellt Strafzettel aus, und die säkularisierte Bevölkerung in Israel benutzt ihr Auto am Schabbat wie an allen Tagen, aber die Gläubigen lassen das Auto an einem Tag in der Woche unberührt stehen.« Allein diese Beobachtung schien es mir wert, Gedanken über den Schabbat zu publizieren. Ich arbeitete lange an diesem Stoff, auch auf die Gefahr hin, dass das Buch nicht verlegt und nicht gelesen werden würde. Umso erstaunter war ich über das große Interesse, das diese Schrift hervorrief. Das Buch erschien in mehreren Auflagen, und ich wurde zu vielen Lesungen eingeladen.

In Moers spreche ich in der evangelischen Stadtkirche und berichte vom Schabbat: »Die Thora beginnt mit dem Tohuwabohu. In das Durcheinander bringt Gott Ordnung. Die Woche entsteht. Auf sechs Tage des Tuns folgt ein Tag des Ruhens, auf sechs Tage der Arbeit ein Tag der Heiligkeit. In Jerusalem habe ich diese Ordnung für mein Leben gefunden.«

»Hat die Thora Ihr Leben verändert?«, fragt mich ein Mann aus dem Publikum.

»Ja. Sie hat einen Rhythmus in mein Leben gebracht und mich mit einer alten und bewährten Tradition verbunden.«

»Können Christen am Schabbat teilhaben?«, lautet eine andere Frage.

»Genauso wie ich den Schabbat feiere, haben Jesus, die Apostel und Paulus den Schabbat gefeiert. Zu Jesu Zeiten war der Schabbat schon fest in der Tradition des Volkes Israel verankert.«

Anstelle des Schabbats hat das Christentum im Laufe seiner Geschichte den Sonntag gesetzt. Um seinen sakralen Charakter zu unterstreichen, ist auch er in Riten eingebettet. Dazu gehören der Kirchgang, das Sonntagsessen und das Sonntagskleid. Aber wirtschaftliche Interessen haben seine Eigenheit verändert. Verkaufsoffene Sonntage setzen sich durch, Messen und Fachmärkte locken die Kunden am Sonntag in ihre Räume, und eine ungehemmte Vergnügungskultur hat sich dieses Tages bemächtigt. Er wurde zu einem freien Tag, an dem viele Menschen die Arbeiten nachholen, zu denen sie während der Woche nicht kommen. »Um den Schabbat beneide ich Sie«, sagt mir eine Zuhörerin nach der Veranstaltung. »Ich lasse am Sonntag meine Waschmaschine laufen und putze die Wohnung, denn ich bin berufstätig und habe während der Woche für Hausarbeiten keine Zeit.« Manchmal erzählen mir ältere Leute, wie der Sonntag in ihrer Kindheit ausgesehen hat. Aus ihren Worten spüre ich die Sehnsucht nach einem verlorenen Gut. Die Jugendlichen hingegen vermissen die Heiligkeit des Sonntags nicht, denn sie haben einen heiligen Tag in der Woche nie erlebt.

Der Friedrich-Bödecker-Kreis Saarland hat mich zu einer Veranstaltungsreihe in saarländischen Schulen eingeladen. Ich fahre nach Saarbrücken und St. Wendel, nach Überherrn und Neunkirchen und referiere zum Thema: Schabbat – Sonntag – Ruhetag. Mit den Schülern unterhalte ich mich über den Sonntag, und sie erzählen mir, wie sie diesen Tag gestalten. Sie schlafen länger, treffen Freunde, treiben Sport oder gehen aus.

»Wer von euch besitzt Sonntagskleidung?«, frage ich.

Erstaunt sehen sie mich an. Nicht ein einziger Schüler meldet sich. Auf Kleidung legen sie viel Wert, sie wissen genau, was modern und »in« ist. Aber dass man durch ein Kleid dem Sonntag eine feiertägliche Note geben kann, lernen die Kinder nicht mehr. Weder die Schule noch das Elternhaus vermitteln ihnen jene Riten, mit denen man etwas von der göttlichen Heiligkeit einfangen kann.

Diese Heiligkeit, die ich an jedem Schabbat in Jerusalem spüre, verliere ich in Deutschland zunehmend. Während der Lesereise merke ich, wie mir der Schabbat durch die Finger rinnt. Er wird wie Wasser, das ich mit der hohlen Hand festzuhalten versuche. Es gelingt mir nicht. Zu groß ist die Verführung und zu stark sind andere Kräfte, die in Deutschland auf mich einwirken. An einem Freitag machte ich in Frankfurt Station und besuchte meine Freundin Susanne. Am Sonntag musste ich weiterreisen, aber den Schabbat konnte ich in Ruhe bei ihr genießen. Bei Susanne entdeckte ich zufällig einen Werbeprospekt vom Großmarkt Fegro und blätterte in der bunten Reklameschrift. Eigentlich benötigte ich gar nichts, und mehr aus Langeweile als aus Neugierde sah ich mir die farbigen Bilder an. In dem Katalog wurden Laptops zu Sonderpreisen angeboten. In den ICE-Zügen habe ich oft Reisende beobachtet, die während der Fahrt ihren Rechner benutzen, und es kam mir in den Sinn, einen tragbaren Computer zu kaufen. Alle Vorteile lagen plötzlich auf der Hand. Während der langen Zugfahrten könnte ich meine Reiseeindrücke niederschreiben oder wichtige E-Mails beantworten. Mein Interesse war geweckt, und ich verglich die diversen Modelle, die im Prospekt abgebildet waren.

»Susanne, könntest du so einen Laptop für mich besorgen?«

»Natürlich. Ich kann ihn telefonisch bestellen und für dich abholen. Nächste Woche will ich ohnehin zu Fegro fahren.«

Ich entschloss mich kurzerhand, einen Rechner zu kaufen. In zwei Wochen sollte ich wieder in Frankfurt übernachten, bis dahin würde Susanne den Laptop für mich besorgt haben. So war der Plan, die Ausführung war ganz anders.

Vierzehn Tage später erreichte ich am Freitagabend die Mainmetropole. Voller Vorfreude fuhr ich zu Susanne. Sie hatte den Laptop bestellt, er lag bei Fegro zum Abholen bereit, aber meine Freundin hatte sich eine üble Grippe zugezogen und hütete mit Fieber und Kopfschmerzen das Bett. »Es tut mir so leid, aber ich konnte den Computer nicht abholen«, sagte sie mir. Was sollte ich nun tun? Am Sonntag musste ich Frankfurt wieder verlassen. Die einzige Möglichkeit, an das Gerät zu kommen, war am nächsten Tag, am Schabbat. Unversehens befand ich mich in dem Konflikt, dem wir Menschen seit biblischen Zeiten ausgesetzt sind. Gottes Gebot, den Schabbat zu heiligen, stand dem Goldenen Kalb gegenüber, das mir sofort alle Argumente lieferte, warum ich den Laptop am Schabbat abholen musste: »Der Rechner ist bestellt. Er liegt abholbereit im Großmarkt. Du brauchst ihn unbedingt für deine Arbeit. Fegro hat ohnehin am Samstag offen, ob du nun hinfährst oder nicht. Einmal ist keinmal. Mach dich nicht lächerlich mit deinem Schabbat.«

Das Goldene Kalb argumentierte logisch, rational, vernünftig. Andererseits wusste ich, dass ich den Schabbat zerstören werde. Das Gefühl der Heiligkeit, das ich an diesem Tag für mich zu bewahren versuche, wird sich verflüchtigen. Hin und her tobten die Argumente in meiner Seele. Das Goldene Kalb siegte. Am nächsten Tag fuhr ich zu Fegro und kaufte den Computer. Und weil ich nun schon dabei war, zu kaufen, kaufte ich auch gleich einen Rucksack, mit dem ich den Laptop bequem auf den Rücken schnallen konnte, und einen Koffer, der sich leicht rollen ließ, und auf dem Weg zur Kasse auch noch halbleinene Geschirrhandtücher, die im Sonderangebot auslagen. Den Schabbat gab es an diesem Samstag für mich nicht. Es gab den Kaufrausch und die Arbeit, die mich mit allen möglichen Rechtfertigungen geknechtet und in ihren Bann gezogen hatten.

Jerusalem, wie sehr brauche ich dich, damit ich zum Schabbat und zu mir finde. Ich habe nicht die Kraft, gegen eine Gesellschaft, in der Kaufen und Konsumieren zum Sinn des Lebens geworden ist, anzurennen. Ich habe nicht die Kraft, alleine Gottes Gebote zu befolgen. Um den Schabbat zu hüten, brauche ich meine Familie und meine Gemeinde. Wo ich sie nicht habe, werde ich zum Diener des Goldenen Kalbes und verliere meine Mitte.

Chaim Noll

Klarer Himmel über Jerusalem

Über Land und Stadt wäre viel zu sagen. Biblische, nie vergessene Orte, um die tausend Sehnsüchte und Legenden kreisen, uralte und sehr neue. Lange lag die Stadt Jerusalem still als Festung in der Wüste. Eine Mauer führt auch heute rundum, eine Mauer aus dem hier üblichen hellen Stein. Er wird in nahen Steinbrüchen gewonnen und hat die Farbe der hiesigen Erde, daher besteht zwischen Mauer, Türmen, Häusern und dem umliegenden Land eine tiefe Harmonie.

Die Harmonie stimmt mich ein, versetzt mich in Trance, macht mich glauben, ich hätte einen Ort des Friedens, der Ruhe erreicht. Die Geräuschkulisse ist gedämpft, eindeutig friedlich, sprichwörtlich friedlich: das Rumoren der Händler im arabischen, helle Kinderstimmen im jüdischen, Stille im armenischen Viertel. Auch die Touristen lärmen nicht, scheinen zu verstummen vor so viel Geschichte. Mönche, Rabbiner und Priester eilen wortlos durch die engen Gassen. Wer den Sonnenuntergang vom steinernen Wall aus erlebt, das jähe Grau und Kaltwerden der leuchtenden Mauern, die violetten Schatten im Tal Kedron, glaubt, nicht mehr ganz auf dieser Welt zu sein.

Auch darüber wäre viel zu sagen: über die nicht irdische Ausstrahlung dieser Stadt. Die Luft ist bevölkert, die Stille beredt. Stimmen schwingen mittags im Geflimmer. Unterhalb des Jaffatores beginnt das Tal Gehinom, nach jüdischer Überlieferung das Schattenreich. Wer ist der uralte Mann, der jeden Tag am Tor des armenischen Klosters sitzt und mich ansieht, als erkenne er mich, als wüsste er mehr über mich als ich selbst? Viele Gesichter sind seltsam vertraut. Hier ist alles möglich. Würde ich mich wundern, am hellen Mittag, im Gewimmel des Marktes, meiner verstorbenen Großmutter zu begegnen?

Der Ort hat nicht nur seine Besucher bezaubert, immer auch seine Bewohner. Jerusalemer sein: Das gibt tiefe innere Ruhe bei äußerer Geschäftigkeit, sogar äußerer Gefährlichkeit des Lebens. Man ist irgendwo angekommen, wo es – zumindest in dieser Welt – nicht mehr weitergeht. Der Ort war schon alt, ehe er in der Bibel zum ersten Mal erwähnt wurde. König David eroberte ihn um das Jahr tausend vor Christus von den Jebusitern und machte ihn zu seiner Hauptstadt. Sein Sohn Salomon errichtete den ersten Tempel. Von da an war die Stadt – mit kurzer Unterbrechung durch babylonische Fremdherrschaft – etwa ein Jahrtausend in jüdischer Hand. Der römische Kaiser Titus zerstörte sie im ersten christlichen Jahrhundert, Konstantin machte sie im vierten zu einer christlichen Kolonie. Dann, Mitte des siebten Jahrhunderts, fiel sie an die Araber. Die Kreuzritter hielten sich einige Zeit, nachdem sie unter großen Mühen, über Meere, Gebirge und zuletzt durch die Wüste, hierher gezogen waren. Auf ihrem Weg in die frühere jüdische Hauptstadt töteten sie alle Juden, denen sie begegneten. War ihr Vorhaben deshalb nicht gesegnet? Der italienische Dichter Tasso hat beschrieben, wie sie in die Knie gingen und weinten, als sie der Mauern ansichtig wurden, Männer in Eisen und Waffen. Jerusalem lag in der ersten Morgensonne. Auch mich hat das einzigartige frühe Licht über Jerusalem tief gerührt, sein seltsam goldenes, eine unendliche Kuppel bildendes Blau.

Jerusalem ist wieder Politikum, heute als Hauptstadt des neuen jüdischen Staates. Der Staat an sich ist ein Wunder, Symbol für die Wiederauferstehung des Judentums aus Verfolgung, Demütigung und Massenvernichtung. Wenige Jahre nach Auschwitz hat dieses Volk Kriege geführt und gewonnen. Der Vorgang ist beispiellos, die politische Welt will es nicht glauben, nicht über sich bringen, Jerusalem Hauptstadt zu nennen. Der Staat ist anerkannt, aber nicht von allen Seiten, und selbst von denen, die ihn anerkennen, tun es nicht alle gern. Durch die Stadt patrouillieren Soldaten in einer meergrünen Uniform, behängt mit viel Technik. Jüdische Soldaten, Soldaten einer jüdischen Armee. Seit dem Jahre 70, seit mehr als zweitausend Jahren, seit der Eroberung der Stadt durch die Römer, hat es keine mehr gegeben. Diese Armee hat etwas Rührendes, nicht nur in den Augen eines Juden. Es sind sehr junge Soldaten, viele Mädchen darunter, auf den ersten Blick halbe Kinder. Sie exerzieren nicht besonders gut, wie ich bei der Zeremonie zum *Yom ha Sikaron*, dem »Tag der Erinnerung«, sah. Manchmal scheint das Schuhwerk etwas willkürlich, statt des vorgeschriebenen Baretts wird oft die Kipa getragen, die traditionelle jüdische Kopfbedeckung. Der eine oder andere geht zur Klagemauer, in voller Uniform, mit allen Waffen, und betet dort. Es ist die siegreichste Armee der Region.

Über der Armee liegt ein Geheimnis wie über dem ganzen Land. Die Siege sind legendär und wurden wie zur Zeit des Hasmonäeraufstands vor 2200 Jahren gegen eine erdrückende Übermacht erfochten. Das Ländchen ist eine Handbreit Boden, Hügel, Berge, mit einem etwas größeren Anhang aus Wüstensand im Süden, zwischen Mittelmeer, Totem Meer und Rotem Meer. Auf einem Aussichtspunkt nahe dem Ölberg hatte ich das Gefühl, es auf einen Blick übersehen zu können. Bei günstigem Wetter, heißt es, könne man von hier bis zum Toten Meer blicken, quer über das Land Judäa. Auch auf dem Aussichtspunkt Bewaffnete: ein Lehrer mit Maschinenpistole, der seine Schulklasse begleitete. Dabei hat die Stimmung im Land nichts wirklich Kriegerisches, die überall sichtbaren Waffen scheint niemand mehr wahrzunehmen. Was ist das Geheimnis? Ich habe verschiedene Einwohner Jerusalems gefragt.

Der erste war ein dicker irakischer Jude, den ich für einen Araber hielt. Er sprach mich am Zionstor an, ich war auf der Hut. Seine Frage »Are you Jewish?« beantwortete ich mit einer vagen Geste. Er für sich hatte sie bereits entschieden, sie war nur noch als einleitende Floskel gemeint. Er bot mir seine Dienste an. Ob ich die vier sephardischen Synagogen schon von innen gesehen hätte, in einer Jeshivah gewesen wäre, ob ich irgendwo in Ruhe beten wolle? Nennen wir ihn Rony. Rony lebt von solchen Diensten. In den dämmerigen Synagogen, durch die er mich führte, saß jedes Mal ein ehrwürdiger Alter mit Prophetenbart, der über die

Schwierigkeiten seiner Gemeinde klagte. Ein Lernhaus müsse eingerichtet, das Dach repariert werden, man sammle für eine neue Thorarolle. »Give him twenty!«, sagte Rony kurz und knapp. In einer der Synagogen betete er das Achtzehn-Segen-Gebet. Ich gestehe, dass mich erst dieser Anblick sicher werden ließ, dass ich in Rony einen Juden vor mir hatte. Die Unsicherheit war eine erstaunliche Erfahrung: Es gibt Juden, die mir auf den ersten Blick fremd scheinen, es gibt innerhalb unseres Volkes nicht nur Nähe. Dieses zahlenmäßig kleine Volk ist viel größer als gedacht.

Rony hatte Geldforderungen, aber er zeigte mir Orte, die nicht jeder zu Gesicht bekommt. Die Leute vom Goethe-Institut in Jerusalem waren noch nie dort, obwohl sie sich seit Jahren in der Stadt aufhalten. Auch er war Soldat, wie er zwischendurch erzählte, wie jeder hier musste er einmal im Jahr zum Reservedienst. Die rundliche Gestalt in Jeans und Hemd war überall bekannt, hatte überall etwas zu bereden, zu flüstern, nur die Araber mochte er nicht, obwohl er ihnen in meinen Augen so ähnlich war. An Bagdad, seine Geburtstadt, hatte er keine Erinnerungen, seine Eltern waren nach Jerusalem gekommen, als er knapp drei Jahre zählte. Mir war nicht bekannt, dass es noch Juden in Bagdad gibt, ich hatte nie darüber nachgedacht. Es gibt auch tunesische, marokkanische, libysche, persische, georgische, aserbaidschanische, sogar kurdische Juden. Auch die Schwarzen in der meergrünen Uniform sind Juden: abessinische. Was haben diese Afrikaner mit den deutschen Emigranten gemeinsam, mit den ehemaligen Bürgern von Wien und Berlin, was mit den russischen Einwanderern, die gestern noch in Sibirien lebten, mit den Amerikanern aus Florida und Kalifornien? Kaum etwas, denke ich, außer: dass sie Juden sind.

Und doch leben sie in dieser Stadt zusammen, als sei es so gemeint. Wie ist dieses Miteinander möglich? Gewiss: Das jüdische Volk war zweitausend Jahre lang in der Diaspora verstreut, alle diese einander Fremden sind Juden, haben eine gemeinsame Wurzel, und diese Wurzel ist das biblische Land. Allerdings ist es eine etwas entfernte Gemeinsamkeit, lange war man anderswo und fern von hier, und ob man sich »zwischendurch«, also einige Jahrhunderte lang, in Tunis aufhielt oder in Nowosibirsk, in Indien oder Irland, muss Einfluss auf den heutigen Zustand genommen haben. Welche Gemeinsamkeiten können das ausgleichen?

Die erste Gemeinsamkeit ist das uralte Erlebnis, wo immer man lebte, eine Minderheit zu sein. Diese Erfahrung ist einer der Gründe für den Zusammenhalt des jüdischen Volkes. Die Kleinheit des Volkes wurde nicht als Schwäche, sondern als Herausforderung empfunden. Schon im fünften Buch Mose heißt es: »Nicht deshalb, weil ihr zahlreicher seid als alle Völker, hat euch der Ewige erwählt, denn ihr seid das kleinste unter den Völkern.« Die alten Gesetze gebieten innere Solidarität in einem Ausmaß, das anderen antiken Völkern unvorstellbar war. Juden durften einander nicht versklaven, Fronarbeit konnte höchstens sieben Jahre dauern, danach musste der Fronarbeiter – gleichgültig, ob die Schuld abgetragen war oder nicht – in Freiheit entlassen werden. Geriet ein Hebräer in fremde Knechtschaft, war seinen Landsleuten geboten, ihn freizukaufen. Die Frauen wurden wie Menschen behandelt: Viele Jahrhunderte vor dem hoch gepriesenen römischen Eherecht kannte dieses Volk die weitestgehenden Regulierungen zu ihrer Sicherheit. So überlebten die Juden Zeiten von Fremdherrschaft und Vertreibung, in denen andere antike Völker untergingen. Die Vertreibung aus dem eigenen Land, nach dem Fall des Tempels im Jahre 70, verstärkte den Zusammenhalt. Die Verachtung aller Welt gegenüber einem Volk ohne Land, ohne Boden, in Zeiten, da nur der Boden zählte, galt den Juden überall, nicht immer gleich stark, vielleicht überall etwas anders, aber die Drohung lag immerzu in der Luft.

Das ist alteingesessener jüdischer Erfahrungsschatz, findet aber im heutigen Israel keine Fortsetzung. Hier sind die Juden nicht Minderheit, sondern Mehrheit. Für das Gefühl der Bedrohung sorgen äußere Feinde, die Raketenangriffe von Saddam Hussein liegen noch nicht lange zurück, die Granaten von Hizbullah im Norden, Hamas im Süden sind bis heute alltäglich. Nachts wache ich auf und höre Schüsse, Salven von Maschinenpistolen. Sie verstummen wieder, irgendwo heulen Sirenen, die Stadt scheint währenddessen zu schlafen. Doch selbst wenn das Gefühl der Bedrohung dominieren würde, könnte es die Bevölkerung Israels auf Dauer nicht einen. Es ist ein negatives Gefühl: Etwas Negatives kann Menschen kurzfristig zusammenbringen, doch nicht dauerhaft zusammenhalten.

Die zweite Gemeinsamkeit sind die jüdischen Bräuche und religiösen Überlieferungen, treu bewahrt durch zwei Jahrtausende. Sie unterscheiden sich erheblich in Grad und Art der Ausprägung. Selbst innerhalb der Orthodoxie gibt es unzählige Variationen. Es gibt israelische Juden, die überhaupt nicht religiös sind. Manche halten die Feiertage, beachten die Speisegesetze, würden sich eher in Schulden stürzen, als an der Bar-Mizvah-Feier ihres Sohnes zu sparen, und berichten schulterzuckend, nicht an Gott zu glauben. Andere erklären zu glauben, aber auf keinen Fall so wie die anderen. Ein ausgeprägter Individualismus – Zeichen der Freiheit im eigenen Land – verhindert jede Totalität in Glaubensfragen.

Zur Klärung der uralten Frage, wer Jude sei, hat man sich – der rabbinischen Auslegung folgend – auf die mütterliche Herkunft festgelegt, wodurch wiederum Probleme entstehen. So können zehntausende russische Einwanderer keine mütterliche Linie nachweisen, sind aber eingewandert auf Grund des Rückkehrergesetzes, das auch Kindern jüdischer Väter, sogar Enkeln jüdischer Großeltern die Einwanderung erlaubt. Sie leben hier als israelische Staatsbürger, mit jüdischen Namen, jüdischem Ego – oft als befreiende Identität empfunden nach langer Unterdrückung in verlorenen Winkeln der früheren Sowjetunion –, aber das Rabbinat erkennt sie nicht als Juden an. Aus all diesen Schwierigkeiten ist eine neue Identität entstanden: Israeli. Auch viele hier Geborene, die nicht religiös sein wollen, verstehen sich eher als Israelis denn als Juden im historischen Sinn.

Dies wäre die dritte Gemeinsamkeit: die Staatsbürgerschaft. Sie ist hier mehr als das Innehaben von Pass, gesetzlichen Rechten und Rentenansprüchen. Sie ist Identität, Selbstverständnis, Lebensgefühl. Was bedeutet es dem Einzelnen, Bürger dieses Landes zu sein? Von Rony erfuhr ich darüber nicht viel, er war mit seinen eigenen Problemen beschäftigt. Seine Freundin ist russische Jüdin, die Familien widersetzen sich einer Heirat. Eine ähnliche Geschichte las ich später in einer englischsprachigen Zeitung: Ein abessinischer Mann und eine Moskauerin konnten nicht heiraten, weil sein Clan dagegen war. Das Land ist so klein wie kompliziert. Schwierig ist auch die Sprache, zumal für Europäer: eine uralte, antike Sprache. Ihre Metaphern sind biblisch, literarisch, vorlateinisch, aus Zeiten, als Nordeuropa noch Wald und Sumpfland war, bewohnt von Analphabeten. Eine Sprache mit anderer innerer Logik, anderer Vernunft. Wer sie einmal erlernt hat – soweit wenigstens, dass er versteht, was man ihm sagt, und selbst ein paar Sätze sprechen kann –, fühlt sich eingeweiht in sehr alte Geheimnisse, vermag die ältesten Bücher zu lesen, sogar die uralten pergamentenen Schriftrollen, die am Toten Meer gefunden wurden, etwa die Jesaja-Rolle, heute ausgestellt im Israel-Museum in Jerusalem. Im Nehmen dieser Hürde, im Lernen und Lebendighalten dieser historischen Sprache liegt eine weitere Gemeinsamkeit, vielleicht eine der tiefsten, die es gibt.

Die Widersprüche Israels sind dramatisch, aber offensichtlich, daher wirken sie insgesamt hoffnungsvoll. Die Wahrheit zu unterdrücken, etwas zu »verdrängen«, war niemals jüdische Gewohnheit. Eher herrscht ein gewisser Eifer, alle Schwierigkeiten und Disharmonien öffentlich zu bekennen. Schon deshalb, weil sie symbolisch sind. Das Symbolische zeigt sich im Straßenbild dieses seltsamen Landes. Wo sonst findet man solche Verschiedenheit der Lebensformen auf kleinstem Raum? Ich war im orthodoxen Viertel Mea Sharim unter Kaftanträgern, Knaben mit Schläfenlocken, bärtigen Männern und Frauen mit Hauben, in einem täuschend nachgeahmten Straßenbild der letzten Jahrhundertwende. Ein betuliches Bild, in das plötzlich drei Düsenjäger der israelischen Luftwaffe im Tiefflug einbrachen. Niemand erschrak oder schien beunruhigt, ein paar Schatten, betäubender Lärm, kurzes Aufblicken hier und da, mit einer gewissen Zufriedenheit. Wenn man will, eine Disharmonie, drei Hightech-Kampfflieger über dem Shtetl, aber zugleich ein Bild unerschöpflicher Vielseitigkeit. Das

Straßenbild erholte sich rasch von der Störung, fand zurück ins vorletzte Jahrhundert und war so gewollt antiquiert wie zuvor.

Meinen ersten Vortrag in Jerusalem hielt ich in englischer Sprache, doch ich hätte ihn ebenso gut in Deutsch halten können: Im Publikum fast nur *Jekkes*, Juden aus dem deutschen Sprachraum. Die Blütezeit der deutschen Literatur unseres Jahrhunderts wurde bewahrt wie etwas Lebendiges. Dieses Publikum verstand jede Anspielung, ich konnte über Kafka, Thomas Mann oder Karl Kraus sprechen, als lebten sie, mehr noch, ich konnte ihre Sprache sprechen. Es ist ein Publikum, das es in Deutschland nicht mehr gibt, das ich dort schmerzlich vermisse. Das Kaiser-Friedrich-Museum in Berlin, eines der Symbole offizieller deutscher Kultur, wurde von jüdischen Mäzenen eingerichtet und bezahlt, eines von vielen Beispielen. Das Museum fiel den Bomben zum Opfer, die jüdischen Großbürger vom Berliner Tiergarten sind nur noch Legende. Abends erzählte ein bekannter Kunsthändler einen Witz: Kennen Sie den Unterschied zwischen einem Optimisten und einem Pessimisten? Der Pessimist wurde Millionär in New York, der Optimist endete in Auschwitz im Gas.

Nach dem Vortrag spricht mich der Dirigent Eli Freud an, in einem lupenreinen, altertümlichen Hochdeutsch mit Wiener Färbung. Sein Alter ist schwer zu schätzen, alte Menschen in Israel sehen oft blühend aus. Er muss Mitte Achtzig sein; Jahreszahlen, die er nennt, lassen nur dieses Alter zu. Seit 1939 in Israel. Sohn eines Aktivisten der zionistischen Bewegung, eines Freundes von Theodor Herzl. Anekdoten von zionistischen Kongressen um die Jahrhundertwende, Namen wie Shabotinski, Sir Moses Montefiore. Der erste israelische Präsident Chaim Weizman war damals der Anführer der jugendlichen Opposition. Freud fährt mich in seinem Auto durch das Land rund um Jerusalem. An seiner Seite verwandeln sich die Hügel, Abhänge, sandigen Wege, das Geröll, die Anpflanzungen und neuen Wälder in Kulissen von endlosen Geschichten. Hier ist nichts, worüber sich nicht etwas Abenteuerliches erzählen ließe, kein Baum, kein Brunnen, kein Haus. Was wir vorfanden, war Wüste. Jeden dieser Ölbaume, jede Pinie, Zypresse haben wir eigenhändig gepflanzt. Es sind die Geschichten eines alten Siedlers, eigentlich Wildwestgeschichten. Sie klingen seltsam im gepflegten Wienerisch der Jahrhundertwende, in einem Deutsch, das nach Salon, Kammermusik, vertuschten Affären klingt, nach einer sicheren, alten Kultur, schon ein wenig entkräftet und matt. In dieser Sprache wird mir von Schüssen aus dem Hinterhalt, Lagerfeuern und Landgewinnung erzählt – und dazwischen wieder von Kammerkonzerten, Partituren, Kantaten. Eli Freud ist Präsident der Israelischen Bach-Gesellschaft. Auf einem Hügel erkennt ihn eine Frau und spricht ihn an, eine Lehrerin, die gemeinsam mit einem Bewaffneten über ihre Schulklasse wacht.

Dieses Land, in dem überwiegend Juden leben, ist mir in vielem rätselhaft. Ich gehe abends erschöpft schlafen wie nach einer Schwerarbeit, ohne wirklich verstanden zu haben, was ich sah. Von jüdischer Lebensart, jüdischem Wesen, jüdischem Geist hatte ich meine Begriffe. Mein Bild vom Judesein war geprägt von Verfolgung, Weisheit in der Verfolgung, Philosophie des Überlebens, Anpassung trotz Andersseins. Jetzt bin ich gehalten, das damit Unvereinbare zu akzeptieren: jüdische Soldaten, jüdische Raketen, ein staatsbezogenes Nationalgefühl, Wehrkunde, patriotische Erziehung, ein positives Bekenntnis zum Land, zur Armee. Vieles ist schmerzhaft fremd. Die Art, in der auch kritische Intellektuelle das Wort »Israel« aussprechen, hat etwas zutiefst Liebevolles, um das sie vielleicht gar nicht wissen. Mir war die Verknüpfung von »intellektuell« und »kritisch« so selbstverständlich, dass ich über so viel Staatstreue nur staunen kann. Mein Pazifismus ist in Deutschland gewachsen, ich bin stolz darauf, nie eine Uniform getragen, nie eine Waffe abgefeuert zu haben. Anders zu sein als die Menschen um mich herum, mit ihren Gruppeninteressen, ihrem Staatswesen nur notdürftig übereinzustimmen, ist mir zu zweiter Natur geworden.

Und nun dieses »Wir«. Wir Israelis. Auf dem Flughafen fragt mich der Sicherheitsbeamte nach meinem Vornamen: Ob er richtig verstünde, ob das der israelische Name Chaim sei? Ein jüdischer Name, sage ich, es gibt noch ein paar Juden außerhalb Israels. Meine Stimme klingt ein wenig gereizt, vielleicht, weil es fünf Uhr morgens ist, vielleicht, weil mich dieses Subsumieren alles Jüdischen auf der Welt unter das »Wir Israelis« ärgert. »You are welcome«, heißt es darauf – die landesübliche Formel, Besucher beruhigend zu verabschieden. Kann ich mir vorstellen, dieses »Wir« eines Tages selbst auszusprechen, mein Fremdsein zu den Akten zu legen, einfach »nach Hause« zu gehen? Habe ich überhaupt ein Zuhause, und falls ja, ist es dieses orientalische Land? Und selbst wenn ich die Frage theoretisch mit Ja beantworte und den schwierigen Schritt wage – würde dieses fremde Land allein dadurch mein »Zuhause«?

Auffallend ist: Es gibt nur wenige, die ich fragen könnte, wenige deutsche Juden, die in den letzten Jahrzehnten eingewandert sind. Die Schriftstellerin Lea Fleischmann ist eine dieser Wenigen. Sie war deutsche Studienrätin mit Beamtenstatus und Pensionsansprüchen, nun ist sie Israelin. Ich kann über diesen langen Weg nichts berichten, was nicht in ihren Büchern steht. Sie wohnt am Herzl-Boulevard in einem der üblichen Häuser aus dem hellen Sandstein, schreibt ihre Bücher, die Tochter geht zur Schule, der Sohn ist bei der Armee. Ist es nun das Zuhause? frage ich. Sie sagt schlicht: Ja. Es ist schwierig, es bleibt schwierig, es bleibt viel Fremdheit lebenslang, niemals kann man, wo man eingewandert ist, dieselbe Vertrautheit erreichen, als wäre es das Land der Geburt. Aber so geht es dem halben Land, die Hälfte der Israelis sind Einwanderer, also ist dieses Fremdsein seinerseits eine Art israelische Identität. Nein, sie spürt keinen inneren Widerstand. Dabei schreibt sie weiterhin deutsch, veröffentlicht in deutschen Verlagen, fliegt zweimal im Jahr nach Deutschland zu Lesungen. Deutsche Besucher sind alltäglich. Zum Kaffee erscheint ein junger Mann mit Kipa, der wie ein Israeli aussieht, aber Schweizer ist. Wir haben gemeinsame Freunde in der jüdischen Gemeinde Zürich, ohnehin wird deutsch gesprochen – ein Verwirrspiel. Die Namen deutscher Verleger, deutscher Autoren schwirren durch den Raum, deutscher Zeitungen, Redakteure, Rundfunksender...

Nach solchen Begegnungen brauche ich Spaziergänge, um nachzudenken. Meist laufe ich zu Fuß ins Hotel, Jerusalem ist weit auseinandergezogen, zwischen den Siedlungen liegen Parks, Anpflanzungen in der Wüste. Der Sandboden scheint überall durch. Die Bäume können nicht älter sein als vierzig Jahre, nur so hoch, so ausladend, wie vierzigjährige Bäume eben sind. Dazwischen Palmen, Agaven, Kakteen. Die Parks sind Spenden ausländischer Juden, oft jemandem gewidmet. An diesem Tag lese ich auf einem Stein: »Zur Erinnerung an Yair Landau, gefallen während der Operation ›Freiheit für Galiläa‹, 11. Juni 1982, im Alter von dreiundzwanzig Jahren.« Denn das bleibt immer im Hintergrund wie eine Begleitmusik, bei allem, was sonst geschieht. Der täglich Tod, der tägliche Verlust. Was hier lebt und wächst, ist immer gefährdet. Das Land könnte nicht bestehen, wenn es ganz auf sich gestellt wäre. Es braucht Neubelebung, einen ständigen Zustrom von außen.

Michail Jakitsch Libman ist ein alter Freund aus Moskau, wir kamen ihm näher in den letzten Jahren der Breschnew-Zeit. In seiner Moskauer Küche hörte ich zum ersten Mal offene Worte über die »Säuberungen«. Er machte mir die Dimension der Verbrechen bewusst, ich erinnere mich bis heute an seinen Satz: »Es gab keine anständige Familie, in der nicht mindestens einer verschwunden ist.« Für mich mit Anfang zwanzig war die Begegnung folgenschwer, jener halblaute Satz löste eine Welle von Zweifeln aus, später, zusammen mit anderen Erlebnissen, meine Abkehr vom Kommunismus. Wer in den siebziger Jahren in Moskau war, weiß um die Kühnheit solcher Äußerung, noch dazu gegenüber Ausländern. Das ist zwei Jahrzehnte her, Michail Jakitsch ist inzwischen dreiundsiebzig. Seit zwei Jahren lebt er in Jerusalem.

Er war ein alteingesessener Moskauer – soweit ein Jude das sein konnte. Als Wissenschaftler hoch geehrt, Autor mehrerer Bücher über die Kunst der Renaissance, Mitglied des Kuratoriums der staatlichen Kunstsammlungen. Wenn er uns durchs Puschkin-Museum führte, traf er Bekannte, Moskauer Künstler und Intellektuelle. Fast alle gehörten zur Opposition; aus diesen Kreisen kam das »neue Denken«. Michail Jakitsch war bei der Ausreise aus Russland überzeugt, in Jerusalem das stille Leben eines Rentners zu führen. Er ist den Kindern und Enkeln zuliebe emigriert, auf Druck der Familie. Er war bereit, dieses Opfer zu bringen, nicht mehr zu publizieren, nicht mehr Kurator des Museums zu sein. In Israel würde ihn kein Mensch kennen. Wer braucht einen Siebzigjährigen? Heute bedauert er nur eins: Dass er in Moskau seine Bibliothek verkauft hat. Er benötigt sie dringend, seit einem Jahr hat er einen Lehrauftrag an der Universität, ein Buch über die Kunst der Renaissance ist abgeschlossen, ein weiteres in Vorbereitung. Im Israel-Museum zeigt er einen Haus-Ausweis vor wie vordem im Puschkin-Museum. Schon in der Halle trifft er eine frühere Doktorandin. Offenbar wurde ein komplettes Biotop von einem Ort an den andern verpflanzt. Michail Jakitsch ist schon wieder mit dem ganzen Haus vertraut, die Schriftrollen vom Toten Meer sind ihm geläufig wie damals die Bilder von Levitan und Wrubel.

Die Geschichte von Michail Jakitsch enthält ein Gleichnis, das aus der Bibel, aus den Geschichtensammlungen aller Völker bekannt ist: das Gleichnis vom Wagnis. Jemand setzt andern zuliebe alles aufs Spiel, scheint zu verlieren und gewinnt am Ende mehr, als er hatte. Die Familie ist in Sicherheit, die Enkel werden russischen Antisemitismus gar nicht mehr kennenlernen, Michail Jakitsch selbst beginnt mit dreiundsiebzig seine zweite wissenschaftliche Karriere. Ab einem bestimmten Punkt ist seine Biographie eine israelische Geschichte, eine von vielen, die ich sah und erzählt bekam. Eine Prise Wunderbares ist immer im Spiel. Das Wissen darum liegt als Verlockung in der Luft. Für das Wunderbare muss man geeignet sein, für die Hilfe von Gott muss man sich warm und wach halten. Es gibt Armut, Bettelei und Kriegsversehrte in Israel, schwere Sorgen und tägliche Furcht, aber keine Wehleidigkeit. Immer noch herrscht Aufbruchstimmung, Pionierstimmung, der Wille, der Wüste weiteres Land abzuringen.

Auch Sammy ist mit ernsten Fragen beschäftigt, ein junger Mann aus Südafrika, dem ich auf der alten Stadtmauer begegne. Der Weg hoch oben auf der Mauerkrone – halb verborgen hinter ragenden Zinnen, treppauf, treppab, Plateaus, enge Windungen, Türme – ist einer meiner Lieblingswege geworden. Mehrere Stunden allein in der Sonnenglut, auf der Nahtlinie zwischen jüdischen und arabischen Vierteln, zwischen europäischer und orientalischer Welt, mit weitem Ausblick über flache Dächer, Kirchen, Synagogen, Minarette, über die Wüste und das Land. Sammy und ich haben dieselbe Schwierigkeit: Wir finden am Damaskustor keinen Weg zurück auf die Mauer, die wir voreilig verlassen hatten. Die drangvolle Enge des arabischen Viertels sagt uns nicht zu, wir wollen allein sein, nachdenken. Wir müssen heimlich ein Eisengitter überklettern, dabei beginnt unser Gespräch. Sammy ist Anfang zwanzig und auf Reisen. Über Südafrika sprechen wir vorsichtig, das Thema ist heikel, wir umgehen alle politischen Erklärungsversuche. Er wolle sich das hier ansehen, sagt er. Seine Eltern, sehr alt, tragen sich mit dem Gedanken an eine neuerliche Emigration.

Mit der Gründung des Staates Israel hat sich die Lage der Juden in der ganzen Welt verändert. Es gibt einen Zufluchtsort, wir sind nicht mehr gezwungen, uns irgendwo beleidigen oder schlecht behandeln zu lassen. Allein dies zu wissen verändert das Leben an dem Ort, an dem man eben lebt. Mein letzter Gesprächspartner für diesmal ist der Historiker Israel Gutman, ein Spezialist für Antisemitismus. Bisher war ich ihm in Deutschland begegnet, nun lerne ich ihn als Israeli kennen. Wir sitzen in seinem kleinen Arbeitszimmer in Yad Vashem, der Gedenkstätte für die Opfer des Holocaust, später laufen wir durch die Anlagen. Wir stehen vor einem Eisenbahnwagen, in dem Juden nach Auschwitz deportiert wurden, er wirkt absurd in der biblischen Landschaft um Jerusalem. Abschließende, summarische Sätze über Israel wollen uns nicht gelingen. Einigen wir uns darauf, dass der Optimismus dieses Landes in der westlichen Welt einmalig ist. Der Druck von außen war immer da, wird immer bleiben, immer werden wir uns behaupten müssen gegen die Infragestellung unseres Wesens.

Noch einen Grund hat der Optimismus von Neu-Israel: Hier wird die Erde nicht zerstört, sondern belebt. Während unsere Kultur dazu übergeht, fruchtbares Land in Wüste zu verwandeln, wird hier Wüste für Menschen bewohnbar gemacht. Bilder des Anfangs, des Neubeginns in einer bedrohten, selbstzerstörerischen Welt. Auch in Jerusalem gibt es heute zu viele Autos, vielleicht ist die Luft hier nur deshalb besser als anderswo, weil die Stadt hoch gelegen ist und immer ein Wind hindurchgeht. Doch der Eindruck der Sinne bleibt. Frische weht aus diesem Land, ein klarer Himmel bleibt mir in Erinnerung, Trost für manchen kommenden Tag.

Lea Fleischmann

Milch und Honig

Ein Volk steht still. Um acht Uhr abends ertönen die Sirenen und leiten den Gedenktag für die gefallenen Soldaten Israels ein. *Jom Hasikaron* beginnt. Zwei Minuten steht das Volk in Israel still. In Jerusalem und Tel Aviv, in Safed und Eilat. Still stehen Alte und Junge, Gesunde und Kranke, Fromme und Säkulare, Sefarden und Aschkenasen. Zwei Minuten konzentrieren sich die Gedanken von Millionen Menschen auf die Söhne und Töchter, die nie mehr zurückkehren werden, auf die toten Soldaten. Von meiner Wohnung gehe ich auf die Straße, um das Stillstehen im Volk zu erleben. Alleine und mit allen zusammen.

Ich erreiche gerade die Ampel, wo die Fahrbahn Jefe Nov in den Herzl-Boulevard mündet, als der Sirenenton die Luft durchschneidet. Unversehens halten die Autos auf dieser belebten Verkehrsader an. Die Insassen steigen aus und stehen still. Vor mir überquert ein religiöser Mann mit schwarzem Käppchen und weißem Hemd die Straße. Seine zwei kleinen Söhne gehen zur Rechten und Linken neben ihm. Mitten auf der Fahrbahn bleiben sie stehen. Die alte Frau, die auf der Bank im Wartehäuschen der Bushaltestelle sitzt, erhebt sich und steht still. Das Land Israel erstarrt. Meine Seele taucht in die Volksseele ein, ich bin Individuum und Masse zugleich. Nach zwei Minuten klingt der Ton aus, und die Menschen erwachen aus ihrer Unbeweglichkeit. Der Mann überquert mit seinen Kindern die Straße, die alte Frau nimmt wieder ihren Platz ein, die Autofahrer steigen in ihre Fahrzeuge und setzen ihren Weg fort.

Ein Soldat und eine Soldatin kommen mir entgegen. Ich kenne sie nicht, aber es kommt mir vor, als kämen mir meine eigenen Kinder entgegen. Seine Haare sind kurz geschoren, das Gewehr

hat er auf dem Rücken geschultert, und den unförmigen Soldatenrucksack hält er in der Hand. Er trägt die olivgrüne Uniform
des israelischen Militärs mit den halbhohen rotbraunen Stiefeln.
Die rote Mütze der Fallschirmjäger hat er unter die Achselklappe
geklemmt. So hat mein Sohn Arie ausgesehen. Und wie die Soldatin, die neben ihm geht, hat auch meine Tochter Orli dreinge-
blickt. Ihre langen lockigen Haare hat die junge Frau zu einem
Pferdeschwanz hoch gebunden. Auch sie trägt ein Gewehr und
einen schweren Rucksack auf dem Rücken. Am Reißverschluss
baumelt ein kleiner grüner Plüschfrosch. Vielleicht ist es ein Mas-
kottchen, das ihr ein Freund geschenkt hat und ihr Glück bringen
soll. Die beiden sehen müde aus freuen sich auf zuhause.

In den Jahren, als meine Kinder ihren Militärdienst leisteten,
kamen sie am Freitag erschöpft nach Hause. Das Gewehr verstau-
ten sie unter ihrem Bett, und der schwarze Gewehrlauf lugte neben dem Bettpfosten hervor. Es war das gleiche Kinderzimmer, in
dem sie wenige Wochen zuvor als Schüler für ihr Abitur gebüffelt
hatten. An den Wänden hingen die Poster mit ihrer Lieblingsband, im weißen Schrank lagen die bunten T-Shirts und farbigen
Socken, und die alten Hefte stapelten sich noch auf dem Schreibtisch. Aber überall in der Wohnung fand ich plötzlich die spitzen
kupferfarbenen Patronen. Manchmal habe ich dabei zugesehen,
wie meine Kinder ihr Gewehr reinigten, und ein Schauer lief mir
über den Rücken.

Noch bevor sie etwas gegessen hatten, fielen sie völlig ermattet
ins Bett. Ihre Uniformen ließen sie achtlos auf dem Boden liegen.
Wenn ich in ihre Zimmer kam, schliefen sie schon fest. Ich sammelte die Uniformen ein, räumte die schmutzige Wäsche aus dem
Soldatenrucksack und stopfte alles in die Waschmaschine. Jahrelang habe ich Woche für Woche Uniformen gewaschen. Im Sommer konnte ich nach ein paar Stunden die Wäsche wieder von der
Leine holen, aber im Winter habe ich mir Sorgen gemacht, ob die
dicken grauen Wollsocken rechtzeitig trocken würden. Auf der
Heizung habe ich sie hin und her gewendet.

Wenn meine Soldaten ausgeschlafen und gegessen hatten, verließen sie die Wohnung. Sie trafen sich mit Freunden in der Diskothek oder schlenderten durch die Jerusalemer Fußgängerzone. Währenddessen versuchte ich herauszufinden, welche Socke zur anderen gehört, flickte die Löcher in den Arbeitsuniformen, nähte Knöpfe an und bügelte die Ausgehuniformen. Das wichtigste Zubehör der militärischen Ausstattung waren für mich die olivgrünen Knöpfe und das zu Zöpfen geflochtene Garn in den Farben der Militärkleidung. Die grünen Fäden nähten mich an Israel an.

Kann jemand in Deutschland heute noch nachempfinden, was es bedeutet, für Soldaten, die an der Front stehen, zu kochen? Jede gemeinsame Mahlzeit kann die letzte sein. Die ganze Liebe, zu der eine Mutter fähig ist, legt sie in das Essen. Keine Mühe ist ihr zu schwer, und jeden Wunsch versucht sie ihren Kindern von den Augen abzulesen. Wie soll sie ihnen ihr Schicksal erleichtern, wie kann sie ihnen etwas von der Gefahr abnehmen? Ihre Gedanken drehen sich ununterbrochen um ihre Soldaten. Während der Woche, wenn der Sohn und die Tochter im Dienst sind, ist sie mit dem Radio verwachsen. Stündlich hört sie Nachrichten. Ein Feuergefecht in der Nähe einer Militärbasis. Wo? Dort, wo die Einheit des Sohnes stationiert ist? Nein, Gott sei Dank! Fünf tote israelische Soldaten. Kinder anderer Mütter. Das Herz tut so weh und gleichzeitig freut es sich, dass nicht ihr Kind gefallen ist.

Arie rief von der Militärbasis an: »Wir gehen gleich los, in etwa zwei Stunden bin ich zuhause.« Es war sechs Uhr abends. Ich schaute in den Kühlschrank und überlegte, was ich zum Essen vorbereiten soll. Er mag gerne Hackfleisch mit Tomatensoße und dazu Spaghetti. Oder soll ich vielleicht ein Steak aus dem Tiefkühlfach nehmen und es auftauen? Das schmeckt ihm auch gut. Ich entschied mich für das Steak und schälte Kartoffeln für Pommes frites. Während seiner Militärzeit war er so dünn und immer hungrig. Vierzehn Tage hatte ich ihn nicht gesehen, vorige Woche musste er Wache schieben und konnte nicht heimkommen. Um acht Uhr war das Essen fertig. Um Viertel nach acht begann ich alle fünf Minuten auf die Uhr zu schauen. Manchmal bleibt der Bus im dichten Verkehr hängen und verspätet sich, sagte ich mir. Um Viertel vor neun war Arie immer noch nicht da, und ich wurde unruhig. Um neun Uhr schaltete ich das Radio an und hörte Nachrichten. Nichts Besonderes. Von einem Unfall oder einem Stau in der Nähe von Jerusalem wurde nichts berichtet.

Schließlich rief ich in der Basis an. »Ihr Sohn hat um sechs Uhr das Militärlager verlassen«, informierte mich der wachhabende Soldat. »Wenn er sich bis Mitternacht nicht meldet, dann geben Sie Bescheid.« Vielleicht hat Arie gar nicht den Bus genommen, sondern ist getrampt, überlegte ich. Die jungen Militärpflichtigen sind so leichtsinnig, mit ihren achtzehn Jahren sind sie fast noch Kinder. Kürzlich wurden zwei Soldaten, die unwissentlich in ein Auto einstiegen, in dem ihnen Terroristen auflauerten, kaltblütig entführt und ermordet. Wir befinden uns in einem permanenten Krieg, und die Gefahr ist diesen Halbwüchsigen oft gar nicht bewusst. Halb zehn, was soll ich jetzt machen? Vielleicht die Polizei anrufen? Das hat keinen Sinn. Die Polizei wird wegen eineinhalb Stunden Verspätung keine Fahndung auslösen. Wo habe ich die Nummer von Aries Freund Jossi? Vielleicht weiß er, wo Arie abgeblieben ist. Ungeduldig suchte ich mein Telefonverzeichnis.

»Jossi, seid ihr heute Abend zusammen losgefahren?«

»Ja, wir sind mit dem Bus nach Jerusalem gekommen.«

»Und wo ist Arie?«

»Er hat sich noch mit Dana im Busbahnhof unterhalten, als ich nach Hause ging.«

»Wer ist Dana?«

»Sie arbeitet in der Schreibstube in unserer Militärbasis.«

In diesem Moment klingelte es. Arie stand vor der Tür und lächelte wie ein verliebter Junge. Sollte ich schimpfen und ihm Vorwürfe machen? Ich umarmte ihn glücklich.

»Warum hast du dich verspätet?«

»Ich habe mich mit jemanden unterhalten und nicht gemerkt, wie schnell die Zeit verflog. Gibt es etwas zu essen?«

Keine Zeit ist so schwer für die israelische Mutter, wie die Militärzeit ihrer Kinder. Ich habe mir eine Fahne gekauft. Eine große weiße Fahne mit blauem Davidstern, und ich hänge sie am *Jom Hasikaron*, dem Gedenktag an die gefallenen Soldaten, und am *Jom Haatzmauth*, dem Unabhängigkeitstag, auf meinen Balkon. Sie vereint mich mit dem Volk Israel und gehört zu meiner Wohnungsausstattung wie die Schabbatleuchter für die Kerzen. Die Fahne und der Schabbat geben mir Kraft, in dieser schweren Zeit durchzuhalten.

Irgendwann habe ich mich von der Angst verabschiedet. Es war kein schneller Beschluss, sondern eher ein langsamer, schleichender Prozess. Fast unmerklich führten mich das Land Israel und das Volk Israel zu Gott und zur Thora. Sie lehrten mich, dass ich die Kontrolle über mein Leben abgegeben und in die Hände meines Schöpfers legen muss. Von Rabbi Nachman, der sagte: »Die ganze weite Welt ist ein schmaler Steg, geh darüber und fürchte dich nicht!«, habe ich gelernt, dass man sich der Angst nicht hingeben darf. Wenn man Vertrauen zu Gott gefasst hat, dann kann sie einem nichts mehr anhaben.

Dem permanenten Kampf um das Land Israel kann sich kein Mensch hier entziehen. Ich besitze kein Auto, sondern fahre jeden Tag mit öffentlichen Verkehrsmitteln. Die Tatsache, dass ich, eine Stunde nachdem sich ein Selbstmörder in einem Jerusalemer Autobus in die Luft gesprengt hat, an der Haltestelle warte und gemeinsam mit anderen in einen Linienbus einsteige, macht mich zur Kämpferin. Ich kämpfe wie der Busfahrer, der mir ungerührt den Fahrschein verkauft, wie der alte Mann mit dem weißen Bart und dem gehäkelten Käppchen auf seinem schütteren Haar, wie die Mutter mit dem Säugling auf dem Arm. Wir lassen uns vom Terror nicht brechen. Das Land ist dem Volk Israel verheißen worden, so steht es in der Bibel und so glaube ich es. Nichts geschieht gegen Gottes Willen, und nicht mein Wille ist ausschlaggebend, sondern Sein Wille geschehe. Aber am göttlichen Willen spaltet sich das Volk Israel.

Die Thora berichtet von den zwölf Kundschaftern, die Moses in das verheißene Land schickte, um es zu erforschen. Nach vierzig Tagen kamen sie zurück und taten kund: »Wir sind in das

Land gekommen, in das ihr uns sandtet. Es fließt wirklich Milch und Honig darin, und dies sind seine Früchte. Aber stark ist das Volk, das darin wohnt, und die Städte sind befestigt und sehr groß.« Zehn Kundschafter sagten übereinstimmend: »Das Land, durch das wir gezogen sind, um es zu erkunden, frisst seine Bewohner.« Da murrte das Volk Israel: »Warum führt uns der Herr in dies Land, damit wir durchs Schwert fallen und unsere Frauen und Kinder ein Raub werden? Ist es nicht besser, wie ziehen wieder nach Ägypten?« Aber die zwei anderen Kundschafter, Kaleb und Josua, sprachen zu der Gemeinde der Israeliten: »Das Land, das wir durchzogen haben, um es zu erkunden, ist sehr gut. Wenn der Herr uns gnädig ist, dann wird er uns in das Land bringen, ein Land, in dem Milch und Honig fließt.«

Weder die zehn Kundschafter noch das Volk wollten das Land in Besitz nehmen. Es war aber Gottes Wille, dass das Volk Israel das Land erobert, und Josua führte das Volk nach vierzig Jahren Wüstenwanderung seiner Bestimmung zu. Genau wie damals sehen auch heute viele Israelis nur das Land, das seine Bewohner frisst. Sie sind unglücklich, wenn sie ihre Situation mit der ihrer Freunde, Verwandten oder Bekannten in Europa oder Amerika vergleichen. Sie sehen die Intifada, die schlechte Wirtschaft, das karge Land und die Wasserarmut. Aber der Israeli, der den göttlichen Auftrag erkennt und in seinem Glauben eingebunden ist, schmeckt die Milch und den Honig des Landes. Es ist nicht die Milch, die wir mit dem Mund trinken, und nicht der Honig, der auf der Zunge zergeht. Es sind Milch und Honig, die die Seele nähren. Es sind die Rabbis mit ihren wunderbaren Geschichten, der Schabbat mit seiner Heiligkeit, die hebräische Sprache mit ihrem reichen Deutungspotential. Es ist die Thora, die hier lebt, und Gottes Gegenwart, die überall spürbar ist. Heute wie zu biblischen Zeiten. Wer diese geistige Milch trinken kann, versteht Kaleb und Josua. Wer aber keinen Sinn für diese Milch hat, sieht nur das Land, das seine Bewohner frisst. Die Massenmedien, die davon leben, dass sie eine künstliche Spannung bei ihren Lesern und Zuschauern erzeugen, und die mit der Angst ihr Geschäft machen, zeigen Israel nur aus der Sicht der zehn Kundschafter. Aber die wenigen Besucher, die sich noch hierher wagen, entdecken häufig ein ganz anderes Israel. Und manch einer kostet von der Milch und dem Honig, die das Volk Israel seit Jahrtausenden nähren.

Chaim Noll

Ein Tag in Hebron

Zwei Wege haben mich nach Hebron geführt, ein irdischer, die israelische Autostraße sechzig, und ein spiritueller, die hebräische Bibel. Ich kann nicht sagen, welcher der aufregendere war. Der erste war kurz, aber gefährlich, in einem Bus mit kugelsicheren Scheiben. Der zweite kostete mich Tage über den Büchern, dafür ohne sichtliche Gefahr, in meinem Zuhause, fern im Hinterland. Gesucht habe ich einen Ort, von dem viel die Rede ist. Einen Ort von religiöser, historischer, tagespolitischer, medienpolitischer Bedeutung. Immer wieder hört man von ihm, Millionen in aller Welt sehen bunte, aufregende Bilder, erfahren Dramatisches. Doch kaum jemand von denen, die auf diese Weise von Hebron »wissen«, war jemals dort. Viele haben dezidierte Vorstellungen von Hebrons Zukunft und wüssten doch kaum zu sagen, wo dieser Ort liegt. Der Ort, *ha maqom*. Ein hebräisches Wort mit tieferer, doppelter Bedeutung: *maqom* heißt Ort, Gebiet, Raum, Sitz, Siedlung, doch *maqom* ist auch der Allort, das Überall-Zugleich, einer der hebräischen Namen für Gott.

Ich fahre mit einer Gruppe englischer und amerikanischer Juden, die sich wie ich ein Bild machen wollen. Es ergibt sich irgendwie, ein Aushang in der Synagoge. Hebron ist früh in der hebräischen Bibel erwähnt, im ersten der fünf mosaischen Bücher, im Buch *b'reshit*, zu Deutsch »Im Anfang«. Er ist einer der am frühesten erwähnten Orte überhaupt. Hebron ist Ur-Geschichte, Ur-Ort, bestand schon zu Zeiten der Stadt Ur. Josephus Flavius, der Historiker aus dem ersten christlichen Jahrhundert, datierte Hebron früher als das sagenhafte altägyptische Memphis. Ehe der Name Hebron zum ersten Mal auftaucht, wird der Ort beschrieben. Es geht um die Frage, wo Abraham sich niederlassen solle im

Land Kanaan. Sein Neffe Lot bevorzugt die Stadt Sodom, schon damals symbolisch für Hochmut, Überfülle von Brot und extreme Gleichgültigkeit, »auch in ihren Töchtern«, wie später der Prophet Hesekiel schrieb, »die weder die Hand ausstreckten nach den Armen noch den Bedürftigen«. Dorthin will Abraham nicht ziehen, nicht seine Zelte bewegen, nicht dazu hat er die strahlenden Städte im Chaldäerland verlassen, um in Sodom ein ähnliches Leben zu führen. Es gibt in dieser Landschaft noch einen Ort, bisher ungenannt, bisher nicht erwähnt. Abraham, hieß es, kam und ließ sich nieder bei den Terebinthen von Mamre, welche in Hebron sind, und errichtete dort einen Altar für Gott (1 Mose 13,18).

Das Gegenprogramm zur Stadt Sodom: einen Altar errichten für Gott, als Höhepunkt einer Folge von Tätigkeiten, sprachlich demonstriert in den hebräischen Verben *ahal*, Zelt aufstellen, *ba*, kommen, *jashav*, sich niederlassen, seinen Sitz nehmen. Der kugelsichere Bus nähert sich dem Ort auf der Autobahn von Tel Aviv nach Jerusalem, dann auf einer der Straßen, die in die sogenannten »Gebiete« führen. Wir bewegen uns rasch, gut gelaunt, in Gesprächen hügelwärts, passieren jüdische Siedlungen und arabische Dörfer, Weinberge, Ölhaine, steinige Felder. Ein paar Mal hält der Bus, israelische Soldaten sind draußen zu sehen, verschwommen durch Panzerglas, junge Männer in Meergrün mit überraschend ernsten Gesichtern. Der Bus fährt weiter, hält noch mehrmals, der Weg ist von Kontrollpunkten flankiert, die sich jederzeit in Straßensperren verwandeln können. Ich unterhalte mich mit Issy aus Manchester, wir sprechen über alles Mögliche, über alltägliche Fragen oder solche, die den nächsten *Rosh Chodesh* betreffen, den Monatsanfang, die besonderen Gebete zu diesem Anlass. Issy ist ein humorvoller Mann, er hat gut die Hälfte seines Leben in Nadelstreifen verbracht, in einem englischen Geschäftsviertel. Heute lebt er in Israel mit seiner Frau Rose-Ruth, die in Berlin geboren wurde, mit seinen fünf Kindern aus England und seinen elf Enkeln, die schon gebürtige Israelis sind.

Einen Altar errichten für Gott, sein Leben nach Gott richten – der Neuanfang nach einem früheren Leben anderswo, der Höhe-

170

punkt einer Reihe von Tätigkeiten. Auch Abraham erreichte den Ort Hebron erst nach längerem Umherziehen und erst, nachdem Gott zu ihm sprach: Hebe deine Augen und sieh um dich von dem Ort, an dem du bist, nordwärts und südwärts (1 Mose 13, 14). Dies die erste Stelle in der Bibel, die Hebron für einen religiösen Juden bedeutungsvoll macht. Hebron – der Ort, von dem Abraham das Land überschauen soll, jenes Land, das dann, nordwärts, südwärts, ostwärts, westwärts, ihm und seinen Nachkommen versprochen wird. Der gepanzerte Bus schwimmt durch eine Landschaft mit Terrassen und Weinbergen. Noch einmal halten wir, Jeremy, der amerikanische Fliegeroberst im Ruhestand, kauft draußen Schokolade. Von nun an ist ein Wagen vor uns, ein Jeep mit Blaulicht. Wir verlassen die letzte jüdische Tankstelle, Kiryat Arba, wir nähern uns Hebron.

Noch ein biblischer Ort: Kiryat Arba. Hier starb Sarah, Abrahams Frau, die Mutter Isaaks. In der Bibel heißt es (1 Mose 23,2): Kiryat Arba, das ist Hebron. Heute sind es zwei Orte, getrennte Welten: Kiryat Arba eine jüdische Stadt, Hebron eine überwiegend arabische mit wenigen jüdischen Einwohnern. Der gepanzerte Bus, in dem wir talabwärts rollen, die paar hundert Meter von Kiryat Arba nach Hebron, ist von Polizeiwagen eskortiert. Ihre flackernden Lichter verbreiten Erwartung, leichte Aufregung. Wir werden über den Buslautsprecher informiert, dass wir gut daran tun, in der Gruppe und in Sichtweite der anderen zu bleiben. Außerdem sollen wir ein Abzeichen tragen, das der Busfahrer verteilen wird, eine grüne Mütze oder ein grünes Tuch. Mein Nachbar Issy zuckt nicht mit der Wimper. Seine fünf Kinder und elf Enkel leben in den *shtachim*, den »besetzten Gebieten«. Er und seine Frau fahren sie reihum besuchen. Niemand von ihnen habe die Absicht, so erzählt er mir, den Ort, an dem er ist, zu verlassen.

Auch Abraham blieb, wohin er sich mit seinem ganzen Haus begeben hatte, in und um Hebron. Sein Hiersein wird nochmals erwähnt im Ersten Buch Mose 14, 13, in Verbindung mit den Namen seiner Nachbarn und Mitbürger. Wir erfahren, dass Abraham in Hebron, dem heiligen Ort nicht allein war, sondern nur ein Bewohner neben anderen. Er war, wie wir später lesen, respektiert. Ruhig, von niemandem bedroht, saß er am hellen Mittag in der Tür seines Zelts, als ihm ein einzigartiger Besucher erschien. Er war in Gedanken, aber diese drei Passanten erkannte er sofort. Und sprach einen der drei an: *adonai*, Herr ...

Es ist vielleicht die entscheidende Episode in der langen Geschichte der Stadt Hebron, dieser Zwischenfall in der flimmernden Hitze des Tages. Abrahams Sitzen in der Zelttür und seine plötzliche Geistesgegenwart. Auch ich fühle mich auf seltsame Weise wach, fast überwach, als ich den Bus verlasse. Ein kühler Tag, der Himmel verhangen, erst später wird die Wolkendecke aufreißen und grelles Licht die schmutzigen Straßen beleuchten, die ärmlichen Häuser, die Marktbuden, die Karren mit Obst, die Esel und Hühner, die Früchte und arabischen Kuchen. Zweiundzwanzig Busse insgesamt, mehrere Hundert Juden aus Israel, Amerika, England, Kanada, Russland, sind hier, um das Machpelah-Grab zu besuchen, mancher arabische Händler mag auf Kunden hoffen. Doch der Markt ist gesperrt, israelische Soldaten und UN-Beobachter stehen vor den Eingängen. Kein Risiko, die Welt blickt auf Hebron, überall starren die leblosen, gierigen Augen der Kameras.

Auf den ersten Blick ist Hebron eine Ansammlung grauer Häuser auf Hügeln, ein Zickzack freudloser Gassen, und unten im Tal eine Art Hauptstraße, an der die jüdischen Grundstücke und Häuser liegen. Sie sind mühelos zu erkennen: heller, besser gehalten, mit mehr Geld gebaut, mit mehr Entschlossenheit bewohnt. Wie ein Amphitheater erheben sich rings um dieses Tal die Hänge, dicht besiedelt, voll dunkler Fensterlöcher, ein dichtes Starren. Einige Bewegungen in den fernen, hochgelegenen Gassen, seltsam still und verhalten. Der Konflikt liegt in der Luft, nicht immer aktiv, aber immer gegenwärtig. Seit Abraham haben Juden in der Stadt gelebt, mit kurzen, kaum nennenswerten Unterbrechungen. Kaum nennenswert allerdings nur im Rückblick: Zu ihrer Zeit bedeuteten sie Tragödien. 1929 wurden die jüdischen Familien Hebrons von arabischen Einwohnern vertrieben in einem Pogrom

172

von unvorstellbarer Grausamkeit – mit Äxten, Eisenstangen, Säbeln und Dolchen, in einem Ausbruch mittelalterlicher Raserei.

Schon zwei Jahre später kehrte Rabbi Chaim Begaio mit einer Gruppe jüdischer Einwohner zurück, insgesamt zweihundert Menschen, um 1936 erneut Opfer eines Pogroms zu werden. Dann, 1967, erneute Rückkehr, erneuter Versuch, diesmal unter dem Schutz israelischer Waffen. Die Rebbezin Levinger, zehn weitere Frauen und dreißig Kinder besetzten die Ruine des Bet Hadassa, seit Jahrhunderten jüdisches Eigentum, und wohnten dort ein Jahr lang ohne Wasser und Elektrizität. Andere Siedler folgten, alteingesessene Juden von Hebron und junge Familien in *housing projects*, bezahlt von Freunden in Amerika, Australien, England. Heute gibt es eintausend Juden unter fast hunderttausend Arabern. Woher, in Gottes Namen, diese Entschlossenheit?

Vielleicht gerade deshalb: Weil seit Abraham Juden hier nicht nur gelebt haben, sondern auch gestorben sind. Weil Hebron ein Ort jüdischer Gräber ist. Ich bin, als mir dieser Gedanke kommt, zunächst erschrocken. Vor allem über die Folgen. Was zunächst Hebron betrifft: Sarah, Abrahams Frau, starb hier als erste, Abraham kam, sie zu betrauern und zu beweinen (1 Mose, 23,2). Doch er wollte Sarah nicht nur begraben, er wollte das Grab kaufen, es dadurch für alle Zeit unantastbar machen, unwiderruflich als sein und der Seinen Eigentum, und auf diese Weise unvergessen. Die damaligen Mitbewohner Hebrons, das Volk Het, boten an, er könne seine Sarah umsonst begraben: »Du bist ein großer Herr unter uns, wähle dir unter den Grabplätzen einen, keiner von uns wird dich abhalten.«

Doch Abraham blieb bei seiner Idee, das Land zu kaufen. Er bat einen gewissen Efron, Sohn des Zohar, um den Verkauf einer Grabstelle, einer ganz speziellen, die er für die geeignete hielt »Dass er mir die Höhle von Machpela gebe«, so Abraham, »die ihm gehört und am Ende seines Feldes liegt, er gebe sie mir für den vollen Preis zum Erbbegräbnis bei euch«. Dieser Efron, Sohn des Zohar, saß in der Ratsversammlung der Einwohner Hebrons, der Kinder Het, und war offenbar ein Mann von spirituellem Format. Er bot nochmals an, das Machpelah-Grab, sogar das ganze Feld dem reichen Fremden zu schenken, damit er dort seine Tote begraben möge. Warum diese Großzügigkeit? Weil Abraham ein reicher Herdenbesitzer war, »ein mächtiger Fürst unter uns?« Oder hatten die Kinder Het etwas Wunderbares mit angesehen, eine gewisse Begegnung, ein Fast-Vorübergehen dreier Gestalten im Mittagslicht, eine geistesgegenwärtig ausgerufene Einladung ins Zelt: Herr, geh nicht einfach vorbei …

Der Fremde galt als gesegnet. Es gab Gründe, ihn dafür zu halten. »So ward Efrons Feld in Machpelah – das Feld, das vor Mamre liegt, das Feld samt der Höhle und mit allen Bäumen auf dem Felde, die im Bezirk ringsum standen – Abraham zum Eigentum, vor den Augen der Söhne Hets«. Hier endet die Episode, scheinbar nichts als der Landkauf eines wandernden Herdenfürsten, um seine Frau zu begraben. Doch im Verständnis alter Völker hieß ein solcher Kauf, dass der Käufer Heimatrecht erwarb, er und seine Nachkommen. Dass sie aufgenommen wurden unter die Herren des Ortes. Daher der feierliche Rahmen, die Ratsversammlung im Tor. Abraham wurde akzeptiert, Hebron für ihn und seine Nachkommen sichergestellt, Ort des Überblicks über das versprochene Land, zugleich der Ort erster Gräber.

Auch die jüdischen Häuser Hebrons, um die es heute so viel Streit gibt, wurden gekauft und bezahlt. Insofern muss die Forderung, die Juden Hebrons möchten sich »um des Friedens willen« aus der Stadt zurückziehen, erstaunen: Ein Teil dieser Stadt gehört ihnen, ist im bürgerlich-rechtlichen Sinne ihr Eigentum, seit langem schon, seit Jahrhunderten. Wer könnte ihnen streitig machen, dort zu wohnen? Auf Grund welcher Gesetze? Indem ich der gewundenen Hauptstraße folge, beobachtet von stummen Arabern in ihren offenen Läden, von Videokameras, die auf einen Zwischenfall warten, hänge ich dem Gedanken nach, der mir vorhin gekommen ist: Dass wir Juden die Orte unserer Gräber nicht lassen können. Zuerst hat mich dieser Einfall verblüfft. Die Gräber meiner Vorfahren sind in Deutschland, traurige, selten besuchte Gräber, Erinnerung an vergebliche Versuche, an Scheitern,

Verfolgung, Verlust. Ich habe diese Gräber nicht gekauft wie Abraham das Grab von Sarah, mir gehört kein Stück von Deutschland, doch ich träume von ihnen, von den dort Begrabenen und den noch Lebenden, ich träume sie deutlich, als wären sie um mich, auch hier.

Erst Erinnerung, das Bewusstsein unserer Historizität, macht uns zu höheren Wesen. Geschichte wiegt schwer wie der heutige Tag, die Toten sind mit uns wie die Lebenden. Wie könnten wir jemals von Hebron lassen, wenn ich nicht mal von Deutschland lassen kann, weil dort Juden gelebt haben und begraben liegen? Gräber sind Zeugnisse des Lebens wie jenes Stück Land, das Abraham erwarb: Durch dieses Stück Erde nahmen er und seine Nachkommen lebendigen Anteil an diesem Ort. Auch ich nehme Anteil, kaum eine Stunde hier. Ich kenne niemanden, der Hebron gesehen hat und innerlich unbeteiligt blieb (wie dieser Ort auch viele, die niemals hier waren, offenbar nicht gleichgültig lässt, ganz so, als ginge von hier ein Zauber aus …). Auf dem Weg hügelwärts begegne ich Schulkindern, kleinen Mädchen mit weißen Schleifen im Haar. Ich lächle versuchsweise, es sind arabische Schulkinder, sie lächeln nicht zurück. Ich bleibe stehen, auch sie zögern, ich nehme meine Kraft zusammen, um nochmals zu lächeln. Endlich kommt, hinter Schichten von Misstrauen, so etwas wie Glanz in ihre Augen, eine leise Bewegung in ihre starren Wangen.

Hebron ist keine freundliche Stadt. Für niemanden. Nicht für die arabischen Händler auf dem armseligen Markt, nicht für die jüdischen Kinder des Bet Hadasah, die von ihren Müttern Tag und Nacht zur Vorsicht ermahnt werden und nur innerhalb bewachter Höfe spielen können – in einem Sandkasten, neben dem ein Soldat steht, nicht viel älter als sie. Auch ich bin nicht froh. Ich bin im Schatten der Berliner Mauer aufgewachsen, mir sind amputierte Straßen und Höfe, die an einer grauen Brandmauer enden, davor Stacheldraht, ein vertrautes Bild. Im Hof des Bet Hadasah erscheint in der Dämmerung ein kleines Mädchen mit ihrem Kätzchen: Sie bringt es in einem Hamsterkäfig an die frische Luft, lässt es an einer Leine ein wenig herumlaufen, immer in

Furcht, es könnte durch den nächsten Zaun schlüpfen, in ein Grundstück, das schon arabisch ist, in eine feindliche Welt, und damit für immer verloren.

In der Hauptstraße wieder Soldaten, zu Fuß und in gepanzerten Fahrzeugen. Jüdische Passanten bewegen sich steten Schritts an arabischen Häusern vorbei. Woanders sehe ich, wie Jeshiva-Studenten mit Kipah in einen arabischen Laden für Eisenwaren gehen und etwas kaufen. Lange suchen sie mit dem Verkäufer irgendwelche Schrauben aus, reden hin und her, lachen. Schwarz gekleidete *haredim* laufen herum, mit schwarzen Hüten und Schläfenlocken, und verteilen runde, mit Marmelade gefüllte, mit Puderzucker bestäubte Kuchen, genannt *sufganiot* (in meiner Kindheit in Berlin wurden sie Pfannkuchen genannt, in Süddeutschland hießen sie Berliner), das traditionelle Backwerk zur *hanukah*-Zeit. Die *haredim* verteilen sie kartonweise an die Soldaten. Da sie genug davon haben, bekommt auch der eine oder andere arabische Junge einen Pfannkuchen und isst ihn auf der Straße neben den Wachposten. Das gäbe ein Bild, denke ich, doch keine der vielen Kameras zielt in diese Richtung. Gruppen kleiner Jungs schwatzen mit den Soldaten, kicken den Fußball in ihre Richtung. Arabische Kinder, jüdische Soldaten.

In der Hauptstraße, wo die jüdischen Häuser Hebrons liegen, gibt es Straßensperren, Stacheldraht, Maschinengewehre hinter Sandsäcken, die aus den Medien der Welt bekannten Bilder: das tausendmal gezeigte, täglich verurteilte, waffenstarrende Israel. Ich bin erstaunt über die Disziplin der Medienleute, eines deutschen Kamerateams (der Name des Senders ist in Klebeband auf die Scheiben ihres Jeeps geklebt, übergroß, von weitem sichtbar), die rasch ihres Weges ziehen, mit fast schlafwandlerischer Sicherheit ihre Kamera schwenken, genau zu wissen scheinen, was sie zu filmen haben und was nicht. Die Straßensperren ja, die kleinen Jungen mit den Pfannkuchen nicht. Was sie hier erledigen, ist ernsthafte Arbeit. Die Bilder sollen keine Schnappschüsse sein, sondern Beleg und Beweis.

Beweis wofür? Die traurige Zwietracht ist altgewohnt, scheint von jeher zu bestehen. Doch selbst wenn sie von jeher besteht, heißt das nicht, dass sie gottgewollt wäre. Zwei Söhne hatte Abraham, Isaak und Ishmael. Der Liebling war Isaak, der fast Geopferte, von Gott zum Leben Ausersehene, der Vater Jakobs, genannt Israel. Dagegen zeigte sein älterer Bruder Ishmael unerfreuliche Neigungen, wurde verworfen und mit seiner Mutter, der Nebenfrau Hagar, in die Wüste geschickt. Abraham, ein gottesfürchtiger Mann, litt später unter seiner eigenen Härte: »Es missfiel Abraham sehr, um des Sohnes willen« (1 Moses 21,11). Und Gott erbarmte sich, als Hagar in der Wüste weinte, ihrer und ihres verdurstenden Sohnes. Auch hier erschien – wie an anderer Stelle zur Rettung Isaaks – ein Engel, um im höchsten Namen zu intervenieren: Beide Male soll der Sohn überleben.

Mehr noch: Beide Söhne sollen, indem sie leben, Stammväter großer Völker werden. Auch für Ishmael heißt es wörtlich *goj gadol* (1 Moses 21,18). Zwei Völker sind entstanden, zwei Völker berufen sich auf denselben Vater. Die schwierige Wahrheit ist, dass Ishmael zu uns gehört. Dass er nicht nur irgendwie unser Verwandter ist, sondern offenbar zurückfand zu Vater Abraham – im Sinne einer Aussöhnung, vielleicht sogar im Sinne dessen, was wir Juden Umkehr und Rückkehr nennen, dass er für würdig galt, seinen Vater Abraham gemeinsam mit Isaak zu Grabe zu tragen, wieder hier, in Hebron (1 Moses 25,9). Und schließlich selbst dort begraben wurde, im Machpelah-Grab. Wenn uns aber so berichtet und überliefert wird, nämlich dass beide Söhne Abraham zu Grabe trugen, gemeinsam wie Brüder, ist das ein allerhöchster Aufruf zum Frieden. Im Grunde ist Hebron der Ort, an dem dieser Frieden der Welt vorgeführt werden sollte.

Doch Hebron wirkt verstört, in nervöser Unruhe, verfolgt von den Kameras der sensationslustigen Fremden. Die beiden Söhne sind umlagert, umlauert, von Lobbyisten, Schaulustigen, Schadenfrohen – wie sollen sie unter solchen Umständen die Ruhe zur Rückkehr finden? Hier sind zu viele Interessen im Spiel, dachte ich beim Spazierengehen in den staubigen Gassen von Hebron, im Wechsellicht von Wolkenschatten und jähen Lichtstreifen, in fallendem Abenddämmer, im Licht der Scheinwerfer. Hier sind zu viele Außenstehende beteiligt, als dass wir herausfinden könnten, wir, die Kinder Isaaks, und sie, die Kinder Ishmaels, was wir eigentlich voneinander wollen. Zu viel Fremdes ist im Spiel, die Erdölverkäufe arabischer Staaten, die Absatzmärkte der Europäer, die strategischen Berechnungen der Amerikaner. Zu viel Fremdes, Kaltes, dem Gottesort Fernes, als dass wir vordringen könnten zur Wahrheit des Ortes, zu seinen Möglichkeiten, seinem Versprechen.

Wer weiß, ob wir uns nicht längst geeinigt hätten ohne dieses Übergewicht an fremden Interessen? Hat man je von einem Ort gehört, der so überwacht, so mit Blicken verfolgt, so gnadenlos fremder Aufmerksamkeit ausgesetzt war? In diesen schmalen Gassen stoßen Großmächte aufeinander, suchen ihren Vorteil, jetzt und sofort, selbst unter ungünstigen Umständen, um jeden Preis, und sei es um den der Preisgabe des Ortes. Was Wunder, wenn bisher nichts daraus wurde, nur neue Verwirrung, Übereilung, Gewalt. Ich laufe langsam durch die wenigen jüdischen Straßen, sitze irgendwo auf einer Bank, betrachte im Bet Hadassah eine Ausstellung über das Massaker von 1929: Englische Militärpolizisten, hoch zu Ross, sahen tatenlos zu, wie Juden erschlagen und erstochen wurden. Immer wieder wandert mein Blick aus dem Tal die Hügel hinauf, wo die arabischen Häuser stehen, eng, gedrückt, in Massen, in immer neuen Ballungen. Hunderte, tausende Häuser – erdrückend viele im Vergleich zu den jüdischen hier unten im Tal.

Am Nachmittag komme ich dazu, wie am Eingang zum Markt ein Gedränge entsteht. Jemand will hinein oder hinaus, andere wollen ihn daran hindern, ein Knäuel von Leibern, ein Menschenauflauf, das Grün israelischer Uniformen, die blauen Jacken von UN-Beobachtern. Sofort sind die Kameras zur Stelle, die Mikrophone der Journalisten, und die wartenden Fremden, bisher blasiert, fast träge, beeilen sich, bewegen sich im Laufschritt, schleppen Geräte, schwenken Mikrophone an hohen Stangen. Das geht so rasch, als sei es tausendmal geübt. Und dabei weiß niemand genau, was vorgefallen ist. Nicht mehr als zwanzig, fünfundzwanzig Menschen sind an dem Geschiebe beteiligt, nahebei geht eine kopftuchtragende Familienmutter seelenruhig ihres Weges, ein kleines Mädchen an der Hand. Auf einem Abfallbehälter sitzt ein dicker, riesengroßer Kater – ein phänomenales Tier, fast irreal groß – und rührt sich nicht.

Wenn man die Kamera schräg von oben in das Menschengewühl hält, so dicht, so dass kein Raum mehr bleibt für Umgebung und Umstände, muss diese Gruppe von Schiebenden, Zerrenden und Brüllenden gewaltig wirken und den ganzen Bildschirm füllen. Mir wird erstmals klar, wie entscheidend die technischen Hilfsmittel sind. Dass eine Rangelei allein durch die Kameraführung zu einer Straßenschlacht werden kann, zu einem *major incident*, einem großen Zwischenfall. Die Authentizität der Medien ist eine Illusion, eine der vielen Selbsttäuschungen unserer Zeit, die in kritiklosem Kinderglauben hingenommen wird. Die Bilder gelten als wahr, weil sie von technischen Geräten aufgezeichnet werden, man vergisst, dass es Menschen sind, die die Kameras führen. Was ich hier sehe, ist reine Willkür. Eine besondere Form von menschlicher Willkür, die über Bildausschnitt, Blickwinkel und Auswahl entscheidet. Eine Willkür, die Realität erfindet und weltweit verbreitet. Die Fotografen und Kameraleute halten ihre Apparate so ins Gewühl, dass erschreckende und atemberaubende Bilder entstehen. Dass der Bildschirm voll kämpfender Menschen ist, und ferne Zuschauer in engen, dämmerigen Wohnzimmern sich davon bedroht fühlen müssen wie von einer beklemmenden Gefahr.

Dabei dauert der ganze Aufruhr keine zehn Minuten, scheint winzig vor dem Hintergrund des Marktes, der ansteigenden Häuser, der Wolkenbewegungen am Himmel. Die Menschen am anderen Ende der Gasse sehen nicht mal hin. Passanten und Uniformierte in einem Handgemenge, Männer allesamt, junge und erwachsene, wie es sich alle Tage bei jedem Fußballspiel in Europa ereignen kann. Unweit vom Markt treffe ich Issy, meinen Freund aus Manchester, im Gespräch mit einem der herumstehenden

UN-Beobachter, einem jungen Norweger. Der Beobachter ist Mitte zwanzig und trägt eine Jacke mit den Zeichen seiner Organisation. Unter einem Schopf blonder Haare blickt sein rosiges Kindergesicht aus dem hochgeschlagenen Kragen, blauäugig und bedächtig. Er lässt sich von Issy, dem freundlichen, gut erzogenen Engländer, ausführlich befragen, antwortet bereitwillig, spricht von der Wichtigkeit seines Jobs für den Weltfrieden, erzählt vom Installieren der Videokameras, vom Warten auf Zwischenfälle, von der Auswertung des Materials. Er lässt durchblicken, dass Hebron ein wilder, unzivilisierter Ort sei, bewohnt von Wesen, die ständiger Aufsicht bedürften. Issy, im Weitergehen, nennt ihn mit einem Lächeln »very talkative«.

Es handelte sich um eine harmlose, selbstgewisse Gesprächigkeit. Der junge Mann schien seiner Sache sicher, wusste genau, wozu er hier ist. Kein Zweifel, derlei könnte in Europa niemals geschehen, in einer toleranten, offenen Gesellschaft: kein Terror, kein Mord in den Straßen, kein Zusammenstoß mit Fanatisierten. Es gibt keinen Fanatismus, keinen Hass, der sich nicht am Verhandlungstisch hinwegreden ließe. Mit sanfter Stimme legte uns der Junge seinen Kinderglauben dar. Wir haben ihn einst geteilt. Auch wir sind Europäer. Oder waren es … Denn es ist Vergangenheit. Seit wir hier leben, wissen wir, was uns von Europa trennt.

Noch einmal versammeln wir uns im Schatten der Mauern, Zinnen, Minarette des Machpelah-Grabes, eines eklektizistischen Gebildes, das den Ort dominiert. Um uns gepanzerte Wagen, tote Fischaugen der Kameras, Ferngläser der Beobachter, eine schaulustige, mitleidlose Welt. Mit Issy spreche ich ein paar Sätze im Gedränge des weiten Platzes, auf dem Terebinthen gepflanzt sind, die Bäume Abrahams. Segen werden dort gesungen, und die Kerzen eines großen Leuchters angezündet, es ist just einer der sieben Tage *hanukah*, des jüdischen Lichterfestes. Zu vieles haben wir heute gesehen, in rascher Folge, in Eile, ohne gedankenvolles Verweilen, unter ständiger Beobachtung. Meine Aufmerksamkeit war abgelenkt. Schwer lässt sich beobachten und den Dingen auf den Grund gehen, wenn man selbst beobachtet wird. In Hebron war es unmöglich, den toten Augen zu entgehen. Und mir ist, als hätte ihr ständiges Starren, ihre penetrante, stumpfäugige Allgegenwart mein Denken beeinträchtigt. Ich habe keine Zeit gefunden, über Rut nachzudenken, die aus Liebe Jüdin wurde und hier begraben liegt. Sie wurde es gegen den Rat ihrer Schwiegermutter Naomi: Immer hat es Gründe gegeben, besser kein Jude zu sein. In Eile habe ich ihr Grab besucht, im flüchtigen Sonnenlicht dieses wechselhaften Tages. Auch dort waren Soldaten, hinter einer Brustwehr aus Sandsäcken, obwohl es nichts zu bewachen gab als ein Grab.

»Wozu braucht ihr hier Sandsäcke«, fragte ich einen Soldaten. Er lacht. Zeigt auf das nächstliegende Haus, fünfzig Meter entfernt, dunkel, lichtlos, bräunlich beworfen, wie blind.

»Hier«, sagt er. »Von hier kann es kommen. Von dort. Von überall.«

Issy erwähnt im Gehen, dass König David in Hebron lebte, ehe er gen Jerusalem zog, dass ihm hier fünf Söhne geboren wurden, dass auch im Buch Joshua von der Stadt die Rede ist und im Buch Richter: immer wieder Hebron, eine der ältesten Stätten menschlicher Kultur, ihrer schriftlich überlieferten Geschichte.

Jemand schwenkt eine grüne Flagge, das verabredete Zeichen. Wir müssen zu den Bussen zurück. Die Hauptstraße liegt im grellen Licht militärischer Scheinwerfer. Die Fernsehleute aus Deutschland packen ein, wortlos, routiniert. Wenig Ausbeute brachte der Tag, unsere Visite verlief friedlich. Auf den Treppen hat ein arabischer Händler einen letzten Versuch unternommen, die amerikanischen und europäischen Besucher für seine Ware zu interessieren, einen vielleicht illegalen Versuch, doch die Soldaten stehen abseits, telefonieren mit ihren Freundinnen, rauchen, sehen nicht hin. Er hockt auf der Treppe, ruft den Preis, nichts als den Preis. Pelzschuhe bietet er feil. Alle laufen vorbei, die jüdischen Siedler mit ihren Pistolen, die Kinder, die Amerikaner mit ihren Baseballmützen, auch Issy aus Manchester.

Aber um *hanukah* sind die Abende kühl und die Steinfußböden eiskalt. Ich bleibe stehen, der Händler wiederholt den niedrigen Preis, ich kaufe, gehe. Und plötzlich, als hätten sie nur darauf gewartet, kaufen alle. Als wir losfahren, ist der Bus voller Pelzschuhe. Der amerikanische Fliegeroberst hat welche gekauft, der Arzt aus Südafrika, die sechsköpfige Siedlerfamilie aus Kanada, Pelzschuhe liegen in der Gepäckablage und auf den leeren Sitzen. Issy betastet die Schuhe, findet sie »gut gearbeitet«. Später erzählt er mir, wie schwer es sei, die Kinder in den »Gebieten« zu besuchen. Er hat kugelsichere Scheiben in seinen Wagen einbauen lassen, aber sie helfen natürlich nicht gegen Bomben. Talwärts fahren wir, Richtung Jerusalem. Die Lichter auf den Hügeln werden von anderen Hügeln zugedeckt, von dunkleren Hügeln, immer neuen Hügeln. Eine Weile umgibt uns Dunkel, ehe uns irgendwann die Lichterfülle israelischer Schnellstraßen überflutet, tausender Wagen zwischen neuen Häusern, das Leben des Zentrums, des dichtbesiedelten schmalen Streifens am Meer.

Chaim Noll

Wahrnehmungsstörungen

Jeden Tag neu, ganz gleich was gestern geschah, geht hier draußen die Sonne auf, hüllt die Wüste erst in Silberhauch, dann in zarte Farben, wirft goldene Lichtflecke auf die weißen, rosa, ockerfarbenen Außenmauern unserer Gärten – auf Mauern, mit denen wir uns vor Wüstenstürmen zu schützen suchen, die unerwartet über uns hereinbrechen wie alles, wie das Donnern der Jagdflugzeuge am zartblauen Himmel, das schrille Piepen der Telefone in Räumen der Stille, wie Krankheit und Unglück, Überfall und Terror. Wo, genau besehen, wäre es anders? Gestern stürzte in einem anderen Land ein Flugzeug vom Himmel, wo es auf einer Flugschau schleifen zog, und mehr als achtzig Menschen tötete. Über Ereignisse wie dieses wird nicht weiter nachgedacht, keine Theorie entwickelt, kein Programm zur sofortigen Abhilfe. Sie werden hingenommen, als wären sie naturgegeben. Was in Israel geschieht, wird dagegen als Symptom eines Problems verstanden, eines hinter allem vermuteten Zusammenhangs. Im Laufe der Zeit entsteht eine Gewohnheit, die »Schreckensnachricht aus Israel«, für deren Aufrechterhaltung eine Szene von Beobachtern und Bewachern sorgt, von Medienleuten, UN-Beamten, Vertretern von Menschenrechtsorganisationen, Nahost-Experten und Katastrophentouristen. Wo auf der Welt gibt es – selbst in deklarierten Friedenszeiten – eine solche Präsenz von Korrespondenten aus aller Welt, eine solche Massierung von Aufpassern und Analysten?

Auch die Fernbleibenden nehmen Anteil. Fast jeder, selbst der Unbedarfteste, hat eine Meinung über Israel. Viele haben diese Meinung parat wie eine *confessio*. Dabei sind die Kenntnisse über das Land und seine Einwohner oft erstaunlich gering. Nach einer Meinungsumfrage der Deutsch-Israelischen Gesellschaft unter deutschen Jugendlichen wussten nur einundvierzig Prozent, dass der Staat Israel eine parlamentarische Demokratie ist, annähernd sechzig Prozent hielten Israel für eine Monarchie oder ein Militärregime. Nur acht Prozent der Befragten wussten, dass es »arabische Israelis« gibt, Araber mit allen Rechten israelischer Staatsbürgerschaft.

Der Mangel an Kenntnissen lässt darauf schließen, dass in Wahrheit das Interesse viel geringer ist, als es den Anschein hat. Dem Anschein nach ist Israel ein Land, das unverhältnismäßig große Aufmerksamkeit auf sich zieht. Chinesische Funktionäre erklärten einem israelischen Schriftsteller: »Wir bewundern ihr Land. Kaum so viel Einwohner wie eine größere Stadt, aber jeden Tag in allen Medien der Welt ...« Ich bin, wie viele Israelis, dieser unheimlichen Anteilnahme inzwischen leid. Sie meint anderes, als es den Anschein hat. Sie meint nicht Israel als Land und Volk, sondern als Chiffre und Beweis für etwas, als Fokus des Spektakulären und Schauplatz für das Austragen fremder Interessen.

In dem eskalierenden Konflikt mit der arabischen Welt, der weitgehend unser Leben bestimmt, geht es für Israel um das Überleben als Staat und Volk. Für die meisten westlichen Beobachter ging es bisher um eher theoretische Fragen: Darf eine moderne, humane Gesellschaft, deren Konsens der innere Frieden und der Gewaltverzicht ist, auf gewalttätige Angriffe anders reagieren als mit immer neuen Gesten der Toleranz und mit selbstkritischer Reflexion – nach dem Muster, dass terroristische Gewalt das Symptom einer vom Westen verschuldeten Vernachlässigung sei? Oder dürfen westliche Staaten, wo sich Verhandlungen als nutzlos erweisen, auf Gewalt mit Gewalt reagieren? Dürfen sie ihrerseits Krieg führen, womöglich präventiven Krieg?

Vor diesem Hintergrund ist Israel ein gefährliches Beispiel: ein Land, das sich über einige der Selbstrestriktionen hinwegsetzt, die für moderne westliche Gesellschaften verbindlich scheinen. In Israel ist die Armee keine notdürftig geduldete Unvermeidlichkeit, sondern eine geachtete Einrichtung. Innere Sicherheit wird nicht als Belästigung empfunden, sondern als lebenswichtige Notwendigkeit. Die mit ihr Betrauten, Polizisten und Sicherheitspersonal, genießen allgemeine Wertschätzung. Sicherheit hat unter Umständen Vorrang vor persönlicher Freiheit. Durch den Jahrzehnte dauernden Reservedienst ist jeder Mann bis ins mittlere Lebensalter Soldat.

Schnell ruft ein solches Land Misstrauen hervor. Wenn es zur westlichen Welt gehören soll, muss es wenigstens Ausnahme bleiben. Vielen Menschen in Europa ist der »kritische Blick« auf Israel selbstverständlich geworden. Der Apparat von Beobachtern nahm mit den Jahren und Jahrzehnten ständig zu. Niemand kann die Israel-Experten, Nahost-Kenner, Journalisten und Politologen zählen, die sich professionell zum Thema äußern – meist aus sicherer Entfernung, aber einige auch von hier. Die hier Ansässigen massieren sich in Jerusalem und Tel Aviv und vermeiden allzu große Nähe zum täglichen Leben der Israelis. Das Dasein der Dauergäste tändelt zwischen der Jerusalemer Altstadt und der Strandpromenade in Tel Aviv – auf einem etwa fünfzig Kilometer breiten Streifen Erde – mit gelegentlichen Abstechern in die Hotels in Eilat oder am Toten Meer. Andere Gegenden des Landes werden in der Regel nur aufgesucht, wenn dort »etwas passiert« ist. Anlässlich eines Bombenattentats betritt der Korrespondent zum ersten Mal eine ihm notdürftig dem Namen nach bekannte Stadt.

Über welche Kenntnisse muss man verfügen, um in Europa zur Szene der Israel-Kenner gezählt zu werden? Der eine oder andere bemüht sich, Hebräisch zu lernen. Manche erkunden das Land, auch die »besetzten Gebiete«. Soweit ich beobachten konnte, haben die meisten Korrespondenten, Experten, Beobachter kaum Kenntnisse, die über das Tagesnotwendige hinausgehen, etwa in Geschichte, jüdischer Literatur, Altertumswissenschaften, biblischem Schrifttum oder Landeskunde. Derlei ist mühsam zu studieren, außerdem altmodisch. Man bleibt auf der Oberfläche einer aus historischen Tiefen stammenden Gesellschaft, im tagespolitischen Heute eines aus der Alten Welt überlebenden Volkes. Thomas Manns ahnungsvolles »Tief ist der Brunnen der Vergangenheit ...« erreicht diese Herzen nicht. In ihren Kreisen gilt für ausreichend gebildet, wer ungefähr bis zur letzten Intifada zurückblicken kann.

Nicht in jedem Fall resultiert diese Daseinsform aus Verachtung des Landes, seiner Bewohner und ihrer Sitten wie bei jenem deutschen Kulturbeamten, der mich vor Jahren – ich lebte damals in Rom und kam selbst als Besucher – vom Flughafen abholte. Der noch jugendliche Mann war Direktor des deutschen Goethe-Instituts in Jerusalem. Wir hatten das Flughafengelände kaum verlassen, als er zu reden begann: Die Israelis ein Volk mit »schlechten Manieren«, »durch ihre ständigen Kriege verroht, brutal und unzivil«, am Schabbat in ganz Jerusalem »keine einzige Kneipe offen« (was nicht stimmt) und kurz vor Jerusalem der summarische Satz: »Ihnen fehlt Kultur.« Der das sagte war zu unbedarft, um den Anteil des jüdischen Volkes an der Kultur der Menschheit auch nur entfernt zu erahnen. Ich begnügte mich mit höflichem Widerspruch, das Goethe-Institut Jerusalem habe ich seither gemieden.

Meist sind unsere Beobachter gleichgültiger, nicht von vornherein Partei, keine ausgesprochenen Gegner des Landes (oder sich dessen zumindest nicht bewusst), sondern einfach zum Aufpassen und Beobachten hier, zum Erfüllen der Verabredung, wonach Israel ständiger Aufsicht bedarf, um existieren zu können. Sie haben die Aufgabe, ihre Medienhäuser mit blutigen Bildern zu versorgen, mit Kriegsberichterstattung und düsteren Orakeln. In der Regel befolgen sie die Spielregeln ihrer Anstalten, meist sind sie kündbare Angestellte. Der Mitarbeiter eines deutschen Nachrichtenmagazins, der mich in der Wüste besuchen kam, ein weltläufiger, in viele Zusammenhänge eingeweihter Mann, bekannte offen, dass er nicht die Berichte zu liefern habe, die seinen eigenen, hier im Land gewonnenen Einsichten Ausdruck verliehen, sondern die man in der Redaktion – fern in einer norddeutschen Stadt – von ihm erwartet. Er sprach von »Mustern« der Berichterstattung. Das erste dieser Muster sei, dass im Land des Alten Testaments auch »Alttestamentliches« geschehen müsse, nach gängigem Vorurteil also besonders Dramatisches, Konfrontatives und Blutiges.

Ich will nicht leugnen, dass in Israel viel Tragisches und Blutiges geschieht. Der schwelende Konflikt mit den Palästinensern, Terroranschläge, israelische Panzer, Straßensperren, Steine werfende palästinensische Kinder – all dies liefert eindrucksvolle Bilder für die Medien. Dennoch weiß jeder, der hier lebt oder auch nur längere Zeit zu Besuch war, dass diese Bilder nicht die Wahrheit über Israel sind. Israels eigentliches Leben wird aus der Berichterstattung ausgeblendet: seine Erfolge, sein allmähliches Erstarken und segensreiches Wirken in der Region, sein Gesundheits- und Bildungswesen, die Energie- und Wasserversorgung in der Wüste, alles auch zum Segen der arabischen Bevölkerung. Ein Land mit funktionierenden demokratischen Strukturen, mit hoher Wachstumsrate und sensationell hoher Lebenserwartung – trotz Terror und blutiger Zwischenfälle die zweithöchste in der Welt – wird von den Medien Europas durch ausgewählte Berichterstattung auf einen »Kriegsherd« reduziert.

Ein deutscher Student fragte mich: »Wie kommt es, dass ich glaubte, an einen Schreckensort zu reisen, und stattdessen bei euch den schönsten Urlaub meines Lebens verbracht habe?« Er hatte den Kurs an unserer Universität gegen den Widerstand seiner Eltern und Verwandten ertrotzt. Ein Gespräch schloss sich an: über tendenziöse Berichterstattung, über einen den Medien innewohnenden Hang zur Übertreibung und Verdüsterung, unvermeidlich über Politisches. Wir sagen in solchen Augenblicken, was zu sagen ist, auch wenn es der Leichtigkeit, die sonst unseren Umgang mit den Studenten bestimmt, kurzzeitig schadet. Wenn es die unbehagliche Ahnung aufkommen lässt, gegnerischen Parteien anzugehören. Wir sagen etwa: Wie könnten wir von Deutschland, seit langem in blühenden Geschäftsbeziehungen mit Israels erklärten Feinden, eine wohlwollende Politik erwarten, von seinen Medien ausgewogene Berichte?

Während europäische Medien die israelischen Siedler stigmatisierten, als wären sie der Todfeind der Menschheit, wurden in Afghanistan ungestört zehntausende Al-Qaida-Kämpfer ausgebildet und überall in der Welt verteilt, auch überall in Europa. Die Frage, ob das kluge Politik war, sei nur am Rande gestellt. Es ist geschehen, der islamische Terrorismus wuchs ungehindert zu erschreckender Größe, sein Schatten fällt auf uns alle. Dennoch wollen wir dem Schrecken keine unser Denken absorbierende Herrschaft einräumen. Für eine schnelle Lösung des Problems ist es zu spät. Nun heißt es mit ihm leben, die Veränderungen hinnehmen, die er der westlichen Gesellschaft aufzwingen wird.

Anders als die vielen Ratgeber in Europa wissen die meisten Israelis inzwischen, wie schwer durchschaubar das Phänomen Terror ist. Die Lust am Terror hat etwas Atavistisches, guter Zurede Unzugängliches, sie ist mit »schlechten Lebensbedingungen« nicht hinreichend zu erklären und durch Nachgiebigkeit nicht zu stillen. Die unerbittlichsten Verfechter des Terrors sind wohlhabende Leute, Geld fließt ihnen zu aus vielen Quellen, nicht zuletzt aus europäischen. Psychologisch gesehen ist Tieferes im Spiel. Offenbar haben manche Menschen ein Bedürfnis, anderen Schrecken einzuflößen, andere durch Angst zu demütigen, zu unterdrücken, den Willen anderer zu paralysieren. Dieses Verlangen, verbunden mit Kalkulationen des Nutzens und politischer Absicht, findet sich bei Menschen unterschiedlicher Herkunft, Hautfarbe, Glaubensrichtung und wirtschaftlicher Situation.

Manches lässt sich dennoch allgemein feststellen, sozusagen zur Morphologie des Terrors. Zunächst: Er ist immer hinterhältig. Seine eigentliche Wirkung besteht wie bei Wegelagerei und Meuchelmord im Überraschungseffekt. Wenn die Sicherheitskräfte an einer Stelle die Gefahr ausschalten konnten, sind die Ingenieure des Terrors bereits dabei, eine andere ungesicherte Stelle im gesellschaftlichen Gefüge aufzuspüren, wo sie von neuem zuschlagen können. Terrorismus ist ein tödliches Spiel auf Kosten des anderen, der infamste Weg, Unbehagen abzureagieren: Wenn du unser Problem nicht lösen kannst, sollst du dafür sterben. Terrorismus ist die gesteigerte Form des Erzwingens von Zuwendung, des Erpressens von Teilnahme, der Einschüchterung, Verunsicherung und psychischen Demontage – nicht das Gebot einer Religion oder Weltanschauung. Er maskiert sich nur als solches, um nicht ganz so niederträchtig zu erscheinen, wie er ist.

Zu Recht weisen moderate Muslime darauf hin, dass die Auslegung des Koran als Kampfschrift zu Gewalt und »Glaubenskrieg« nicht die einzig mögliche Interpretation dieses Textes ist. Vielleicht würde sich die Mehrheit der Muslime in der Welt anderen Auslegungen anschließen, nicht-aggressiven, auf sich und ihre eigenen Probleme bezogenen –, falls diese Mehrheit die Möglichkeit hätte, ihren Willen zu äußern. Es ist schwer vorstellbar, dass qualvolle Kleidervorschriften für Frauen oder die wörtliche Anwendung der Scharia (die im sunnitischen Islam mit dem 11. Jahrhundert für abgeschlossen gilt) irgendwo in der Welt, stellte man sie zur freien Wahl, die Mehrheit der Bevölkerung gewinnen könnten. Solche Vermutungen bleiben spekulativ, solange es in keinem der zahlreichen islamischen Länder freie Meinungsäußerung oder demokratische Wahlen gibt. Wir vermuten diesen geheimen Widerwillen, auch wenn er sich selten zu artikulieren wagt, weil wir davon ausgehen, dass die meisten Menschen muslimischen Glaubens eine innewohnende Neigung zum Frieden, zur Privatheit, zur persönlichen Freiheit haben wie seit jeher und überall von menschlichen Individuen bekannt.

Diesem hoffnungsvollen Ansatz stehen immer wieder entmutigende Erfahrungen gegenüber. Erstens hilft ein vom Einzelnen ausgehender, um Differenzierung bemühter Zugang wenig, wenn man es mit aufgebrachten, hysterisierten Massen zu tun hat oder mit gedrillten, durch Gehirnwäsche abgerichteten Gewaltschwadronen. Zweitens scheint die innere Struktur muslimischer Gesellschaften unser Konzept von der freien Wahl und Entscheidung des Einzelnen nicht zu begünstigen. Traditionell herrscht dort eher die hierarchische als die individuelle Entscheidungsfindung. Wesentliche Teile der Bevölkerung, zum Beispiel die Frauen, werden dort von vornherein davon ausgeschlossen. Der Koran geht von einem gottgewollten Vorrecht der Männer gegenüber den Frauen aus. Sure 4 legt fest, dass die Männer daher alle Angelegenheiten der Frauen regeln sollen, Frauen wird unbedingter Gehorsam geboten, ungehorsame Frauen soll der Ehemann züchtigen (Sure 4, Vers 38).

Ferner ist schwer zu leugnen, dass der Koran, verglichen mit den grundlegenden Schriften des Juden- und Christentums, des Buddhismus oder Konfuzianismus, auffallend viele Aufrufe zur gewaltsamen Durchsetzung seiner religiösen Forderungen enthält, vor allem das wiederholte Gebot der zwangsweisen Bekehrung von »Ungläubigen« und, im Weigerungsfall, ihrer Tötung. Mohamed war ein Mann der Expansion, ein Kriegsmann und Stratege. Er verband den Siegeszug seiner Lehre mit der blutigen Zwangsbekehrung ganzer Völker. Darin unterschied sich sein Konzept grundsätzlich von dem des Judentums, das überhaupt nicht missioniert, und dem der Christen, denen friedliche Mission geboten ist. Bereits zwei Mal haben islamische Expansionsbewegungen Europa zu großen Teilen erobert, erstmals im siebenten und achten Jahrhundert, als Spanien, halb Italien, der Süden Frankreichs und der Mittelmeerraum unter arabische Herrschaft gerieten. Zum zweiten Mal mit der osmanischen Eroberung im vierzehnten und folgenden Jahrhunderten, als Griechenland, der Balkan, Teile Österreichs (»Die Türken vor Wien«), Podolien, Moldavien, die Ukraine, Armenien, Kaukasien und wiederum fast der gesamte mediterrane Raum islamisch beherrscht waren. Erst 1827 hat sich Griechenland von der türkischen Gewaltherrschaft befreit, erst auf dem Berliner Kongress 1878 erhielten Serbien, Montenegro, Rumänien und andere über Jahrhunderte zwangsweise islamisierte Länder ihre Unabhängigkeit zurück. Auch was wir heute Terrorismus nennen, ist im Rahmen islamischer Expansionen nicht neu. Schon im 11. Jahrhundert gab es eine weithin wirksame Feme- und Terrorbewegung, die Assassinen, die im heimtückischen Mord an »Ungläubigen«, oft mitten in Europa, ein geeignetes Mittel zur Durchsetzung der muslimischen Vorherrschaft sahen.

Wenn also nicht zu leugnen ist, dass islamische Eroberungsversuche gegen Europa eine lange Vorgeschichte haben, dass sie ein

Leitmotiv islamischer Geschichte darstellen, dass die Expansion nach Westen zum Selbstverständnis breiter Strömungen des Islam gehört, liegt dennoch vieles in unserer Hand. Eine gewaltbetonte Auslegung des Koran ist nicht unvermeidlich, und wenn sie sich heute wieder als dominierende Richtung innerhalb des Islam zur Schau stellen kann, weltweit und weitgehend ungehindert, hat der Westen daran seinen Anteil. Eine solche Zurschaustellung braucht nicht nur Darsteller, sondern auch ein duldsames Publikum. Insofern ist die westliche Welt mitbeteiligt an dem, was in diesen Ländern geschieht, welche Strömungen sich durchsetzen und welche unterdrückt werden.

Zweifellos hat die Unterstützung blutiger Despoten wie Saddam, Arafat oder der iranischen Ayatollahs alle positiven Tendenzen in den von ihnen beherrschten Völkern blockiert und behindert. Ein Alptraum sich vorzustellen, man würde dort geboren und müsse dort aufwachsen, als gutwilliger, intelligenter Mensch, in einer Umgebung von Korruption, Gewalt und Glaubensfanatismus, und fände alle Welt im Einvernehmen damit, in geduldiger Hinnahme des Ungeheuerlichen. Die ersten Opfer des Terrors sind die islamischen Völker selbst. Sie leben schon lange mit ihm, hatten schon unter ihm zu leiden, ehe wir ihn überhaupt wahrnahmen. Es wäre an allen, die das Konzept Terror ablehnen, korrigierend einzuwirken: Nicht erst durch Polizeimaßnahmen an der eigenen Tür, sondern durch Förderung friedfertiger Kräfte innerhalb der muslimischen Welt.

Europa, der selbsterklärte Hort des Humanismus, hat im letzten Jahrzehnt kaum noch Versuche in dieser Richtung gewagt. Die Ausbreitung militanter islamischer Organisationen wurde ebenso demütig hingenommen wie das zunehmend anti-assimilatorische Verhalten einer stark wachsenden muslimischen Bevölkerung in den europäischen Ländern. Die Unterstützung internationaler Terrornetzwerke durch Gelder der Europäischen Union hat Ausmaße erreicht, die sogar europäische Medien bedenklich stimmen. Besonders Deutschland gilt als Ruheraum für Organisationen, die sich offen zum Jihad, dem Heiligen Krieg, gegen den

Westen bekennen. Von außen wirkt das fast widerstandslose Preisgeben eigener Sicherheits- und Lebensinteressen absurd und unbegreiflich. Auch wenn sich der Terrorismus als dauerhaftes Phänomen erweist, liegt es immer noch an uns, ob wir ihn dulden und seine weitere Ausbreitung stillschweigend hinnehmen oder ob wir von unserem Menschenrecht Gebrauch machen, uns gegen ihn zu wehren.

So gesehen war Israel tatsächlich – im Rahmen der westlichen Welt – ein einzigartiges Land. Eine Schwäche wie die Europas wäre hier tödlich gewesen. Das Gebot der Sicherheit ist für Israel so selbstverständlich, dass es verinnerlicht wurde, gesellschaftlich und individuell. Wer hier lebt, hat sich längst daran gewöhnt, beim Eintritt in ein Geschäft, eine Behörde, Universität oder Bank von einem bewaffneten Sicherheitsmann kontrolliert zu werden, den Inhalt seiner Taschen vorzuweisen, sich abtasten zu lassen. Wir nehmen hin, dass ein großer Teil des Staatsbudgets für Sicherheit ausgegeben wird. Solche Ungelegenheiten betrachten wir als den Preis, der inmitten islamischer Glaubenskrieger zum Überleben nötig ist. Auch im Informations-Bulletin meiner weltfernen Wüstensiedlung erscheinen in Abständen unbehagliche Richtlinien: »Wie verhalte ich mich im Fall eines bewaffneten Überfalls.« Der eine oder andere meiner Nachbarn, Wissenschaftler des Instituts für Wüstenforschung, trägt einen Revolver am Gürtel. Wir finden nichts dabei, wenn am Schabbat ein paar Jungs von der nächsten Armee-Einheit zu uns in die Synagoge kommen, mit ihren Maschinenpistolen. Das Tragen von Waffen ist so alltäglich, dass wir kaum noch darauf achten. Wir verdrängen den Terror nicht, sondern versuchen, uns auf ihn einzustellen. Er ist, ob wir wollen oder nicht, Bestandteil unseres Lebens.

Es zeigt sich jedoch, dass ein Leben, das den Terror nicht verdrängt, sondern seiner gewahr ist, immer noch »normales Leben« im heutigen westlichen Sinne bleibt – freiheitlich, demokratisch, vielgesichtig, ein Leben der Möglichkeiten. Von daher ist das Israel-Bild der meisten europäischen Medien falsch. Es suggeriert eine Abnormität, eine immerwährende Ausnahmesituation im täglichen

Leben, die der Augenzeuge nicht findet. Israel-Reisende erleben das verblüffende Phänomen, dass ihre eigene authentische Wahrnehmung mit der in den Medien verbreiteten unvereinbar ist. Für manche ist es ein Erlebnis, das sie tief nachdenklich stimmt. Sie haben die Fernsehreportagen bisher gläubig hingenommen, da ihnen der Eindruck des Offiziellen anhaftete, des gesellschaftlich Anerkannten, des Authentischen.

Es ist nicht ganz leicht, das Phänomen zu durchschauen. Die Verfälschung geschieht auf schwer nachweisbare Art. Die gezeigten Bilder mögen echt sein, die Angaben über Ort, Zeit oder andere Fakten halbwegs korrekt. Einige Fälle von glatter Lüge lasse ich außer Acht, sie gehen am eigentlichen Problem vorbei. Das Problem ist die Tendenz, der verborgene »archimedische Punkt«. Die Zusammenstellung der Bilder, die Auswahl der Zeugen und Interviewpartner, die Proportionen in der Menge der gesendeten Bilder und Berichte. Flüchtig, ungreifbar, auf kaum nachvollziehbare Weise und mit kaum nachweisbaren Mitteln wird Missverstehen herbeigeführt. Wer für Medien gearbeitet hat, weiß, was politische Berichterstattung zuallererst ist: Auswahl und Ausschnitt. Zeigen oder Ausblenden, Herausstellen oder Verschweigen können einen Tatbestand bis zur Unwahrheit verfälschen, im Negativen wie Positiven, in beschönigender wie stigmatisierender Absicht.

Beides ist üblich in der modernen Medienwelt, beschönigen wie verleumden. Beschönigt wurden zum Beispiel – wer erinnert sich? – die Regimes des niedergehenden Staatssozialismus. Ihre Unmenschlichkeit, ihr totalitäres Wesen verblasste in der öffentlichen Darstellung des Westens neben ihrer angeblichen Reformbereitschaft. Die Formel damals lautete nicht »Land für Frieden«, doch ähnlich wohllautend »Wandel durch Annährung«. Sie war wie diese in aller Munde, wurde täglich wie eine heilige Gewissheit beschworen, wer sie bezweifelte, galt als Gegner des Friedens. Heute ist bekannt, wie gering der Wahrheitsgehalt der Formel »Wandel durch Annäherung« gewesen ist: Die osteuropäischen Regimes wandelten sich nicht, sondern brachen zusammen. Die

Annäherung fand erst in der Folge statt, war also nicht Voraussetzung des Vorgangs, sondern Resultat. Aussagenlogisch gesehen verwechselte man Prämisse und Konklusion der Verknüpfung. Daher ist in Wirklichkeit ziemlich genau das Gegenteil dessen geschehen, was die Formel verhieß.

Wie verhält es sich mit »Land für Frieden«? Solche Formeln haben enorme massenpsychologische Wirkung. Sie scheinen erdacht für das tägliche Medienspektakel – das nicht zuletzt ein Vorgang autosuggestiver Selbstbestätigung ist – und für eine Spielart westlicher Politik, die das Verleugnen von Gefahren, das Beschönigen, Beruhigen um jeden Preis für den Gipfel staatsmännischer Klugheit hält. Das englische Wort dafür ist *appeasement*. Es wurde zum Symbol des Versagens der europäischen Demokratien gegenüber Hitler. Diese Politik gipfelte im Münchner Abkommen von 1938, in dem England und Frankreich den Verrat an der tschechischen Republik vollzogen – in der Hoffnung, so einen Krieg zu vermeiden. Der Krieg begann im Jahr darauf. Ab einem bestimmten Punkt ist zu große Furcht vor Gewalt das sicherste Mittel, um Gewalt großzuziehen.

Die Formel »Land für Frieden« ging davon aus, dass Frieden ein verhandelbares Gut sei, eintauschbar gegen materielle Werte, in diesem Fall gegen Land. Doch ein solches Konzept vom Frieden als Handelsware setzt voraus, dass die andere Seite den Frieden gleichfalls als Ware versteht. Und folglich auch seine Antipoden, Krieg oder andere Formen kriegsähnlicher Gewalt wie zum Beispiel Terror. Wie sich zeigt, ist dieser Ansatz im Fall der meisten Terrorgruppen falsch: Sie sind nicht bereit, sich den Terror abhandeln zu lassen, wollen um keinen Preis auf ihn verzichten, für kein materielles Gut, auch nicht für Land. Sie begründen den Terror auch nicht mit Mangel, sondern religiös-metaphysisch. Sie sehen eine heilige Handlung darin (oder geben es vor) – und nicht ein Manöver in einem Handelsgeschäft. Schon von daher ging die Formel »Land für Frieden« grundsätzlich an der Sache vorbei. Sie hatte übrigens, was immer misstrauisch stimmen sollte, keine historische Präzedenz. Sie beruhte auf keiner historischen Erfahrung, ihre Voraussetzungen waren nicht geprüft, sie blieb einseitige Vorleistung und hat den Terrorismus eher ermutigt als verhindert.

Es ist denkbar, dass sich die Zukunft Europas erneut an der Frage entscheidet, wie die Europäische Union mit der Herausforderung durch den militanten Islam zurechtkommen wird. Wie Europa, dieses Patchwork sehr unterschiedlicher Staaten und Nationen, voll innerer Spannungen, zu Spaltungen und Brüchen geneigt, auf eine ethnisch-religiös verkleidete, in Wahrheit kriegerische Gewaltdrohung zu antworten weiß, auf eine permanente Erpressung durch Terror. Die Ermordung des holländischen Regisseurs Theo van Gogh hat gezeigt, dass dieser Terror nicht die bekannte Form spektakulärer Anschläge annehmen muss: Er kann sich, wie im 11. Jahrhundert zur Zeit der Assassinen, auf die Tötung Einzelner und Unliebsamer beschränken und dadurch nicht weniger Angst und Demoralisation verbreiten, nicht weniger Erosion der demokratischen Freiheiten, als es Bombenanschläge tun. Andere Taktiken werden den Bombenterror eindrucksvoll ergänzen: gezielte Einzeltötungen, Sabotage, großangelegter Vandalismus.

Werden die europäischen Staaten zu handeln beginnen? Wonach können sie sich orientieren? Ein Land, das dem Phänomen Terror seit Jahrzehnten entgegenarbeitet, auf alltäglicher Basis und im Großen und Ganzen erfolgreich, ist Israel. Die Dichte der geplanten Anschläge und Gewaltaktionen ist hier größer als sonst irgendwo auf der Welt. Auch die Zahl der Terrorakte, die erfolgreich verhindert werden. Israels Antiterror-Aktionen mögen von Fall zu Fall diskutabel sein. Doch waren sie innerhalb der westlichen Welt der erste Versuch, überhaupt Strategien der individuellen und gesellschaftlichen Verteidigung zu entwickeln – einer weitreichenden, tiefgreifenden, im Zeitalter eines islamischen Glaubenskriegs unerlässlichen »inneren Sicherheit«.

Bisher wurden diese Versuche von den europäischen Medien überwiegend verurteilt. Die Verteidigungsbereitschaft einer freien Gesellschaft gegen terroristische Erpressung wurde als »Staatsterror« verleumdet, als wäre der notfalls gewaltsame Schutz der Bürger eines Staates durch seine Sicherheitskräfte der terroristischen Gewalt gleichzusetzen, gegen die er sich richtet, wären Angriff und Verteidigung gleichermaßen unmoralisch, als gehörte nicht die Sicherung des Lebens zu den Verpflichtungen des *contrat social* auch in einem modernen, toleranten Staat. Die Furcht vieler europäischer Intellektueller und Medienleute vor dem eigenen Staat scheint größer zu sein als die vor dem Terrorismus. Sie sehen ihre Freiheiten vor allem staatlicherseits gefährdet, nicht durch kriminelle Aktionen, erpresserischen Druck oder durch die Schaffung einer kalkulierten Atmosphäre von Furcht.

Wie sich zeigt, ist diese Beschwichtigungstaktik in jeder Hinsicht kontraproduktiv. Trotz selbstauferlegten Gewaltverbots, trotz betont freundlicher Politik gegenüber arabischen Regimes, die den Terror fördern und bezahlen, trotz unbegreiflicher Duldsamkeit gegenüber terroristischen Netzwerken in den eigenen Ländern bleiben die europäische Staaten vom islamischen Terror nicht verschont. Jeder Anschlag in Europa führt die europäische Doktrin ad absurdum, Terrorismus sei eine Erscheinung des Mittleren Ostens, hätte seine Ursache in der ungerechten Behandlung der Palästinenser, wäre Israels »Okkupationspolitik« und Amerikas Politik in der Region zuzuschreiben oder dergleichen kurzsichtige Erklärungsversuche mehr.

Indem sich diese Doktrin als verfehlt herausstellt (und von immer mehr Europäern als verfehlt wahrgenommen wird), verlieren auch die über Jahre aufgebauten Klischees von Israel als Aggressor und Friedensfeind ihren Sinn. Weltweit erweist sich das politische Konzept, Frieden erkaufen zu wollen, angesichts eines nicht friedwilligen Gegners als hoffnungslos. Folglich wäre es Zeit für ein verändertes Bild von Israel in der öffentlichen Wahrnehmung Europas. Das hieße zunächst, Israel nicht mehr unter dem Aspekt enttäuschter Wunschvorstellungen zu sehen, sondern als Realität, als souveränen, ständig erstarkenden Staat, als die bisher einzige Demokratie im Mittleren Osten. Es hieße davon abzusehen, der eigenen Mentalität unverständliche Bevölkerungsgruppen mit feindlichen Stereotypen zu belegen (»die Siedler«, »die Orthodoxen« …), israelische Zustände verächtlich zu machen und hiesige Institutionen zu diffamieren. Zunehmend reagieren Israelis allergisch auf europäische Versuche der Belehrung. Als ich vor zehn Jahren nach Israel kam, wurde dem anklagenden Ton der europäischen Medien noch Glauben geschenkt. Heute weiß fast jeder in diesem Land, dass er nichts ist als ein politisches Instrument.

Das Schwinden europäischer Einflussmöglichkeiten auf die Situation in Israel hat verschiedene Gründe. Zum einen hat Europas offensichtliche Wahrnehmungsstörung den Terror betreffend zu einem starken Verlust an Glaubwürdigkeit geführt: Die hiesige Mehrheit glaubt europäischen Ratschlägen nicht mehr, sieht in dem, was in Europa selbst geschieht, eher Scheitern und Unfähigkeit als brauchbare Ansätze zur Lösung des Problems. Zudem gibt es für die Abwendung von Europa Ursachen, die in Israel selbst begründet liegen. Im letzten Jahrzehnt sind die lange vorherrschenden ashkenasischen Einwanderer neben dem sephardischen und russischen Bevölkerungsanteil zur Minderheit geworden. Dadurch ist auch die traditionelle Anhänglichkeit an Europa zurückgegangen. Für marokkanische oder sibirische Juden ist Europa kein prägendes, nicht mal mehr ein eindrucksvolles Muster. Sie assoziieren Automarken oder Fußballmannschaften mit diesem Begriff, nicht mehr die traditionellen Werte europäischer Selbstdarstellung wie Humanität, Bildung, demokratische Kultur. Wie sich langsam herumspricht, sind es auch in Europa nur noch Worte von gestern.

Zugleich fällt es Europäern zunehmend schwer, die Verhältnisse in Israel zu durchschauen. Eine italienische Studentin erklärte mir, dieses Land nicht verstehen zu können, »un paese così diverso, così inconsistente …« Hier kommen Juden aus über 140 Ländern mit über 200 verschiedenen Muttersprachen zusammen, nirgendwo auf der Welt gibt es größere Vielfalt innerhalb eines Volkes. Ein tägliches Wunder, dass unser Leben in Bahnen einer gewissen Normalität verläuft, mit Verständigungsebenen, menschlichen Berührungspunkten, mentalen Gemeinsamkeiten, die Außenstehende schwer erkennen. Die hebräische Sprache spielt eine entscheidende sozialisierende Rolle, aber ebenso Spirituelles, dessen Wahrnehmung sich vielen heutigen Europäern entzieht: Tradition, Religion, Ritual. Manches Geheimnis umhüllt Israel, wiedergeboren nach zweitausend Jahren Zerstreuung, genährt aus der wunderbaren Überlebenskraft des jüdischen Volkes durch Heimatlosigkeit und Verfolgung. Dieses Volk nimmt seine Erfahrungen aus allen Epochen schriftlich belegter Geschichte. Verglichen mit den Juden sind die europäischen Nationen allesamt jung.

Israel kann nicht alle Hoffnungen erfüllen, auch wenn es ein Land ewiger Hoffnung ist, gegründet auf ein historisches Versprechen. Es gibt tiefe Verankerungen, uralte Fundamente, die der Außenstehende angesichts der vermeintlichen Neuheit des Landes nicht wahrnimmt. Die Ansprechbarkeit, Kreativität und Wandlungsfähigkeit der Israelis, ihr mobiler, improvisierender Lebensstil, die Spontaneität ihres Alltagslebens täuschen den Beobachter. An bestimmten Punkten verwandelt sich ihre Lässigkeit in Härte und Entschlossenheit. Dahinter stehen historisch disponierte, aus jüdischer Weltsicht gewachsene Gesichtspunkte, im Schrifttum fundiert, längst ins allgemeine Bewusstsein übergegangen, etwa *pikuach nefesh*, die »Bewahrung des Lebens«. Der Terminus meint, dass zur Sicherung jedes einzigen jüdischen Lebens alles nur Denkbare unternommen werden muss, im Sinne einer unerlässlichen Verpflichtung, einer nicht mehr verhandelbaren Größe. Vielen europäischen Politikern, Wirtschaftsleuten, Meinungsführern wäre es lieber gewesen, wenn Israel der Entwicklung palästinensischer Städte zu Terrorzentren tatenlos zugesehen hätte. Ihnen mag gleichgültig sein, ob der jüdische Staat für Juden bewohnbar bleibt oder nicht. Es hat wenig Sinn, diese Gleichgültigkeit moralisch zu verurteilen: Wir können von Außenstehenden nicht erwarten, dass ihnen an der Wahrung unserer Lebensinteressen liegt.

Aber man muss davon ausgehen, dass uns daran liegt. Hier ergibt sich die Frage, wieweit man uns Lebensinteressen überhaupt zubilligt. Ich will Israels Kritikern nicht unterstellen, sie bestritten unsere Lebensinteressen als Volk. Sie zielen auf den Staat Israel, auf die Staatlichkeit des jüdischen Volkes. Das Volk selbst möge existieren, wie es bekanntlich schon seit Jahrtausenden existiert, unter wechselnden Umständen, in Ägypten, Babylon, Rom, Spanien, Deutschland. Auch heute kämen weite geographische Räume in Betracht. Muss es ausgerechnet hier sein, im Mittleren Osten, im Zentrum des Islam? »Das Problem heißt Israel« war die Überschrift einer Nahost-Analyse der führenden deutschen Tageszeitung, die mir Freunde schickten. Per se sei die Gründung dieses Staates ein Akt des Unfriedens gewesen, durch sie Krieg und Konfliktstoff in die Region getragen worden. Die Behauptung setzt stillschweigend voraus, hier hätte vordem Frieden geherrscht. Ein kurzer Blick ins Geschichtsbuch würde darüber aufklären, was sich allein im letzten Jahrhundert in dieser Gegend abgespielt hat, vor Gründung des jüdischen Staates und ganz ohne Beteiligung von Juden: der Zusammenbruch des Osmanischen Reiches, die südlichen Schlachten des Ersten Weltkriegs, der uralte Hass zwischen arabischen Nachbarn, die endlosen Blutfehden der Beduinenstämme, die tödliche Rivalität zwischen dem saudischen und hashemitischen Haus ...

Fraglos ist Nichtwissen, auch Nichtwissenwollen, eine Quelle heutiger Israel-Kritik. Irgendwo, an einer schwer zu bezeichnenden Stelle, geht diese Art Israel-Kritik in Judenhass über, in eine nach demokratischem Konsens verwerfliche Haltung. Für einen Augenblick herrscht Erschrecken, Beteuerung prinzipiellen Wohlwollens, verbale Verurteilung derer, die sich zu weit vorgewagt haben. Zugleich wird erklärt, Kritik an Israel bedeute noch keinen Judenhass. Im Gegenteil, man kritisiere in für uns Juden hilfreicher Absicht. Die kritischen Fragen nach Israels Rolle in der Region ergeben sich eine aus der anderen, mit einer immanenten Folgerichtigkeit, mit einer ins Dunkel der Verwirrung führenden Konsequenz. Aus scheinbar edelgesinnter Kritik an Israels »Okkupationspolitik« gleitet man unmerklich hinüber zur Frage, wieweit Juden »völkerrechtlich legitimiert« sind, hier zu siedeln. Ob nicht bereits die Staatsgründung ein eigenmächtiger, die Interessen anderer Völker verletzender Vorgang war, ob nicht von jeher das Wirken der Juden mit Interessenverletzung und Übervorteilung anderer einherging, ob dieses Volk nicht immer wieder durch unverträgliches Wesen seine Kalamitäten selbst hervorruft, ob nicht letztlich die Juden selbst schuld am Judenhass sind ...

Keinen dieser Gedankengänge habe ich aus der Luft gegriffen, sie stehen in deutschen Zeitungen und deutschen Büchern von heute. Es handelt sich um Stellungnahmen von Politikern, Intellektuellen und anderen modernen Menschen, die auf diese Weise, an allen Geboten eines deklarierten Philosemitismus vorbei, zu den judenfeindlichen Vorurteilen des Mittelalters zurückfinden. Was bleibt zu tun, als bedauernd den Prozess einer Abwendung festzustellen, einer zunehmenden Entfremdung zwischen Deutschland und Israel, die das einst, in Adenauers und Ben Gurions Tagen so hoffnungsvolle Verhältnis dahinschwinden lässt? Kann man das Erkalten von Gefühlen, den Verlust von Verständnis aufhalten? Ist Entfremdung einmal so weit gediehen, wie viel Hoffnung besteht dann noch auf neue Annäherung?

Israels Probleme mit Europa hatte schon Theodor Herzl vorausgesehen. Mehrmals schrieb er in seinen Tagebüchern, dass der »Judenstaat« sich mindestens ein Vierteljahrhundert, möglichst länger, von europäischen Einflüssen fernhalten müsse. Die relative geographische Nähe zu Europa war eins seiner Argumente gegen Israel als geeigneten Ort für einen jüdischen Staat. Er stimmte darin mit Baron Hirsch, dem Pariser Philanthropen überein, der jüdische Siedlungen in Argentinien finanzierte, später sogar mit denen, die eine Staatsgründung in Uganda vorschlugen. Der tief verwurzelte europäische Antisemitismus war aus Herzls Sicht eine reale, bleibende Gefahr. Man könne, schrieb er, von europäischer Seite mit keinem wirklichen Wohlwollen rechnen, mit keiner wirklichen Hilfe, eher mit Versuchen kontraproduktiver Einflussnahme. Zyklisch zeige sich der europäische Judenhass immer von neuem wie ein chronisches Gebrechen, dessen Symptome mal zurückgingen, mal in erschreckender Gewalt alles Fühlen der Gesellschaft dominierten.

Bekanntlich war die Dreyfus-Affäre das Herzl bekehrende, zur Idee des »Judenstaates« inspirierende Erlebnis. Er berichtete über den Dreyfus-Prozess für eine Wiener Tageszeitung, deren Korrespondent er war. Rasch erkannte er die Brüchigkeit des europäischen Zivilisationsanspruchs, an den er bis dahin geglaubt hatte: »Wo ist das geschehen? In Frankreich. Im republikanischen, modernen, zivilisierten Frankreich, hundert Jahre nach der Deklaration der Menschenrechte.« Besonders die massenhysterische Dimension des Ausbruchs entsetzte ihn. Was würde er heute sagen, angesichts ähnlicher Aufwallungen gegen den jüdischen Staat?

Für Israel braucht es den zweiten Blick, eine Bereitschaft zu tieferem Verstehen. Der winzige Staat im Mittleren Osten, in seiner strategisch einzigartigen Position zwischen den Erdteilen, den Kulturen, den Zeitaltern, mit seinen in der Geschichte einzigartigen Schicksalen, ist ein Topos für kluge Köpfe. Politik ist hier in jahrtausendealte Vorgeschichten und Vorläufe eingewoben. Übereilte Ansätze, rasche Urteile führen zu verhängnisvollen Irrtümern. Wenn die europäische Nahostpolitik der letzten Dekade erfolglos war, liegt es vor allem daran, dass zu utilitaristisch, zu eilig, zu sehr im Sinne schneller Effekte vorgegangen wurde – nach europäischen Vorstellungen von Raum und Zeit, von politischer Machbarkeit und modernem Kalkül. Die Räume des Mittleren Osten haben Hintergründe, die Europa kaum ermisst. Auch die Zeit hat in diesen historischen Tiefen ein anderes Maß. Nur auf den allerersten, flüchtigen Blick scheint das neue Israel, die Gründung säkularer Zionisten europäischer Herkunft, losgelöst aus den uralten religiösen, historischen, ethnologischen Zusammenhängen der Region. In Wahrheit war es dies nicht einen Tag. Israel war niemals eine europäische oder europäisch geprägte Gesellschaft. Israel war immer, wie Martin Buber feststellte, ein orientalisches Land.

Für europäische Nahostpolitik sind grundsätzlich neue Denkansätze nötig. Die Suche nach ihnen muss in der Tiefe beginnen, in den Dimensionen historischer Prädestination des Heutigen, in einer kulturellen und religiösen Vorgeschichte, einer vor-europäischen Geschichte. Wer Israel verstehen will, muss das politische Geschehen dieser Region seit antiken Zeiten im Auge haben, die komplizierten Balanceakte, die fragilen Verflechtungen, die bewegliche Existenz im Kräftespiel der Großmächte, das unwahrscheinliche Überdauern zwischen Assyrien und Ägypten, zwischen den aufsteigenden und niedergehenden Weltreichen der Babylonier, Perser, Seleukiden, Römer, um die uralte Weltklugheit des jüdischen Volkes zu verstehen, seine Fähigkeit zum Überdauern, zum Hinnehmen von Rückschlägen, zum Wiederaufstehen und zum Wandel – Eigenschaften, für die das Strategem heutiger europäischer Politik ein zu simples Muster war.

Auch die arabische Seite ist viel schwerer zu kalkulieren, als viele Europäer meinen. Die Vielzahl der islamischen Staaten, die riesigen Massen ihrer Bevölkerungen, die Erdölreserven sind beeindruckend. Doch bedeutet große Zahl noch nicht politische Stärke, Menge noch nicht Konsistenz. Gerade in ihrer Politik gegenüber dem Westen herrscht unter diesen Staaten keine Einigkeit. Das Spektrum reicht von denen, die sich Amerika freiwillig als Militärbasis anbieten, bis zu denen, die sich verdeckt oder offen dem »Glaubenskrieg« gegen den Westen verschrieben haben. Tiefe Brüche zwischen den Fraktionen machen im entscheidenden Moment jedes Handeln zunichte, wie sich beim arabischen Gipfel im Frühjahr 2002 zeigte, der dem in Ramallah belagerten, verzweifelt um sein Überleben kämpfenden Arafat nicht zu Hilfe kam. Hinter der antiwestlichen Fassade sind starke Zweifel am eigenen Weg aufgekommen, werden Alternativen gesucht, Auswege aus der Misere.

Die wirtschaftliche Lage, die soziale Struktur, die innere Situation vieler arabischer Staaten ist deprimierend. Wenn auch bisher – so das gängige europäische Schema – Depression und Verzweiflung die islamische Gewaltbereitschaft eher erhöhten, ist dennoch aus der Geschichte kein Fall bekannt, in dem desperate Rundumschläge eine dauerhafte Basis für Politik abgegeben hätten. Zumindest nicht für erfolgreiche Politik. Die Schwäche des islamischen Fundamentalismus ist sein offenes Gewaltbekenntnis.

Es geht weit über alles hinaus, was sich zur Not aus dem Koran begründen ließe, ist überhaupt unbegründbar, inhuman, irrational und destruktiv, auch in den Augen vieler Muslime. Die gewalttätige Pose stößt auf Dauer eher ab, als dass sie Sympathien schafft, verausgabt ihre eigenen Kräfte eher, als dass sie stärkt, isoliert eher, als dass sie eint. Von innen her ist die schreckeinflößende Attitüde ausgehöhlt, beginnen die Götzen des Terrors zu wanken. Werden Europas Politiker die letzten sein, die an sie glauben?

Saddam wartet im Gefängnis auf sein Urteil, Arafat ist tot. Es gibt kein Talibanregime mehr in Afghanistan. Gaddafi hat sich der »Allianz gegen den Terror« angeschlossen. Wir dürfen unseren Augen trauen: Der Mittlere Osten beginnt sich zu verändern. Noch marschieren verschleierte Kämpferinnen mit Maschinenpistolen in Teherans Militärparaden, zeigen palästinensische Väter stolz ihre kleinen Söhne mit dem umgeschnallten Bombengürtel des Selbstmordattentäters. Müssen wir es hinnehmen wie Schicksal? Müssen wir daran glauben, dass es ewig so bleibt?

Lea Fleischmann

Sie haben Augen und sehen nicht

Sie haben Augen, und sehen nicht; sie haben Ohren, und hören nicht«, lehrt der Psalm 115. Jahrelang haben die europäischen Journalisten und Politiker ihre Augen verschlossen und die Ohren verstopft. Beginnen wir mit dem historischen Händedruck am 13. September 1993 zwischen Jitzhak Rabin und Jassir Arafat auf dem grünen Rasen des Weißen Hauses. Die Mehrheit der israelischen Bevölkerung jubelte, als sich die beiden Männer vor den Augen der Welt die Hand reichten. In unserem verzweifelten Wunsch nach Frieden hatten wir übersehen, dass sich hier zwei Männer mit völlig verschiedenen Ausgangspositionen begegneten. Der eine, Jitzhak Rabin, war bereit, Gebiete abzutreten und einer palästinensischen Autonomie als Vorstufe eines Palästinenserstaates zuzustimmen, weil er Ministerpräsident eines kriegsmüden Volkes war. Schwer bewaffnet und gleichzeitig hilflos standen unsere Soldaten Steine werfenden palästinensischen Jugendlichen und Kindern gegenüber. Der andere, Jassir Arafat, hatte die Erfahrung gemacht, dass die täglichen Fernsehbilder von jugendliche Steinewerfern, die entsprechend inszeniert von den palästinensischen Fernsehkameras aufgenommen wurden, die israelische Gesellschaft moralisch aufweichen und den Hass gegen Israel weltweit schüren.

Jitzhak Rabin wollte Frieden, Jassir Arafat hatte kein Interesse an einem friedlichen Zusammenleben der Völker. Er, der als Terrorist seine politische Laufbahn begonnen hatte, kannte und würdigte nur den Kampf. Arafat war ein Mann des Krieges und kein Mann des Aufbaus. Ausgestattet mit einer überragenden Intelligenz, hatte er das westliche Denken gründlich durchschaut. Es reichte, »Frieden« zu sagen, und er kehrte nach Gaza zurück, es reiche, »Frieden« zu sagen, und er erhielt die größte Auszeichnung, die Europa zu vergeben hat, den Friedensnobelpreis, es reiche »Frieden« zu sagen, und EU-Gelder flossen reichlich an die palästinensische Autonomiebehörde. Deswegen wurde seit jenem historischen Händedruck das Wort »Frieden« zu Arafats Lieblingswort, allerdings nur, wenn er vor westlichen Kameras zu europäischen und amerikanischen Politikern sprach. Auf Arabisch verkündete er den Jihad, den heiligen Krieg, und schwörte sein Volk auf Kampf ein. Mit Scheuklappen auf den Augen sah die Welt zu, wie dieser Mann in seiner militärischen Uniform den Friedensnobelpreis entgegennahm. Nicht einmal zu diesem historischen Anlass trug er Zivil, um allen Arabern, die seine Gesten und Symbole verstanden, zu signalisieren: »Ich bin Soldat, und der Kampf geht weiter.« Sein vor der Weltöffentlichkeit geäußerter Friedenswille war nichts anderes als ein taktisches Manöver, um an die Macht und internationale Finanzquellen zu gelangen.

Als Jassir Arafat 1994 seine Herrschaft über das palästinensische Volk antrat, hat er den Terror nicht eingedämmt, sondern ausgefeilt. Die palästinensischen Schulbücher, die mit EU-Geldern finanziert wurden, verbreiteten Hass auf Israel, und die Terrororganisationen konnten sich unter Arafats Schutz ungehindert entfalten. Mit finanziellen Mitteln und Waffen hat er sie reichlich ausgestattet, denn sie sorgten für die notwendige Spannung, die er und seine Vasallen benötigten, um an der Macht zu bleiben. Unablässig schürte Jassir Arafat die Konfrontation zwischen den Israelis und den Palästinensern.

Mit seiner Zustimmung gingen die Selbstmordattentate in Serie. Fassungslos stand Jitzhak Rabin vor den zerschmetterten Autobussen und verkündete dem israelischen Volk seine berühmte Formel: »Ich werde weiter um den Frieden kämpfen, als gäbe es keinen Terror, und ich werde den Terror bekämpfen, als ob ich keinen Friedensprozess führe.« Und sein politischer Partner Präsident Arafat stand daneben und verurteilte mit einem ernsten Gesicht und lachendem Herzen die Selbstmordattentate. Er schob die Verantwortung den Terrororganisationen Hamas und islamischer Jihad zu, als hätte er nichts mit ihnen zu tun. Medienwirksam wurden auf Arafats Anweisung einige Hamas-Mitglieder in Handschellen und mit großem Aufwand ins Gefängnis verfrachtet – damit jeder auf seinem Bildschirm sehen konnte, wie er gegen die Terroristen vorging. Aber nach kurzer Zeit wurden sie klammheimlich freigelassen. Das wurde nicht gefilmt. Israels rechte Parteien machten für die Ausweitung des Terrors Jitzhak Rabin verantwortlich und schufen damit das geistige Klima für das furchtbare Attentat auf ihn.

Schimon Peres kam ans Ruder. Ein Mann des Ausgleichs und guten Willens. Ein Politiker, der es ernst meinte mit dem Eindämmen des Siedlungsbaus und der sich für die Schaffung eines Palästinenserstaates einsetzte. In der kurzen Amtszeit von Peres gab Jassir Arafat den Terrororganisationen grünes Licht für eine besonders grauenvolle Terrorwelle. Der israelische Geheimdienst liquidierte daraufhin den Bombenbauer Jehia Ayache mittels eines Handys, und ein neues Wort trat seinen Siegeszug in der deutschen Presse an: »Vergeltung«. Das Ausschalten der Mörder wurde damit auf die gleiche Stufe gestellt wie die Massaker an Unschuldigen. Bei den Bemühungen des israelischen Militärs, die Verantwortlichen zur Strecke zu bringen, kamen leider auch unbeteiligte Palästinenser ums Leben, aber das nahmen die Terrororganisationen billigend in Kauf. Sie verschanzten sich und ihre Sprengstofflabors in dicht bevölkerte Wohngegenden. Nicht »Vergeltung« ist das richtige Wort, sondern »Notwehr«. Israel musste alles unternehmen, um sich gegen diesen brutalen Terror zu wehren.

Immer, wenn die israelische Regierung stillhielt und versuchte, Gespräche mit den Palästinensern in Gang zu bringen, erfolgte kurz vor dem anberaumten Termin ein neuer Anschlag. »Hamas und der Islamische Jihad fallen Präsident Arafat in den Rücken«, kommentiert die westliche Presse. Spätestens als Jassir Arafat der Familie des Bombenbauers Jehia Ayache öffentlich kondolierte und diesen Mörder, der verantwortlich war für den Tod von über hundert unschuldigen israelischen Kindern, Männern und Frauen, in den Status eines palästinensischen Märtyrers erhob, hätten die demokratischen Staaten aufhorchen müssen. Aber die europäischen Politiker verschlossen Augen und Ohren. Zu teuer war ihnen das Muster vom edlen, friedliebenden Freiheitskämpfer Arafat und den brutalen israelischen Soldaten geworden.

Die israelische Bevölkerung suchte einen Ausweg aus dem Dilemma. Sie wählte Benjamin Netanjahu und danach eine linke Regierung unter Ministerpräsident Ehud Barak. In einer beispiellosen Aktion zog Barak über Nacht das israelische Militär aus dem Libanon ab. Er wäre in der Lage gewesen, Siedlungen aufzulösen und Teile von Jerusalem unter palästinensische Verwaltung zu stellen. Die Konferenz in Camp David unter dem Vorsitz des amerikanischen Präsidenten Bill Clinton bot eine historische Gelegenheit zu einem endgültigen Friedensabschluss, jedoch Jassir Arafat blockierte alle Ansätze. Nichts kam ihm ungelegener als das großzügige Angebot des israelischen Ministerpräsidenten Ehud Barak, der vorschlug, dass sich Israel aus zweiundneunzig Prozent der Territorien zurückzieht, die Siedlungspolitik stoppt und Konzessionen bezüglich Jerusalems macht. Nachdem Ehud Barak unter amerikanischem Druck alle Bedingungen der Palästinenser akzeptiert hatte, musste Arafat ein neues Problem konstruieren. Plötzlich stand die Forderung nach der Rückkehr aller palästinensischen Flüchtlinge und ihrer Nachkommen nach Israel und damit die Auflösung des jüdischen Staates im Raum. Dem kann keine israelische Regierung zustimmen. Die Verhandlungen im Juli 2000 scheiterten, und Jassir Arafat wartete die erstbeste Gelegenheit ab, um mit seinen vorbereiteten Gefechten zu beginnen. Zu jenem Zeitpunkt hatte er die palästinensische Autonomie bereits mit Waffen und Sprengstofflabors überzogen. Den willkommenen Anlass bot ihm Ariel Scharon mit seinem Gang auf den Tempelberg.

Wo blieb der Protest der europäischen Staaten, als Jassir Arafat auf Scharons Gang zum Tempelberg mit Gewalt reagierte? Ariel Scharon war damals Oppositionsführer und sowohl die israelische Bevölkerung wie die auch die Regierung verurteilten sein Verhalten. Eine friedenswillige palästinensische Führung hätte auf diplomatischem Weg protestiert, aber nicht sofort zu den Waffen gegriffen. Ohne Vorwarnung schossen plötzlich palästinensische Polizisten, die noch Stunden zuvor mit israelischen Soldaten gemeinsam patrouillierten, auf ihre israelischen Kameraden. Die westliche Presse schob einhellig die Schuld an dem Gewaltausbruch den Israelis in die Schuhe und nahm mit wohlwollendem Verständnis die Aggression der Palästinenser zur Kenntnis. Dass Arafat auf die Provokation des damaligen Oppositionsführers mit Schießereien reagierte, öffnete jedem einigermaßen klar denkenden Israeli die Augen: Jassir Arafat war an keiner friedlichen Lösung des Konfliktes interessiert. Er suchte die bewaffnete Auseinandersetzung, und kein einziges Wort, das er über Frieden verlor, konnte man ihm glauben. Enttäuscht gaben die meisten Israelis bei der nächsten Wahl Ariel Scharon ihre Stimme.

Zur Überraschung seiner Kritiker war Scharon vernünftiger, als man es von ihm erwartet hatte. Als einundzwanzig Jungen und Mädchen im Juni 2001 in einer Tel Aviver Diskothek von einem Selbstmörder zerfetzt wurden, hielt er auf Anraten der Amerikaner und Europäer still und hoffte, dass die palästinensische Führung tatsächlich etwas gegen die Terrororganisationen unternehmen würde. Aber Jassir Arafats Reaktion beschränkte sich, wie immer, auf leeres Geschwafel. In Gegenwart europäischer Politiker verurteilte er die Selbstmordanschläge. Gleichzeitig unterstützte er mit allen ihm zur Verfügung stehenden Mitteln, auch mit den Geldern der EU, die Terrororganisationen. Und wie eine Gebetsmühle wiederholte die europäische Presse nach jedem Terroranschlag den dummen Spruch: »Arafat hat die Kontrolle über die radikalen Gruppen verloren.«

Der Terror nahm ein unerträgliches Ausmaß an. Die Terrororganisationen verfielen auf immer neue Ideen, wie sie ihre Selbstmordkandidaten unter die israelische Bevölkerung schleusen konnten. Selbstmordattentäterinnen verkleideten sich als schwangere Frauen, Terroristen zogen die Kluft der religiösen Juden an, in Krankenwagen mit dem roten Halbmond wurde Sprengstoff transportiert, behinderten palästinensischen Kindern wurden Sprengstoffgürtel angelegt und aufgetragen, in Richtung der israelischen Soldaten zu laufen. Vollbesetzte Busse wurden zerfetzt, in Cafés und Restaurants jagten sich die Selbstmörder in die Luft, neben Kindergruppen und Jugendlichen zündeten sie die tödliche Ladung. Israels Bevölkerung fühlte sich dem Terror schutzlos preisgegeben.

Weder durch Straßensperren noch durch Militäraktionen der israelischen Soldaten konnten die jugendlichen Selbstmörder dingfest gemacht werden. Mit unerklärbaren Geldquellen gesegnet, gelang es den Terrororganisationen, arme palästinensische Familien zu überzeugen, dass der Selbstmord ihrer Kinder ein gottgewolltes Werk sei. Die Eltern erhielten neben dem Ruhm großzügige finanzielle Spenden. In Israel wurde der Ruf nach einer Absperrung immer lauter. Die Regierung gab dem Drängen der Bevölkerung nach und begann mit dem Bau einer Sperranlage, die es den Selbstmordattentätern erschwert, unerkannt in die israelischen Städte zu gelangen. Als Folge dieser Maßnahme gingen die Terrorattentate merklich zurück.

In der palästinensischen Autonomie hatte Präsident Arafat eine üble Diktatur eingerichtet. Und wie in jedem totalitären Staat trauten sich die Menschen nicht, vor laufender Kamera ihre Regierung zu kritisieren. Deswegen sahen die europäischen Fernsehkonsumenten nur Bilder von Palästinensern, die ihrem Präsidenten zujubelten, und es erschien ihnen, als würde das palästinensische Volk geschlossen hinter seiner Führung stehen. Hinzu kam, dass die israelische Linke unentwegt die Regierungspolitik Ariel Scharons angriff. Das ist ihr gutes Recht als Opposition, und im demokratischen Staat Israel darf die Opposition die Regierungspolitik nach Herzenslust kritisieren. Aber bei den Europäern entstand der Eindruck, als trüge Israel die alleinige Schuld an der kriegerischen Auseinandersetzung mit den Palästinensern. Eine tendenziöse Berichterstattung verstärkte diesen Eindruck und suggerierte dem Zuschauer, dass der Terror ein legitimes Kampfmittel der palästinensischen Freiheitsbewegung ist. Cherie Blair, die Gattin des englischen Regierungschefs, sprach aus, was viele Europäer dachten, als sie Verständnis für die palästinensischen Selbstmörder äußerte:»Sie wissen eben keinen Ausweg mehr.« Allerdings geschah nun etwas, womit Jassir Arafat und die ihm ergebene Führungsclique nicht gerechnet hatten. Immer mehr Palästinenser begriffen, dass es ihnen unter Jassir Arafats Herrschaft so schlecht ging wie niemals zuvor in ihrer Geschichte. Massive Kritik an ihm und seinem korrupten Führungsstil regte sich in der palästinensischen Bevölkerung. Die Verbitterung der Menschen nahm zu, und es gelang Arafat nicht mehr, seinem Volk einzureden, dass nur die Israelis und Scharon an der palästinensischen Misere schuld seien. In der Tourismusbranche arbeiteten Israelis und Palästinenser stets eng zusammen. Der größte Reiseveranstalter in dieser Region ist ein palästinensisches Unternehmen. Busgesellschaften, Hotels, Souvenirgeschäfte und Gaststätten in der Jerusalemer Altstadt und in Bethlehem befinden sich im palästinensischen Besitz. Für Palästinenser und Israelis ist der Tourismus einer der wichtigsten Wirtschaftszweige, und Tausende von Familien sind von ihm abhängig. Als Arafat die zweite Intifada vom Zaun brach, waren die Palästinenser, die vom Tourismus lebten, entsetzt. Sie wussten, dass ihr Einkommen vom politischen Einvernehmen und von der Ruhe in dieser Region abhängig ist. Aber kein Palästinenser wagte es, Jassir Arafats Politik vor einer Fernsehkamera oder einem Mikrophon anzuklagen und ein sofortiges Ende der Gewalt zu fordern. Im Laufe der Jahre haben die Palästinenser die bittere Erfahrung gemacht, dass Kritik an ihrer Regierung und den Terrororganisationen lebensgefährlich ist. Aber es gärte im palästinensischen Volk. Palästinensische Kinder hungerten, Jassir Arafat und seine Getreuen hingegen zweigten die EU-Gelder in ihre eigenen Taschen ab. Die Verbitterung einer palästinensischen Mutter, die vier Kinder großzog, klingt mir noch heute in den Ohren:»Von dem Geld, das Madam Suha Arafat jeden Monat in Paris für sich ausgibt, könnte unser halbes Dorf ein halbes Jahr lang leben.« Jeder Palästinenser wusste das, aber es sollte noch lange dauern, bis auch den europäischen Journalisten die Augen aufgingen.

Während meiner Lesereise 2003 saß ich an einem sommerlich warmen Märztag in dem Hinder-Ofen-Café in Wangen und schaute mir das barocke Rathaus an. Die steinerne Justitia mit Schwert und Waage blickt majestätisch auf die Stadt. Eine Schülerdemonstration gegen den Irakkrieg war angesagt. Das Café füllte sich, und eine Frau nahm an meinem Tisch Platz. Sie war in meinem Alter und vertiefte sich in ihre Zeitung. Um ein Uhr trafen die Schüler auf dem Rathausplatz ein. Sie trugen Transparente mit Aufschriften wie »Für den Frieden und gegen den Terror muss gekämpft werden« und »Frieden durch Gerechtigkeit«. Auf einer Tribüne lasen sie Texte gegen den Krieg vor, und eine Band spielte »Sag mir wo die Blumen sind« und »We shall overcome«. Die jungen Leute trällerten mit, den Text der Lieder kannten sie nicht auswendig. Mich erinnerten die Gesänge an die Demonstrationen gegen den Vietnamkrieg. Damals waren die Protestversammlungen leidenschaftlicher – aber vielleicht kam es mir nur so vor, weil ich während meiner Studentenzeit engagiert an den Diskussionen teilgenommen hatte und heute unbeteiligt in dem Café saß. Die Schülerdemonstration in Wangen kam mir wie ein Happening vor, in einer Stadt, in der nichts Aufregendes geschieht, in einer Zeit, in der man eigentlich nicht weiß, wofür man sich einsetzen soll.

Jugendliche wollen für eine Idee einstehen, die jungen Herzen wollen entflammt werden, und die Politiker in Deutschland nutzten dieses Potential für ihre eigenen kurzsichtigen Interessen aus. Die Demonstrationen gegen den Irakkrieg sollten den Friedenswillen der Jugendlichen ausdrücken, aber die Bilder wurden im Nahen Osten völlig anders interpretiert. Die orientalischen Despoten werteten die Demonstrationen als Beweis, dass deutsche Schüler gegen die USA und für Saddam Hussein einstanden. Ich habe kein einziges Transparent gesehen, das Saddam Hussein als Tyrannen benannte, der sein eigenes Volk brutal unterdrückte. Wenn man die Schülerdemos in Deutschland beobachtete, konnte man den Eindruck gewinnen, Bush wäre der Diktator und Saddam Hussein ein von seinem Volk verehrter Staatsmann.

In einer alten Wanne hatten einige Schüler ein Feuer entfacht. Sie saßen im Kreis um das Feuer herum, und ein junger Mann klimperte auf seiner Gitarre. Ein Lehrer verteilte Flugblätter und erklärte: »Die Schüler stellen eine Mahnwache für den Frieden.« Die Frau an meinem Tisch hatte ihre Zeitung beiseite gelegt. Wir beobachteten die Szene und kamen ins Gespräch. Als sie erfuhr, dass ich in Jerusalem lebe, fragte sie mich: »Warum schließen die Israelis mit den Arabern da unten keinen Frieden?«

»Wie denn?«, fragte ich zurück.

Meine Gesprächspartnerin hatte eine einfache Lösung parat: »Die Israelis geben die Siedlungen auf und stimmen einem palästinensischen Staat zu. Dann werden die Palästinenser mit dem Terror aufhören, und Sie werden Frieden haben.«

Wie oft habe ich solche naive Statements gehört, die so logisch klingen und doch nichts mit der Wirklichkeit im Nahen Osten zu tun haben. Die Europäer verstehen nicht, dass die arabischen Regime den Staat Israel nicht akzeptieren können. In den arabischen Medien wird Israel immer wieder als das »Krebsgeschwür« im Nahen Osten bezeichnet. Und dieser Staat von der Größe Hessens ist tatsächlich ein Krebsgeschwür im Fleisch der arabischen Diktaturen. Nichts fürchten die selbstherrlichen Alleinherrscher im Orient mehr, als die Verbreitung demokratischer Ideen. Israel ist der einzige Staat im Nahen Osten, in dem Meinungsfreiheit und Wahlrecht herrschen, in dem eine Regierung auf demokratischem Weg gewählt und abgewählt werden kann und in dem jeder seine politische Meinung ohne Furcht verkünden darf. Die arabischen Despoten haben keine Angst vor dem Staat Israel, sondern davor, dass sich die Metastasen der Demokratie in ihren Ländern ausbreiten. Es graut ihnen davor, dass ihre Studenten, ihre Intellektuellen und ihre Bevölkerung das Wahlrecht, das Recht auf eine freie Presse und freie Meinung fordern könnten. Diese Gefahr müssen die Alleinherrscher abwehren. Darum sind sie darauf bedacht, dass die Auseinandersetzungen zwischen den Israelis und den Palästinensern nicht zur Ruhe kommen. Sie unterstützen die radikalen palästinensischen Terrorgruppen mit Geld und Waffen, damit der Konflikt am Schwelen bleibt und keine politische Lösung gefunden wird. Solange die Israelis und Palästinenser sich bekriegen, fragt kaum einer nach, wie es in den arabischen Staaten mit den Menschenrechten aussieht.

»Und Scharon, ist der denn nicht auch ein Diktator?«, fragte mich die Frau.

»Nein«, antwortete ich, »Ariel Scharon muss sich alle vier Jahre zur Wahl stellen. Er muss im Gegensatz zu jedem arabischen Herrscher seinem Volk Rede und Antwort stehen.«

»Aber Arafat kann einem doch Leid tun«, sagte meine Gesprächspartnerin.

Was sollte ich antworten? Sie war, wie so viele, ein Opfer der üblen Berichterstattung in den Medien. Längst waren Arafats korrupte Machenschaften bei den Völkern im Nahen Osten bekannt. Trotzdem wurde er von den europäischen Presseorganen weiter zur Kultfigur, die den Widerstand symbolisiert, stilisiert. Ich sah viele deutsche Jugendliche mit der Kefia, dem Palästinensertuch, herumlaufen. Diese Berichterstattung konnte man häufig nicht mehr mit Fahrlässigkeit entschuldigen, sie war schlichtweg Verleumdung.

Viel zu lange wurde von den westlichen Demokratien verkannt, dass es den radikalen Palästinensern, die sich dem Jihad, dem religiösen Kampf, verschrieben haben, nicht um die Errichtung eines Palästinenserstaates geht, sondern um die Zerschlagung der westlichen Demokratie, die Israel im Nahen Osten verkörpert. Darum ist es gleichgültig, welche Grenzen Israel hat, ob jüdische Siedlungen aufgelöst werden und ob es einen Palästinenserstaat geben wird. Der islamische Terror kann durch politische Konzessionen nicht eingedämmt werden. Der Jihad hat in Israel begonnen, aber er weitet sich aus. New York, Madrid und London sind die Anfänge. Junge Menschen, aufgehetzt von Predigern, die den Hass auf die westliche Lebensart schüren, und fanatisiert von dem Glauben, dass sie ein gottgefälliges Werk verrichten, finden im Jihad ein Lebensmodell, das ihr Dasein mit Inhalt und Sinn ausfüllt. In ihrer Seele lodert ein religiöses Feuer, und ihren eigenen

Tod achten sie gering angesichts des Kampfes, dem sie sich verschrieben haben. Das macht sie so gefährlich und stark.

Trotz allem bin ich davon überzeugt, dass die Demokratie auch in den arabischen Staaten Einzug halten wird. Die palästinensische Gesellschaft ist reif dafür. Zu lange haben die Palästinenser mit den Israelis zusammengelebt. Sie haben gelernt, dass man in Israel die Regierung kritisieren kann, ohne sein Leben in Gefahr zu bringen. Sie haben beobachtet, dass es für ein Volk besser ist, wenn man auf staatliche Schlüsselpositionen fähige Leute und nicht die Sippe des jeweiligen Herrschers setzt. Sie haben Familienmitglieder in Syrien, Jordanien und in den anderen arabischen Ländern, aber auch in Israel – und sie sehen, dass es ihren israelischen Verwandten weitaus besser geht als all den anderen.

Das »Krebsgeschwür« im Nahen Osten ist tatsächlich das kleine Land Israel. Die Metastasen sind ausgestreut. Im Zeitalter des Internets breiten sich Ideen aus, zuerst langsam und dann immer schneller. Auf die Dauer werden die arabischen Machthaber ihre Völker nicht unterdrücken können. Zur Zeit haben die Menschen in den arabischen Ländern noch Angst, demokratische Ideen öffentlich zu verbreiten. Freie Meinungsäußerung ist dort lebensgefährlich. Noch immer werden in den arabischen Medien die jeweiligen Potentaten hochgejubelt, und öffentliche Kritik an ihnen wird weiterhin sorgfältig vermieden. Aber in den Völkern gärt es, und unvermittelt können alte Systeme zusammenbrechen. Osteuropa hat es uns allen vor Augen geführt.

Die große politische Errungenschaft des letzten Jahrhunderts in Europa war die Ausbreitung der Demokratie. Die europäischen Politiker müssten den arabischen Despoten gegenüber ganz anders auftreten. Aber leider hofieren sie die arabischen Tyrannen, weil sie sich die guten Beziehungen mit den Ölländern nicht verderben wollen. Da Geld und Konsum auf der Werteskala in Europa ganz oben stehen, werden ihnen Moral, Ethik und Religion geopfert. Als die US-Regierung es längst ablehnte, Jassir Arafat zu treffen, weil sie seinen wahren Charakter erkannt hatte, pilgerten die EU-Vertreter noch unverdrossen zu ihm.

Israelis und Palästinenser waren in einer Sackgasse angelangt. Da zeigte der Himmel Erbarmen mit beiden Völkern und nahm das Haupthindernis für den Frieden im Nahen Osten zu sich. Jassir Arafat segnete das Zeitliche. Der Rais, der Präsident des palästinensischen Volkes, ist tot. Ich atmete auf, aber meine Naivität und meinen Glauben an palästinensische Versprechungen habe ich längst eingebüßt. Zwar kann es nicht schlechter werden als mit Jassir Arafat als Gegenspieler, aber ob die gegenwärtige palästinensische Führung besser ist, muss sich noch herausstellen. Ariel Scharon, über den die westliche Presse Kübel mit Druckerschwärze, die ihn diffamierten und gegen ihn hetzten, ausgegossen hat, hielt seine Zusagen ein und löste Siedlungen in Gaza auf. Sehr genau wird man beobachten müssen, ob die palästinensischen Politiker ihre Zusagen, den Terror zu bekämpfen und demokratische Reformen einzuleiten, ausführen werden – oder ob es sich wieder nur um grandiose Worte handelt, damit die Europäer weiterhin Unsummen in den palästinensischen Topf einzahlen. Nur mit einem demokratischen palästinensischen Staat kann es Frieden geben.

Ich halte den Weg, jüdische Siedlungen aufzulösen, für einen politischen Fehler. Gusch Katif, der Teil in Gaza, in dem die jüdischen Dörfer lagen, hätte man unter palästinensischer Oberhoheit stellen können, aber den Siedlern freistellen müssen, ob sie unter einer palästinensischen Regierung leben wollen oder nicht. In einem demokratischen Palästina muss es jüdische Dörfer geben, ebenso wie es in Israel arabische Dörfer gibt. Das Wesen der Demokratie zeigt sich darin, dass Minderheiten in ihr leben und vom Staat geschützt werden. Die Juden in Palästina müssten die palästinensische Staatsbürgerschaft und das Recht erhalten, ihre Vertreter in das palästinensische Parlament zu wählen, genauso wie die arabischen Israelis ihre Vertreter in die Knesset wählen. Ein »judenfreies« Palästina widerspricht dem Demokratiegedanken. Die westlichen Demokratien, anstatt darauf zu drängen, dass Siedlungen aufgelöst werden, sollte von den Palästinensern verlangen, dass in einem autonomen palästinensischen Staat eine jüdische Minderheit in Sicherheit leben kann. Wie siamesische Zwillinge sind Palästinenser und Israelis aneinander gekoppelt. Nur wenn es dem einen gut geht, kann es dem anderen auch gut gehen. Längst ist die israelische und palästinensische Bevölkerung den permanenten Kampf leid. Wir sehnen den Tag herbei, an dem die Hände zu einem wirklichen Frieden gereicht werden. Dieser Tag wird kommen. Meine Sicherheit gründet sich nicht auf die Reden und Versprechungen der gegenwärtigen Politiker, sondern auf die Worte der Propheten Israels. Mögen Tausende von glaubensschwachen Juden an den prophetischen Verheißungen gezweifelt haben, so haben Tausende fest an sie geglaubt, bis aus der Vision Wirklichkeit wurde: Nach der Zerstreuung kommt das Sammeln, nach dem Exil die Rückkehr, nach der Zerstörung der Aufbau.

»Ich will die Gefangenschaft meines Volkes Israel wenden, dass sie die verwüsteten Städte wieder aufbauen und bewohnen sollen, dass sie Weinberge pflanzen und Wein davon trinken, Gärten anlegen und Früchte daraus essen. Denn ich will sie in ihr Land pflanzen, dass sie nicht mehr aus ihrem Land ausgerottet werden, das ich ihnen gegeben habe, spricht der Herr dein Gott«, verkündet der Prophet Amos. Jesaja prophezeit:»Jerusalem wird man die gesuchte und nicht mehr verlassene Stadt nennen.« Und Sacharja weissagt:»Es werden noch viele Völker kommen und Bürger vieler Städte. So werden viele Völker in Scharen kommen, den Herrn in Jerusalem zu suchen und ihn anzuflehen.« Wer sehen will, der sieht.

Chaim Noll

Geheimnis unseres Überlebens

Die beiden Granaten explodierten wenige Minuten vor acht Uhr morgens, kurz nacheinander, die zweite direkt am Eingang der Busstation, genau dort, wo ich meist das Taxi halten lasse. Der Morgen war klar und strahlend, ein vielversprechender Morgen Mitte Oktober, in der ruhigen Zeit des Jahres, wenn die Hitze des Sommers allmählich nachlässt und der Himmel jenen gläsernen Schimmer annimmt, der verrät, dass die Nächte kühl werden. Aber um acht Uhr morgens scheint schon strahlend die Wüstensonne, unaufhaltsam, alles ausleuchtend, den Wüstensand und den Schmutz, das Schöne, das Hässliche. Ich kam wenige Minuten nach den Explosionen zur Busstation, und seither beschäftigt mich eine Frage, von der es heißt, dass sie sinnlos sei und die mich dennoch bis zum letzten Tag nicht verlassen wird: Was wäre gewesen, wenn …? Drei Minuten nur, drei Minuten früher, und du wärest eben hier aus dem Auto gestiegen.

Erinnerung kennt keinen Ordnungssinn, keine Reihenfolge: Bilder, Stimmen, Farben in Gleichzeitigkeit und sinnlosem Nebeneinander, verwoben zu einem sich bewegenden, wogenden Stoff. Wo beginnen? Da ist alles in einem, Trümmer und Blut, geschwind herannahende Autos, Menschen, die sich in großer Schnelligkeit bewegen, Geräusche, Polizeisirenen, Brandgeruch, der Gestank von brennendem Gummi, erhitztem Metall. Ich will dennoch versuchen, meine Bilder zu ordnen. Vielleicht aus einer Art Trotz: Um *logos* walten zu lassen, obwohl er augenscheinlich außer Kraft gesetzt war. Oder aus Solidarität: Weil alle an diesem Morgen zu ordnen versuchten, die Ärzte und Polizisten, die Journalisten, die Fernsehteams, die Augenzeugen, die vor den Kameras wiedergaben, was sie gesehen hatten.

Gegen Viertel vor acht fuhr mich mein Schwiegersohn in seinem Auto zum einzigen Bankautomaten der Siedlung. Wir alle brauchten Bargeld an diesem Morgen, die Kinder, um einzukaufen, ich für den Busfahrschein, um in eine weit entfernte Wüstenstadt zu fahren und mich dort mit verschiedenen Leuten zu treffen. Ich war ganz sicher, dass ich diese Leute treffen würde, hatte die Papiere bei mir, die nötig waren, außerdem eine Wasserflasche in einem Kühlbehälter. Im letzten Augenblick fiel mir ein, dass ich vielleicht auf der langen Busfahrt Zeit finden würde, einen hebräischen Text zu übersetzen, also ließ ich die Kinder ein paar Minuten warten, lief ins Haus zurück und packte die Papiere in meine Tasche. Die Kinder boten an, mich zur zentralen Bushaltestelle in die Stadt zu fahren. Doch ich spürte, dass sie in Eile waren, und ließ mich am Ortsausgang absetzen, um auf den Linienbus zu warten.

Dort wartete ich einige Minuten. Es waren die Minuten, die mich von der Explosion trennen sollten. Mir schienen es normale Minuten zu sein, Minuten des Wartens, die ich zu überbrücken hatte. Es lohnte nicht, fand ich, die Aktenmappe zu öffnen und mit dem hebräischen Text zu beginnen. Ich kontrollierte den Verschluss der Wasserflasche, tastete Hemd und Hose ab, ob ich Kaugummis, Notizblock und Sonnenbrille bei mir hatte. Nachdem dies geschehen war, blieb nichts zu tun, als ein Kolibri-Pärchen zu beobachten, er schillernd blau und sie grau, beschäftigt mit dem Naschen des Fruchtsafts einer roten Blüte, wenige Meter von mir entfernt in der Hecke, die das nächste Haus von der Straße abschirmte. Ich erinnere mich, wie mich dieses Bild in heitere Stimmung versetzte, in Vorfreude auf den kommenden Tag.

Ehe der Bus kam, hielt ein Auto. Am Steuer saß Rami, der Sohn einer befreundeten Familie. Rami ist zwanzig, in Amerika geboren, mit den Eltern nach Israel eingewandert und Soldat bei den Fallschirmjägern. Er war in Uniform. Als ich in sein Auto stieg, nahm er die Maschinenpistole vom Beifahrersitz. Wir fuhren langsam auf die Stadt zu, im zähflüssigen Verkehr, an Eukalyptusbäumen vorbei, an Kamelen, die reglos wie Statuen auf gelben

Sandhügeln standen, und sprachen über Ramis Vater, der auf einer Konferenz in Österreich war. Wir sprachen über die Thoralesung am kommenden Samstag, über die Kunst des Thoralesens überhaupt, und später – daran erinnere ich mich – über Kafka. Wir waren bereits in der Nähe des Busbahnhofs, als wir über ihn sprachen. Ich beschrieb Rami meine Schwierigkeiten beim Hebräischlernen: Mein Gedächtnis, sagte ich, sei mit den Jahren nicht besser geworden. Auch Kafka hätte geklagt, dass ihm mit Ende Dreißig das Hebräischlernen mühsam geworden sei. In einem Universitätsarchiv hatte ich kürzlich seine hebräischen Übungshefte studiert und entdeckt, dass er oft die Worte nicht mehr wusste, die er ein, zwei Tage zuvor gelernt hatte. »Give an example«, sagte Rami. In diesem Augenblick erreichten wir den Busbahnhof.

Die Busbahnhöfe sind in Israel wichtige Orte, gut bewacht, im Zentrum der Stadt. Von hier fahren die Soldaten zu ihren Einheiten, die Studenten zu ihren Universitäten, die religiösen Kinder zu ihren *Jeshivot*. Leute, die nicht selbst stundenlang Auto fahren wollen, benutzen den Überlandbus. Die Busse gelten – trotz gelegentlicher Anschläge – im allgemeinen als pünktlich. Das Publikum auf Busbahnhöfen ist jung, beweglich, interessant. Oft habe ich dort gesessen und mich der Inspiration überlassen, wie manche Dichter im Straßencafé, fasziniert von der Verschiedenheit der Menschen, die in diesem Land zusammenkommen, fasziniert vom Wunder unseres täglichen Lebens.

Die Allee zum Busbahnhof wurde plötzlich gesperrt. Es geschah unmittelbar vor unseren Augen. Ein Polizist hielt eine winkende Hand vor die Windschutzscheibe, weiter hinten schoben andere Polizisten, darunter ein junges Mädchen mit blondem Pferdeschwanz, metallene Gitter auf die Fahrbahn. Ich vermutete einen Unfall. Rami mit seinen militärischen Erfahrungen dachte an »Bombenwarnung«. Mit dem Austausch dieser Vermutungen trennten wir uns. Der Polizist rief Rami zu, er solle umkehren. Ich stieg aus und stand allein in der Morgensonne, dem Busbahnhof gegenüber.

221

Polizisten liefen umher, Soldaten, aufgeregte Zivilisten. Ich sah zwei Männer in einer Art Taucheranzug, mit Helmen, kugelsicherem Gesichts- und Nackenschutz. Ich sah einen Soldaten, der von anderen gestützt wurde, hörte die Sirenen von Krankenwagen. Ich war auf eine Fahrt in die Wüste eingestellt, auf einen Tag des Nachdenkens. In meiner Tasche war ein leerer Notizblock, meine Erwartungen waren dem offenen Raum, den Vögeln, dem Wind zugewandt, der von Süden kam, den Wölkchen, die er in Richtung Stadt wehte. Ich weigerte mich noch immer, an etwas Außergewöhnliches zu glauben.

Meine Weigerung, das Offensichtliche wahrzunehmen, hielt noch einige Zeit an. Hartnäckig bestanden meine Sinne auf der gewünschten Normalität dieses Morgens. Dabei herrschte, als ich um mich sah, Alarmstimmung. Eine Bombenwarnung vielleicht, eine Übung. Ich war jetzt immerhin bereit, mit Verspätung zu rechnen, mit einer Art Zwischenfall. Ich würde die Leute in der fernen Stadt anrufen und ankündigen, dass ich später käme. Um mich herum wurde viel telefoniert, neben mir sprach jemand auf Englisch in sein Mobiltelefon. Ein Mann im Anzug und mit Aktenmappe, aufgeregt, wütend. Hierzulande sind viele Leute aufgeregt, es ist schwer zu erkennen, ob es Ausbrüche von Temperament sind, verquere Äußerungen der Lebensfreude, oder ob wirklich Grund zur Aufregung besteht. Ich fragte auf Englisch: »Was ist los?«

»An explosion«, antwortete der Mann. »We had an explosion. Just now.«

Zwei Explosionen, verbesserte ein junger Mann neben uns, und fügte das Wort *Rimonim* hinzu, das hebräische Wort für Granatäpfel. Ich brauchte Sekunden, um zu begreifen: Dasselbe Wort bezeichnet auch Granaten. Hier waren zwei Granaten explodiert – just now … Mir fiel ein, dass wir von Krankenwagen überholt worden waren und dass Rami zwei-, dreimal halten musste, um Polizeiwagen mit Blaulicht vorbeizulassen. Wir hatten nicht darauf geachtet, da wir über Kafka sprachen und seine Mühen, mit Ende dreißig Hebräisch zu lernen. Ein Anschlag, dachte ich. Ein Bombenanschlag.

Oft war ich gefragt worden: Wie lebt ihr damit, macht es euch nichts aus? Und meist hatte ich geantwortet, ein wenig obenhin: Im täglichen Leben merkt man nicht viel davon. Einmal, in einem Café in Tel Aviv, mit Blick auf Strand und blaues Meer, war mir aus heiterem Himmel eingefallen, dass es sich lohnen würde, auf diese Caféterrasse eine Bombe zu werfen. So viele sorglose Menschen saßen hier und wir unter ihnen. Plötzlich war mir Angst und Bange geworden. Im selben Augenblick erschien die junge Kellnerin mit dem Eiskaffee, begann ein Gespräch, fragte uns, wie es hier alle tun: Woher kommt ihr? Und gleich darauf: Wollt ihr bleiben? Und diese Frage, ob wir bleiben wollten, ob wir allen Ernstes hier bleiben und ihr Schicksal teilen wollten, war vielleicht aus derselben untergründigen Angst entstanden, die auch ich gespürt hatte, aus der Angst um das immer bedrohte Land.

Und die bekannten Worte stellten sich ein, die hundertmal gehörten, gesprochenen, gelesenen: Anschlag, Terroranschlag, Bombenanschlag. Wieder ein Bombenanschlag in Israel, Anschlag auf einen Busbahnhof. Diesmal war es unser Busbahnhof, von dem ich in die Wüste fahren wollte, um meine Pläne für diesen Tag zu verwirklichen, meine Ideen, meinen freien Willen. Jemand hatte meine Pläne zunichte gemacht, meinen freien Willen durchkreuzt. Jemand, den ich nicht kannte, wohl niemals kennen werde, von dem ich nur eines weiß: Dass er sich gewalttätiger Mittel bedient, um durchzusetzen, woran ihm liegt.

Aber woran liegt ihm? Die Frage tauchte auf, ging wieder im unter im Trubel der nächsten Stunden, doch sie kam wieder und beschäftigt mich bis heute. Was will dieser Mensch, was hat er erreicht? Er war selbst schwer verletzt, wie man erzählte, zu Boden geworfen, von einem Bus angefahren und verhaftet. Was hatte er erreicht, außer uns allen den Tag zu verderben, und da drinnen – ich sah mit Unbehagen zur Eingangshalle hinüber – einigen noch mehr ... Und ich dachte, dass hier der eigentliche Schrecken dieses Anschlags liegt: Dass er so sinnlos scheint. Dass er wie aus dem Nichts in meine Sphäre dringt, meine Absichten und Hoffnungen zunichte macht, mir – für einen Augenblick wenigstens – alles nimmt, worauf wir so stolz sind: meine Individualität, meine Frei-heit, meine Rechte, mein Ich. Und dass er dabei gar nichts her-vorbringt, nichts, was nach unserem Gefühl die Mühe lohnen würde. Er tut nichts als vernichten, verletzen, erniedrigen. Er lässt auch mich, den Nicht-Verletzten, verletzt zurück, mit dem Gefühl der Ohnmacht, der Nichtigkeit, dem bedrückenden Erlebnis von Schwäche und Scham.

Junge Mädchen in Uniform, mit der Armbinde der Militärpo-lizei, schickten uns zur Straße zurück und hinüber zum Grünstrei-fen. Die hier Versammelten waren keine Schaulustigen, sondern die Hunderte, die heute morgen mit Bussen abfahren wollten, zur Arbeit, zum Militärdienst, in Schulen, Büros und Universitäten. Der Mann neben mir erklärte, dass er acht Uhr zwanzig nach Je-rusalem fahren müsse, dass er dort einen wichtigen Termin hätte. Er schien verzweifelt. Jemand riet ihm, nach einem Linientaxi Ausschau zu halten, vielleicht fände sich eins an der Straße nach Norden.

Ein paar Minuten später – ich kann nicht sagen, was ich wäh-rend dieser Minuten getan und gedacht habe, aus der Bahn ge-worfen, sinnlos empört, immer noch ungläubig, dass meine eige-nen Pläne nicht mehr gelten, dass ich keinen Einfluss mehr haben sollte auf das, was geschah – ein paar Minuten später sah ich eine junge Frau und zwei Männer mit Kameras an der Absperrung. Ich sah sie etwas vorzeigen, eine weiße Plastikkarte, sah, wie sie von den Militärpolizisten durchgelassen wurden und langsam, ohne Eile, in die abgesperrte Zone gingen. Und mir fiel ein, dass auch in meiner Brieftasche eine solche Plastikkarte steckte, eine Pressekarte der israelischen Regierung. Dass auch ich hineingehen konnte, um zu sehen, was da drinnen, im Busbahnhof, geschehen war.

Im selben Augenblick fühlte ich die Gewissheit, dass ich hi-neingehen musste. Dass mich eine Fügung heute morgen hierher gesandt hatte, damit ich es sah. Damit ich sah, wovon alle Welt spricht, wovor wir uns alle fürchten. Dieses eine Mal wenigstens. Ich war einige Minuten zu spät gekommen, unverletzt, hatte nicht mal den Schrecken der Explosionen erlebt, aber ich war hier. Ich sollte es sehen. Die Brieftasche war schon in meiner Hand, die weiße Plastikkarte. Ich zeigte sie einem Polizisten, hinter mir drängte ein Kamerateam, ich wurde durchgelassen und vorwärtsgeschoben. Und nun erinnere ich mich, als sei es Gegenwart, erinnere mich heute und jeden Tag meines Lebens. Zuerst laufen wir durch die Halle, eine schmale Konstruktion, dunkel, schattig, dann seitwärts gleich wieder hinaus ins strahlende Licht. Dann über Sand, über hellen, verschmutzten, zertretenen Wüstensand, der hier überall durchscheint, auch mitten in der Stadt, zwischen den Hochhäusern. Die Stadt ist jung, sie wächst schnell, man baut überall. In den Zwischenräumen, wo gerade kein Haus, kein Straßenbelag, keine Grünfläche ist, bleibt der Sand. Er weht in langen gelben Flaggen durch die Stadt. Er erinnert uns daran, wo wir sind. Er schiebt sich aufwärts zu Hügeln, die wir erklimmen müssen. Von diesen Hügeln – so werden wir später erfahren – lief der Attentäter hinab, um die richtige Schwungkraft zum Laufen und Werfen der Handgranaten zu haben.

Die erste Granate platzte mitten in einer Gruppe junger Soldaten, darunter Mädchen. Hier waren die schwersten Verletzungen. Ein kurzer Blick dort hinüber: grüne Gestalten auf der Erde, wenige nur noch, die meisten, hieß es, waren schon »weg«. Dazwischen Leute in Weiß, stehend, laufend und über die Liegenden gebeugt. Erste Zahlen: dreizehn Verletzte, zwei in Lebensgefahr. Der nächste sagt: dreiundzwanzig. An einem Zaun steht ein Polizeioffizier, umringt von Kameras, Mikrophonen und einem Dutzend Journalisten. Er gibt in bewundernswerter Ruhe das erste offizielle Interview und sagt: fünfunddreißig. Am Anfang kümmert sich ein Polizist um uns, beaufsichtigt die Meute mit den Kameras, Notizblöcken und Mikrophonen. Später gibt man es auf, vergisst uns, wir verlieren uns auf dem Gelände. Wir sind seitlich an der eigentlichen Stätte des Attentats vorbeigeführt worden, die nochmals abgesperrt ist mit rot-weißem Plastikband. Wo Männer in kugelsicheren Anzügen herumstapfen und nach weiteren Explosivkörpern suchen, wo die Glasscherben sind, die Blutlachen, die zurückgelassenen Einwegspritzen und Gummihandschuhe der Ärzte. Ich fühle kein Verlangen, näher heranzugehen, die Details in Augenschein zu nehmen: Es ist das Dort, der Ort des Anschlags, des Schreckens, der Gefahr. Ich bin immer noch im Hier, in der unblutigen, unverletzten, halbwegs geordneten Welt.

Diese Welt ist in Frage gestellt, die Suche nach weiteren Bomben beweist es. Jeden Augenblick kann eine weitere hochgehen, hier, wo ich gerade bin … Darüber will ich nicht nachdenken. Ich will einfach glauben, dass ich hier sicher bin, unter all den Sicherheitsleuten, dass es Sicherheit überhaupt noch gibt, obwohl sie eben zunichte gemacht worden ist. Obwohl es jemandem gelungen ist, sie zur Illusion zu machen, zu einer törichten Hoffnung. Ein Soldat auf einer Trage wird im Laufschritt zu einem Krankenwagen gebracht, ich höre das Keuchen der Träger. Ein aufgeregter Mann rennt nebenher und hält einen Plastikbeutel, dessen Schlauch zum blutbeschmierten Arm des Soldaten führt. Blut auf brauner Haut. Die Haut glatt und jung. Das Blut löscht das Alter aus. Verletzt sind wir alle gleich. Das Gefühl der Verletzung, der Anblick unseres eigenen Blutes macht uns alt in einem einzigen Augenblick – alt, erfahren, entschlossen. Es geht rasch voran mit dem Verarzten und Verbinden, irgendwo ein paar Kauernde um einen Liegenden, gebeugte Köpfe, Rufe und Kommandos. Dann wird wieder jemand im Laufschritt zu einem der Autos gebracht, zu einem der wenigen, die noch hier sind. Die Ambulanzen fahren eine nach der anderen ab, unter Geheul und Geflacker von Licht.

Im Pulk der Journalisten ist ein junger Mann mit roten Haaren, zum Zopf gebunden, in Jeans und T-Shirt. Er ist noch keine Dreißig, aber offenbar ein wichtiger Mensch, man reicht ihm Mobiltelefone, in die er ein paar harte hebräische Sätze ruft, man sucht ihn und folgt ihm im Gedränge, man ruft seinen Namen – »Jakov!« – und läuft hinter ihm her. Auch ich folge ihm und soll es nicht bedauern. Denn Jakov ist immer dort, wo gerade das Wichtige passiert, wo gerade der richtige Mann ist und zum sprechen bereit. Zum Beispiel ein russischer Einwanderer, auf den sich alle Kameras richten: Juri, noch keine drei Monate im Land und schon auf diese Weise im Mittelpunkt. Er ist der einzige Unverletzte von Bushaltestelle Nummer vierzehn, wo die erste Bombe fiel, Juri, totenbleich, auf einem Papierkorb sitzend, nicht imstande zu stehen, in Trainingshosen, mit gesträubtem Haar. Er wollte zum Sportstadion, erzählt er mit schwacher Stimme und löst Kopfnicken aus, sogar zustimmendes Lächeln: Wir alle wollten an diesem Morgen irgendwohin. Und er kann nur immer wieder sagen, in den wenigen Brocken Hebräisch, die er bisher gelernt hat: Es geschah so plötzlich. Es gab einen großen Krach, die um ihn standen, fielen hin, und da war soviel Blut, soviel Blut –

Nach Juri laufen wir alle zu einem gedrungenen Mann im karierten Hemd, einem Busfahrer, der vor Fernsehkameras, Mikrophonen und Fotoapparaten erzählt, wie der Attentäter die zweite Granate warf. Durch Qualm und Staub sah er, wohin der Mann fliehen wollte, machte mit seinem Bus einen Schlenker und erfasste den Laufenden, dann sprang er aus dem Bus – der Bus wird später durch die Nachrichten der Welt gehen, zersplitterte Scheiben, Einschlaglöcher – »Ich gab ihm ein paar Schläge, dann kamen schon die Polizisten«. Sein Name ist Avner, er wird umringt und bewundert, seine Kollegen klopfen ihm auf die Schulter, auch die Vorgesetzten vom Busbahnhof, Avner bekommt dienstfrei, ist der Held des Tages.

Weitere Interviews. Der Chief Commander der Polizei aus Jerusalem, per Hubschrauber eingetroffen. Ein Minister mit Leibwächtern, amtierender Stellvertreter der Premierministers. Der Premierminister ist mit den meisten anderen Ministern in Amerika, um neue Gebietsabgaben und die Freilassung palästinensischer Gefangener, darunter Terroristen, auszuhandeln. Man wird eines Tages Mühe haben, diese Koinzidenz als sinnvolles Geschehen zu erklären: Terroranschläge und zugleich die Freilassung derer, die sie begehen. Ein Fernsehjournalist raunt mir zu: »Wenn es auch nur einen einzigen Toten gibt, brechen wir die Verhandlungen ab.« Doch der Minister hat schon namens der Regierung erklärt, dass die Friedensgespräche trotz des Anschlags fortgesetzt werden. Hinter ihm steht der Bürgermeister der Stadt, schwarzes wirres Haar, offenes Hemd, aus einer Sitzung geholt. Was er sagt, klingt ruhig, kein böses Wort, obwohl wir bereits wissen, wer der Attentäter ist: ein Araber aus Hebron.

Der Oberkommandierende der Wüste Negev, ein jugendlich wirkender General, Anfang Vierzig, geht herum in Begleitung eines weiteren Generals und anderer Offiziere. Er sagt nichts, drückt Hände, fährt fünf Minuten später in einem gepanzerten Jeep wieder ab. Sein bloßes Erscheinen hat die Stimmung gehoben. Jemand in Polizeiuniform gibt die neueste Zahl der Verletzten bekannt: siebenundvierzig, darunter neunundzwanzig Soldaten, drei in Lebensgefahr.

Mein Notizblock offenbart mir später ein Chaos von Namen, Zahlen, Sprachen. Ich schrieb teils englisch, teils deutsch, teils hebräisch, wie es kam. Hebräisch zum Beispiel den Ausruf eines Augenzeugen, der leicht verletzt der Bushaltstelle Nummer vierzehn entging: *nes min ha shamaim*, ein himmlisches Wunder. Die erste Granate, etwas ungefähr geworfen, traf nicht das Haltestellenhäuschen, sondern einen Meter daneben die unter freiem Himmel Wartenden. Die Splitter flogen herum und zerstreuten sich, nachdem sie verletzt hatten, wen sie eben trafen, aber sie hatten nicht die vielfache Wirkung wie in geschlossenen Räumen, wie innerhalb eines Busses oder eines Haltestellenhäuschens – *nes min ha shamaim*, nur dreiundfünfzig Verletzte, zwölf davon schwer und drei »kritisch«, wie die neuesten Zahlen lauten. Sie werden noch ansteigen, ich werde sie immer wieder auf meinem Notizblock durchstreichen müssen, bis endlich die Zahl vierundsechzig erreicht ist, fünfzehn schwer, und dank der Kunst der in diesen Fällen versierten Ärzte nur noch zwei in Lebensgefahr.

Zwischendurch versuche ich, zu Hause anzurufen. Meine Frau wusste, dass ich zum Busbahnhof fuhr, sie kann inzwischen von dem Anschlag gehört haben und in Unruhe sein. Ich muss lange warten, bis die einzige Telefonzelle frei ist, dann sage ich, was es zu sagen gibt: Dass ich gesund bin, aber heute nicht in die Wüste fahren kann, dass sie dort anrufen und absagen soll, dass ich noch etwas hier bleiben will, wenn mich eine Fügung schon an diesen Ort geführt hat, zusehen, zuhören, herausfinden, wie unsere Landsleute mit so etwas umgehen, wie sie damit zurechtkommen, »wie man mit dem Terror lebt«. Diesen Halbsatz habe ich gedacht und gesprochen, ich könnte nicht sagen, ob er abwegig ist oder das Alltagsgefühl einer neuen Zeit.

Sie ist froh, dass ich mich melde, gesund und munter. Von dem Attentat hat sie durch einen deutschen Journalisten erfahren, der angerufen und nach mir gefragt hat. Auch Freunde haben angerufen, offenbar ist der Anschlag schon überall in der Welt bekannt, im gleichen Augenblick wie mir, der ich mich in unmittelbarer Nähe aufhalte. Auch das ist absurd. Ich beschreibe meiner Frau mit wenigen Worten die Szenerie, erwähne ein Detail, das mich verstört hat: Dass an Haltstelle sechs noch immer ein Paar Soldatenstiefel steht, einsam und gespenstisch, daneben ein Kreidekreis mit der Nummer zehn und eine Blutlache, neben der Blutlache ein Plastikbecher mit einem Rest Kaffee. Und ich höre von meiner Frau, dass diese Stiefel und diese Blutlache schon im Fernsehen gezeigt wurden, weltweit, dass ihr Schwager sie aus Berlin angerufen und von diesen Stiefeln gesprochen hat, dass die Bilder, die hier zu sehen sind, in der ganzen Welt verbreitet wurden, noch ehe ich Zeit fand, sie vor Ort wahrzunehmen.

Von da an habe ich viel zu nachzudenken. Ich halte mich etwas abseits, fern von den Trümmern, Splittern, Blutlachen, fern von den Leichtverletzten, die an Ort und Stelle verarztet werden. Eine dicke Frau mit Einkaufstasche sitzt irgendwo am Rand, über und über mit Blut bespritzt, sie scheint unverletzt zu sein, also ist es nicht ihr Blut, sondern das eines anderen. Auch das kann uns geschehen: Dass das Blut anderer auf uns kommt. Zwischen all dem Blut starren mich ihre Augen an, sie atmet schwer, dabei tut sie nichts als Sitzen. Dabei ist ihr, wie man so sagt, »nichts passiert«. Die Atmosphäre hat sich beruhigt, die meisten Krankenwagen sind abgefahren, man bewegt sich langsamer. Auf einem Sandhügel steht ein Journalist und diktiert einen endlos langen Bericht in sein Mobiltelefon. Ich bin erstaunt, wieviel Einzelheiten es zu erfahren und weiterzumelden gab, die mir entgangen sind. Diese Einzelheiten sind überall unterwegs, in elektrischen Kabeln, Wellen, Strahlen. Sie flimmern über Bildschirme, werden in Mikrophone gesprochen, in Computer getippt, erreichen Frühstückende an ihren Fernsehapparaten, hier in der Stadt, im Land, in der Welt.

Was ist dagegen zu sagen? Es muss so sein, alle sollen es erfahren, alle Menschen, die in unseren Tagen leben und, um leben zu können, ein Bild von dieser Welt brauchen. Dennoch verfolgt mich die Frage: Werden sie auch verstehen? Können sie verstehen? Wenn ich, der Augenzeuge, diese Einzelheiten noch kaum wahrgenommen und verstanden habe, wie können es dann Menschen tausende Meilen entfernt, auf anderen Kontinenten? Können diese Soldatenstiefel neben der Blutlache, die mich so tief erschüttert haben, einem Fernsehzuschauer in Südamerika oder Sibirien begreiflich machen, was hier geschehen ist? Haben Soldatenstiefel dort dieselbe symbolische Bedeutung wie hier? Sind sie dort auch »die Schuhe, in denen jedermann gesteckt hat«, Symbol dafür, dass es eines jeden Tochter oder Sohn sein kann, die da getroffen wurden? Wird man anderswo verstehen, warum Kinder in diesem Land so besonders wertvoll sind? Was jüdische Kinder bedeuten, nachdem Millionen Juden innerhalb weniger Jahre ermordet wurden, darunter Hunderttausende Kinder? Warum die Terroranschläge meist jungen Israelis gelten, Jugendlichen, Soldaten? Wird man verstehen, auf welche Ängste die Attentäter zielen, auf welches tiefe Trauma ...

Ich laufe herum auf dem Busbahnhof, jemand hat mir einen Becher heißen Kaffee gegeben, ich bewege mich zwischen tätigen, räumenden, ordnenden Menschen. Ich habe nichts zu tun als zu schauen, zu hören, zu denken. Erreichen die Bilder der modernen Medien die Wirkung, die sie angeblich haben sollen: Information, Übermittlung von Atmosphäre, Vermittlung jenes Abstraktums, das wir »Wahrheit« nennen? Oder dienen sie der Befriedigung niedriger Gelüste wie Voyeurismus, Blutdurst, Sensationsgier? Führen sie zu einer Abstumpfung der Sinne, folglich zur Einschläferung des Gefahrbewusstseins? Oder, im Gegenteil, zu einer neuen Wachheit? Lösen sie letztlich Indifferenz aus oder doch die Bereitschaft, den Terror als Realität zu begreifen, ihm zu begegnen, entgegenzutreten?

So berechtigt unsere Empörung ist, unser Ekel gegenüber dieser perfiden Form von Selbstdarstellung, wir müssen ihr Vorhandensein anerkennen, müssen damit rechnen, dass ihr schwer beizukommen ist, dass sie immer neue Anhänger findet. Leben wir nicht in der Epoche der Publicity, des Wettbewerbs um allgemeine Beachtung? Belohnen wir nicht den Terror allein dadurch, dass wir ihm soviel Raum geben, soviel Aufmerksamkeit? Wäre es sinnvoller, ihn zu verschweigen? Wir sind gefangen in unserem eigenen Anspruch auf Offenheit. Wir können nicht verschweigen, müssen immer wieder Zeugen sein, Zeugen unserer eigenen Ohnmacht und Schwäche. Ich sah den Medienleuten bei der Arbeit zu, sah, wie sie umherliefen und filmten, ihre Apparate aufbauten, wieder abbauten, wie sie telefonierten und Berichte durchgaben, wie sie schwer arbeiteten, um diese Soldatenstiefel weltweit zu verbreiten, die Blutlache daneben, den Plastikbecher mit dem Kaffeerest, die Einschlaglöcher der beiden Granaten.

Grundsätzlich ist das Fernsehbild falsch. Es ist nur ein Schatten, flach, zweidimensional, es hat keine Tiefe, keine Luft, ist nichts als ein flimmernder Abglanz des Wirklichen. Sein Blickwinkel ist eng, seine Sichtweise voreingenommmen. Sein Eindruck erreicht niemals authentische Wahrheit. Und soll es auch nicht, das scheinbar Verbindende soll zugleich trennen. Der Anschein eigener Unerreichbarkeit gehört zu diesem falschen Dabeisein und verbreitet besänftigende Nebenwirkung: Auf dem Bildschirm sind jene Soldatenstiefel zu sehen, die Blutlache und die Einschlaglöcher – aber es ist nicht hier, sondern dort. Man ist Zeuge des Verbrechens, Zuschauer des Mordes. Und ist sich dennoch, bei allem Horror, den man sieht, der eigenen sicheren Entfernung vom Ort des Geschehens wohltuend bewusst.

Doch auch dieses Gefühl trügt. Immer mehr Menschen haben mit eigenen Augen gesehen, was ich sah, kennen jemanden, den es getroffen hat, haben die Schwelle zwischen dem Hier und Dort überschritten. Was löst dieses Dabeisein aus? Der Zeuge eines Verbrechens kann verschieden reagieren. Den einen erfüllt es ganz mit Furcht, mit der Bereitschaft, alles herzugeben, um nur verschont zu bleiben. Der andere ist entschlossen, sich zu wehren. Der dritte versucht zu vergessen, was er gesehen hat, möglichst schnell. Wie werde ich selbst weiterleben, nachdem ich gesehen habe, was ich sah? Nachdem die Welt meiner Gedanken, mit der ich heute morgen losfahren wollte – positive, hoffnungsvolle Gedanken auf dem Weg in die Wüste, wo wir bauen, beleben, pflanzen wollen – zusammengebrochen ist und nichts zurückbleibt als Leere?

Jeder dieser Anschläge lässt etwas zusammenbrechen, macht guten Willen zunichte, erzeugt Schmerz, Furcht oder den Wunsch, sich zu wehren. Es ist Zeit sich einzugestehen, dass sich unser Leben ändern wird. Nicht so sehr im Äußerlichen. Da wird es weitergehen wie bisher, schon aus Gründen der Selbstachtung. Aber im Inneren werden wir uns wandeln, allmählich, von Mal zu Mal. Noch bezweifeln wir es selbst: Werden wir bereit sein, die Änderungen hinzunehmen, freiwillig einen Teil unserer Unverbindlichkeit zu opfern, der Leichtigkeit, die wir so über alles lieben? Auf einen Teil davon zu verzichten, ehe man uns das Ganze stehlen kann? Uns soll genommen werden, woran uns liegt. Und falls wir es uns nehmen lassen, werden wir nichts Besseres, nichts Gutes, überhaupt nichts Brauchbares dafür bekommen. Das nur Negative, auf Vernichtung Gerichtete, das grauenhaft Nichtige dieses und aller Anschläge beweist es.

Die Fernsehteams um mich herum packen ein. Sie beladen große Autos, amerikanische Jeeps oder Kombis und brechen auf ins nahegelegene Krankenhaus, um die Verletzten zu interviewen, soweit sie interviewt werden können. Ihr Arbeitstag ist noch lange nicht zu Ende, noch vieles gibt es zu filmen, zu recherchieren, zu berichten. Sie werden Ärzte und Schwestern befragen, Verwandte am Bett ihrer Angehörigen und offizielle Besucher, Bürgermeister, Minister, Offiziere auf Krankenbesuch. Man hat alles getan von ärztlicher Seite, erfahren wir, um die Verletzten zu versorgen. Schon zehn Minuten nach dem Anschlag – es ist wahr, ich sah es mit eigenen Augen – waren alle abtransportiert, war jeder umsorgt und in ärztlicher Obhut, war alles geregelt und in die Bahnen einer gewissen Normalität gelenkt. Ein weiteres Wunder, vielleicht das größte an diesem Morgen.

Genug der Wunder und der Schrecken, finde ich und verlasse den Busbahnhof, steige irgendwo in der Stadt in ein leeres Taxi, fahre langsam denselben Weg zurück, den ich vorhin mit Rami fuhr, denke an Kafka, an Europa, fühle mich verändert, kann noch nicht sagen wie, kann zunächst überhaupt nichts sagen, trinke zu Hause eine Tasse starken Kaffee, widme mich Arbeiten, die nichts mit dem Anschlag zu tun haben. *Wenn ich in New York lesen würde, was hier geschieht,* lässt Isaak Bashevis Singer seinen Protagonisten beim Ausbruch des Yom-Kippur-Krieges denken, *wäre ich vor Angst außer mir. Aber hier war ich ganz ruhig.* Später erzähle ich meiner Familie, was ich sah: Dass unsere Sicherheitskräfte zuverlässig arbeiten, unsere Ärzte versiert sind im raschen Versorgen der Opfer, dass General, Minister und Bürgermeister vernünftig gesprochen haben, dass wir so weitermachen, wie wir heute morgen vorhatten, wie vor fünfzig Jahren beschlossen, als Juden diesen Staat in der Wüste gründeten, und wir neu anfingen nach zweitausend Jahren Verfolgung.

Was sonst sollte ich sagen? Was können Worte bewirken angesichts schweigender Tatbestände? In der Nacht bin ich aufgewacht und habe zu schreiben begonnen. Wenigstens festhalten wollen wir, was wir sahen. Stets ist Erinnern unser Geheimnis gewesen, Geheimnis unseres Überlebens.

Lea Fleischmann

Alltag unter Terror

Es ist kurz vor dem Chanukkafest, an einem Samstagabend im Dezember 2001. Jugendliche stehen dichtgedrängt in der Jerusalemer Fußgängerzone, die Cafés sind überfüllt, Kinder laufen zwischen den Erwachsenen herum, Straßenmusikanten spielen auf ihren Instrumenten, die Andenkenläden sind geöffnet – eine Nacht, wie viele Nächte. Morgen beginnt die neue Arbeitswoche, und jetzt will man sich noch ein wenig amüsieren, die letzten Stunden des Schabbats genießen, Freunde treffen, Bekannte begrüßen, Eis schlecken oder einen Hamburger essen. Am Ende der Fußgängerzone, dort, wo die Ben-Jehuda-Straße in den Zionsplatz einmündet, sehen sich zwei junge Palästinenser zum letzten Mal an. Sie stellen sich dicht neben die nichts ahnenden Jugendlichen und zünden ihre Sprengstoffgürtel. Sie reißen elf junge Menschen mit in den Tod und verletzen über sechzig. Es ist gegen Mitternacht.

Am nächsten Morgen fahre ich mit dem Bus in die Innenstadt und steige am Zionsplatz aus. Es ist neun Uhr vormittags. Am Ort des Attentates liegen Glasscherben herum, die Fenster sind bis in den vierten Stock hinauf geborsten, und die Hausfassade ist beschädigt. Die Blutflecken auf dem Pflaster sind bereits weggewaschen, die Habseligkeiten der Toten und Verletzten aufgelesen. Eine Menschenansammlung hat sich eingefunden, ein Kamerateam filmt und nimmt Interviews auf. Die Fensterscheibe vom King-David-Souvenirladen ist zersplittert. Käppchen, Schlüsselanhänger, kleine Tonkrüge und Bilder mit Jerusalemmotiven liegen im Schaufenster verstreut, inmitten von Staub und Scherben. In der linken Ecke steht eine kleine Chanukkia, ein silberner neunarmiger Leuchter.

Ich betrete den Laden. Der Besitzer ist damit beschäftigt, die Trümmer in seinem Geschäft beiseite zu räumen. Die Glastheke ist zerbrochen, und von der Wucht der Explosion ist ein Regal umgefallen. Er sieht mich erstaunt an. »Was wollen Sie?«, fragt er. »Haben Sie die Explosionen gestern Abend mitbekommen?« »Nein, der Laden war schon geschlossen. Aber direkt vor der Tür hat sich einer der Mörder in die Luft gesprengt.«

Ich zeige auf den Chanukkaleuchter im Schaufenster: »Was kostet die Chanukkia?«

Er bahnt sich einen Weg zum Schaufenster und holt den Leuchter heraus.

»Er ist heil geblieben«, sagt er und wischt ihn mit einem Lappen ab.

»Ich möchte ihn kaufen«, sage ich.

»Ich gebe Ihnen einen Sonderpreis, denn ich habe nicht damit gerechnet, dass ich heute etwas verkaufen werde.«

Er packt den Silberleuchter in Geschenkpapier ein, und ich verlasse mit meinem Kauf das Geschäft.

Aus dem Laden nebenan kommt eine junge Frau heraus. Sie trägt enge Jeans und einen knappen Pullover. Ihre lange Mähne hat sie zu einem Pferdeschwanz gebunden. In der einen Hand hält sie einen Eimer mit Seifenlauge, in der andern ein Fensterleder. Sie taucht den Lappen in den Eimer und putzt die heil gebliebene Fensterscheibe. Ganz ruhig arbeitet sie, als hätte nicht Menschenblut die Scheibe besudelt, sondern ganz normaler Straßenstaub. Ich sehe ihr zu, wie sie das Fensterleder auswringt und das Glas abwischt. Diese profane Arbeit ist eine heilige Handlung, und wortlos gibt sie mir damit zu verstehen: »Die Feinde Israels zerstören, aber wir bauen auf. Immer wieder, immer wieder, so wie wir es seit Jahrtausenden gewöhnt sind.«

Ich bin zu einer Hochzeit im Gutniksaal eingeladen. Der Hochzeitssaal ist durch ein Holzgitter geteilt, die Frauen sitzen mit der Braut auf der einen Seite, die Männer auf der anderen. Ein religiöses Paar heiratet. Die Braut sieht wie Schneewittchen aus. Sehr heller Teint und schwarze Haare. Sie stammt aus Schottland, war

Christin und ist in Jerusalem zum Judentum konvertiert. Die Braut thront auf einem mit Girlanden geschmückten Sessel und hält ein Gebetbuch in der Hand. Sie hat ihr Schicksal mit dem Volk Israel verbunden. Junge und ältere Frauen stehen um sie herum, jede umarmt sie und gratuliert ihr zur Hochzeit. Der Bräutigam wird hereingeführt, bedeckt das Gesicht der Braut mit dem Schleier und wartet auf der Terrasse unter einem Baldachin, bis die Braut, von zwei Frauen untergehakt, ebenfalls unter den Baldachin geführt wird. Nach der Trauungszeremonie gehen Frauen und Männer in den Hochzeitssaal, wo sie nach Geschlechtern getrennt feiern.

Mir gegenüber sitzt eine etwa fünfunddreißigjährige Frau. Sie trägt ein blaues Kostüm und ein Tuch, das ihre Haare ganz verdeckt. Ein kleines Mädchen räkelt sich auf ihrem Schoß, und ein Säugling liegt in einem Kinderwagen, der neben ihrem Stuhl steht. Während des Essens kommen wir ins Gespräch. »Wie viele Kinder haben Sie?«, frage ich.

»Sechs, gelobt sei Gott«, antwortet sie.

»Ist es nicht schwierig mit so vielen Kindern?«, will ich wissen.

Sie lächelt. »Sehen Sie, ich war früher nicht religiös, sondern eine ganz normale moderne Israelin. Ich hatte zwei Kinder, mehr wollte ich eigentlich nicht. Mein Mann und ich arbeiteten und sparten, damit wir uns eine geräumigere Wohnung, neue Möbel, ein größeres Auto und vielleicht eine Auslandsreise würden leisten können, all die Dinge, die man eben haben will. Und dann musste ich erleben, dass mein kleiner Sohn bei einem Terroranschlag ums Leben kam. Nun standen wir da, mit unseren Wünschen. Wozu eine größere Wohnung und neue Möbel? Angesichts des toten Kindes haben mein Mann und ich verstanden, dass wir so nicht weiterleben können. Wir mussten einen neuen Weg finden, und wir haben ihn gefunden. Wir sind zu Gottes Geboten, der Thora, zurückgekehrt und haben begriffen, dass Familie und das Volk Israel wichtiger sind als ein Haus und ein großes Auto. Der Terrorist hat mir ein Kind umgebracht, aber fünf neue Kinder verdanken ihm das Leben, und mit Gottes Hilfe werden wir noch mehr Kinder bekommen. Das ist unsere Antwort auf den Terror.«

In diesem Moment spielt die Kapelle das Lied »Das Volk Israel lebt«.

»Kommen Sie«, fordert sie mich auf, »tanzen wir! Es ist eine Hochzeit und man muss sich freuen.«

Es ist der 18. Juni 2002. In den Nachrichten wird mitgeteilt, dass ein Selbstmordattentäter sich in einem Autobus in Gilo, einem Vorort von Jerusalem, in die Luft gesprengt hat. Es gibt so viele Anschläge in letzter Zeit, dass man fast gar nicht mehr hinhört. Ich bin auch nicht beunruhigt. Meine Kinder wohnen nicht in Gilo, also muss ich nicht sofort anrufen und nachfragen, ob alles in Ordnung ist. Sobald ich von einem Anschlag erfahre, läuft immer das gleiche Zeremoniell ab. Ich spüre einen Stich in der Herzgegend, und die Herzschläge werden schneller. Dann rufe ich an, zuerst die Kinder und dann die Freunde. Kurz darauf kommt der Anruf meiner Schwester aus Tel Aviv: »Ist alles in Ordnung?«

»Ja, mache dir keine Sorgen.«

Gott sei Dank, der Familie ist nichts passiert. Das Herz beruhigt sich, ich kann zum Tagesgeschehen übergehen. Das Radio läuft ununterbrochen. Reporter berichten, wie viele Tote und wie viele Verletzte das Blutbad gefordert hat. Telefonnummern von Krankenhäusern werden durchgegeben. Politiker werden interviewt, Augenzeugen befragt, die Ärzte in den Spitälern berichten vom Zustand der Verwundeten. Leicht verletzt, mittelschwer verletzt, schwer verletzt, tödlich verletzt, Abu Kabir. In Abu Kabir befindet sich das Leichenschauhaus, dort werden die Toten identifiziert. Der Friseurin Nicole ist vom Druck der Detonation bei einem Selbstmordanschlag auf dem Markt Machane Jehuda das Trommelfell in einem Ohr geplatzt. Sie leidet seit jenem Tag unter permanenten Kopfschmerzen und Gleichgewichtsstörungen. Sie wurde als leicht verletzt eingestuft. Die Nachrichten wiederholen sich pausenlos. Neunzehn Tote. Am späten Nachmittag werden die Namen der Toten nach und nach bekannt gegeben.

Das Telefon klingelt. Ilana ist am Apparat: »Hast du schon gehört? Rafi Berger ist heute morgen umgekommen.«

»Bist du sicher?«

»Ganz sicher. Morgen ist die Beerdigung.«

Rafi war achtundzwanzig Jahre alt. Der jüngere Sohn von Ruthi und Professor Schmuel Berger. Sie sind in der gleichen Gemeinde wie ich, jeden Schabbatmorgen treffe ich die Eltern beim Gottesdienst. Rafi hatte gerade sein Chemiestudium beendet und vor kurzem geheiratet. Ich weiß gar nicht, was ich jetzt tun muss. Soll ich die Eltern anrufen? Was soll ich sagen? So eng bin ich mit der Familie nicht befreundet, wie kann man trösten? Die ganze Nacht schlafe ich nicht, das Bild von Rafi geht mir nicht aus dem Kopf. Ich sehe seine schlanke Gestalt mit dem hübschen Gesicht und den wuscheligen lockigen Haaren ganz deutlich vor mir. Nun ist er tot. Ich kann es nicht glauben.

Am nächsten Tag trifft sich die ganze Gemeinde auf dem Friedhof Givat Schaul. Es sind viele Menschen zur Beerdigung gekommen, die Trauerhalle fasst nicht alle Anwesenden. Reden werden gehalten, Frauen schluchzen, es ist kurz vor Sonnenuntergang. Die judäischen Berge bilden eine majestätische und würdige Kulisse. Plötzlich zerreißen Sirenen die Stille. Ein Krankenwagen nach dem anderen jagt auf der Straße entlang, die am Friedhof vorbeiführt. Es ist wieder etwas passiert. Wir kennen diese Geräusche, zu oft haben wir in letzter Zeit diese Heultöne gehört. Manche Trauergäste holen ihre Handys hervor. »*Pigua, pigua*, Anschlag, Anschlag«, raunt es durch die Menge. Sieben Tote an der Kreuzung Givat Hazorfatim. Rafi ist noch nicht begraben, und vom Friedhof rufen die aufgeregten Menschen ihre Familien an. »Ist alles in Ordnung? Ja? Gott sei Dank. Wir sind auf dem Weg von der Trauerhalle zum Grab.«

Nach der Beerdigung drücken die Trauergäste den Eltern die Hand. Ruthi, die Mutter von Rafi, steht versteinert da. Ihr Gesicht ist aschfahl, so wie der Marmor der Grabplatten. Sie befindet sich bereits jenseits der Tränen. Der Vater, Schmuel, ist in einer Nacht um Jahre gealtert. Ich stehe zusammen mit Ilana, einer Einwanderin aus der Sowjetunion, und mit Mascha, die als Kind mit ihren Eltern aus Warschau nach Israel gekommen ist. Wir drei älteren Frauen weinen. Wir verabschieden uns von Ruthi, die uns tröstend die Hand auf die Schulter legt. »Nicht verzweifeln«, sagt diese Geste, »nicht verzweifeln.«

Ein ganzes Jahr beten Ruthi und Schmuel das Kaddisch, das Totengebet für ihren Sohn: »Erhaben und geheiligt sei Dein Name.« Jeden Schabbat treffe ich sie in der Synagoge. Ruthi ist ein Hort der Kraft. Sie ist aktiv in der Gemeinde und lässt sich ihren Schmerz nicht anmerken. Es sind diese Frauen, die dem Volk Israel immer wieder Kraft geben. Sie schreien nicht und jammern nicht und hassen nicht. Sie haben in den Jahrtausenden der Verfolgung gelernt, sparsam mit ihren Gefühlen umzugehen.

Zum ersten Todestag von Rafi verteilen Ruthi und Schmuel Berger eine Broschüre mit Fotos und Texten von ihrem Sohn. Diese Broschüre ist voller Trauer, aber ohne Hass. Darin liegt ihre Stärke. Den schwersten Tag ihres Lebens hat Ruthi Berger dort geschildert:

»Es ist spät. Den ganzen langen Tag waren wir unterwegs, zuerst beim Rabbinat, dann auf dem Friedhof. Aber ich will von Anfang an beginnen. Von dem Augenblick, als ich begriff, dass ich meinen Sohn Rafi niemals wiedersehen und seine Stimme nie mehr hören würde, von dem Moment an, als ich zu fürchten begann, dass ich seine Gestalt, seine Bewegungen und sein Lächeln nicht festhalten kann und es sich mit der Zeit verflüchtigen wird. Von der Sekunde, als ich fühlte, dass ich in einen Abgrund falle. Immer noch gleite ich in die Tiefe, ohne zu wissen, was mich erwarten wird. Von Anfang an will ich erzählen.

Es ist früh am Morgen. Die Luft ist so klar, ungetrübt und rein. Aus dem Radio tönt beschwingte Musik, es geht mir gut und ich genieße den Tag. An diesem Morgen bin ich nicht zur Arbeit gegangen. Ich warte auf den Techniker, der meine Spülmaschine anschließen soll. Es ist ruhig und die Welt ist schön. Jerusalem strahlt in seinem Glanz, fast durchsichtig sieht die Stadt aus. Eigentlich will ich nicht, dass man mich stört. Ich wünsche mir, dass das Telefon nicht läutet und der Techniker sich verspätet. Diesen schönen Morgen will ich in Ruhe genießen. Ich bin keine religiöse Frau und glaube nicht, dass der

Ewige mein Leben bestimmt. Gott existiert in den Gebeten. Er ist der Hauptdarsteller in der Bibel und steht im Mittelpunkt von philosophischen Theorien, aber für mein Leben bin ich ganz alleine verantwortlich. Erfolg und Misserfolg hängen von mir ab. Ich danke dem Leben für die schönen Geschenke, die es für mich bereithält, für meine Familie und ganz besonders für meine beiden Söhne.

Das Telefon klingelt, und meine Schwiegertochter Orit ist am Apparat. Aufgeregt fragt sie, ob Rafi sich bei mir gemeldet hat. Rafi? Weswegen? Er ist doch in seinem Labor, beziehungsweise müsste er heute in seinem Seminar sein. Ist etwas passiert? Orit erzählt mir, dass es einen Anschlag auf einen Bus in Gilo gegeben hat. Ein Terrorist hat sich in einem Autobus in die Luft gesprengt, und sie kann keinen Kontakt zu Rafi herstellen. Gleichzeitig betont sie, dass ihrer Meinung nach Rafi diesen Autobus nicht erreicht haben kann und beginnt die Minuten nachzurechnen.

Nachdem sie auflegt, rufe ich Rafi auf seinem Handy an. Niemand antwortet. Wo ist er abgeblieben? Warum ist er nicht in der Universität? Weswegen gibt er jetzt kein Lebenszeichen von sich? Rafi ist so zerstreut, aber bis jetzt hat es sich immer noch herausgestellt, dass ich mir umsonst Sorgen gemacht habe.

Normalerweise gerate ich fast in Panik, wenn ich keinen Kontakt mit einem meiner Söhne herstellen kann. Dauernd schaue ich aus dem Fenster, vielleicht ist er ja auf dem Weg nach Hause? Ich mache mir Sorgen und ärgere mich, weil er nicht anruft. Er weiß doch, dass ich unruhig bin und mich auf keine Arbeit konzentrieren kann. Warum lässt er mich einfach warten? Aber am Ende taucht er auf, und wenn er mir den Grund für sein Ausbleiben erzählt, dann wundere ich mich, dass ich nicht von selbst darauf gekommen bin.

Auch an diesem Morgen mache ich mir Sorgen, aber ohne Druck und ohne Zorn. Plötzlich verstehe ich, dass ich mir bisher keine Sorgen um die Kinder gemacht habe, sondern einem mütterlichen Narzismus verfallen bin. Wir Mütter in Israel wollen immer wissen, wo unsere Kinder sind und was sie gerade tun, sonst fühlen wir uns hilflos. Wir vertrauen unseren Kindern nicht, sondern glauben, dass nur wir alleine wissen, was für sie gut ist. Wir Mütter wollen das Leben

*unserer Kinder im Griff haben. Wir fürchten, dass ohne unsere füh-
rende Hand unser Kind verloren ist und ohne unsere Aufsicht böse
Menschen ihm Schaden zufügen könnten und wir es nie mehr zu Gesicht bekommen werden. Aber eigentlich glaube ich nicht, dass meinen Söhnen etwas zustößt. Sonst würde ich mich nicht so ärgern,
wenn sie nicht anrufen oder ich sie nicht erreichen kann. Ich ärgere
mich, weil ich ein ordentlicher Mensch bin und keine Überraschun-
gen liebe. Deswegen will ich genau wissen, wo meine zwei ›Helden‹
gerade sind. Ich kann nicht zugeben, dass diese Ungewissheit mein
Problem ist. Vielleicht muss ich mir auch beweisen, dass ich eine für-
sorgliche gefühlvolle Mutter bin. Wie kommt es, dass, wenn ich Urlaub im Ausland mache, ich mich weniger sorge? Dort weiß ich, dass
ich nicht jeden Schritt meiner Söhne überwachen kann, ansonsten
müßte ich auf den Urlaub verzichten. Es ist alles so kompliziert.*

*Was hat das mit dem Morgen zu tun, als du, Rafi, schon nicht
mehr unter uns weiltest, und wir es noch nicht wussten? Glaube mir,
Rafi, an diesem Morgen habe ich mich nicht über dich geärgert, sondern war ganz ruhig. Ich habe dich gesucht und verstand nicht, wo du
geblieben bist. Ich habe befürchtet, dass dir etwas zugestoßen ist, sogar
sehr habe ich gefürchtet und bat – von wem eigentlich? –, dass ich die
Kraft finden werde, mit allem fertig zu werden. Es war das erste Mal,
dass die Ungewissheit über dein Verbleiben nicht in Selbstmitleid
mündete und ich mich über dich ärgerte. Glaube mir, ich wollte dich
nur finden, dich sehen und dich berühren. Ganz egal, wie du aussehen würdest: verwundet, zerfetzt, zerrissen, im Schock. Egal, was dir
zugestoßen sein könnte, ich werde damit schon fertig werden. Auch
wenn dein Körper verkrüppelt bleiben wird, auch wenn du nie mehr
das hübsche Kind, der schöne junge Mann, der intelligente Denker
sein wirst. Ganz gleich, wir werden über alles hinwegkommen. Ich
werde von meinen Schwestern lernen, wie man mit einem behinderten Kind umgehen muss.*

*Orit ruft wieder an. Sie rechnet minutiös nach, dass du eigentlich
gar nicht diesen Autobus erreicht haben kannst. Orit geht mir mit
ihrer Rechnerei auf die Nerven. Ich kann das Rätsel nicht lösen, aber
dieses Mal bin ich – im Gegensatz zu sonst – vollkommen ruhig. Ich*

242

möchte nur wissen, was los ist. Orit rechnet schon wieder nach: Um halb acht hast du die Wohnung verlassen. Der Autobus, der in die Luft gejagt wurde, ist verspätet in Gilo losgefahren. Warum regt mich die Rechnerei so auf? Weil ich es schon weiß? Nein, ich weiß noch nichts.

Ich rufe in der Uni an, sowohl im Labor wie auch in deinem Büro. Keine Antwort. Ich rufe die Sekretärin von deiner Abteilung an und erkläre ihr, warum es so wichtig ist, dass du dich meldest. Sie soll doch bitte ein Stockwerk hinuntergehen und einen großen Zettel, auf dem steht, dass ich dich suche und du zuhause anrufen sollst, an die beiden Türen hängen. In der Zwischenzeit ist der Techniker gekommen und schließt die Spülmaschine an. Die Maschine interessiert mich jetzt nicht, und ich muß mich zusammennehmen, um ihm überhaupt zuzuhören. Mit Mühe verstehe ich, wie man das Gerät bedienen muss. Ich entschuldige mich und erzähle ihm, dass meine Gedanken jetzt nicht bei der neuen Spülmaschine, sondern bei dir sind. Am Ende mache ich noch eine witzige Bemerkung: Ich hoffe, dass er mich in den Abendnachrichten nicht als diejenige wiedererkennen wird, bei der er heute Vormittag war. Und dass er nicht zu seinen Kindern sagen wird: ›Wisst ihr, bei dieser Frau habe ich am Morgen eine Spülmaschine angeschlossen. Sie suchte noch ihren Sohn. Sehr nett ist sie.‹ Der Techniker grinst.

Der Fernseher läuft. Wieder ruft Orit an. Als ich bekenne, dass ich immer noch keine Ahnung habe, was los ist, wirft sie den Hörer mit den Worten hin: ›Ich will gar nicht wissen, was los ist.‹ Ich ärgerte mich nicht, sondern hoffe, dass sie sich wieder meldet. In diesem Moment klingelt das Telefon, und Orit ist wieder an der Strippe. Ich rate ihr, ein Taxi zu nehmen und zu mir zu kommen. Außerdem sage ich ihr, dass Rafi nicht in seinem Labor ist und die Sekretärin mir mitgeteilt hätte, dass das physikalische Seminar heute ausfällt. Orit widerspricht: ›Rafi weiß, wann das Seminar stattfindet. Heute findet es statt. Er ist kein Träumer und kein Lügner.‹

Ich rufe meine Arbeitsstelle an und bitte, oder besser gesagt, ich teile mit, dass wir nicht wissen, wo Rafi ist, und ich deshalb heute zuhause bleibe. Jetzt werden im Fernsehen die Telefonnummern der verschie-

denen Krankenhäuser durchgegeben. Ich schreibe sie auf und rufe sie der Reihe nach an. Das Wählen macht mich nervös, dauernd ertönt das Besetztzeichen. Wenn jemand abnimmt, dann verlaufen die Gespräche immer nach dem gleichen Schema:

›Schalom, mein Name ist Ruthi Berger und ich suche mein Sohn, Berger Raphael. Er ist heute Morgen von seiner Wohnung in Gilo abgefahren. Wir nehmen an, dass er nicht in dem Autobus war, aber er hat uns bis jetzt nicht angerufen. Deswegen rufe ich an.‹

›Einen Moment bitte, ich prüfe nach‹, antwortet eine weibliche Stimme am Apparat. › Wie war der Name?‹

›Berger Raphael‹

›Nein, bei uns wurde er nicht eingeliefert. Aber es treffen noch laufend Verletzte ein. Rufen Sie später noch einmal an, dann werden wir die vollständige Namensliste von allen Krankenhäusern haben.‹

›In Ordnung‹, antworte ich.

›Sie können aber auch selbst die anderen Krankenhäuser anrufen. Ich gebe Ihnen die Telefonnummern.‹

›Danke‹, sage ich und schreibe schnell alle Nummern auf, die sie mir durchgibt. Ich habe einen Werbeprospekt erwischt, glänzendes, festes Papier, auf dem ich die Nummern notiere. Gleichzeitig schaue ich auf den Fernseher. Immer und immer wieder werden die gleichen Bilder gezeigt, und ich gebe mir Mühe, Rafi zwischen den Trümmern zu erblicken. Aber ich konzentriere mich nur auf unverletzte Menschen. Orit ist mit zwei Freundinnen angekommen. Sie setzt sich neben mich, ihre Freundinnen etwas abseits. Eine von ihnen sagt: ›Man muss Psalmen beten.‹ Psalmen? Warum? Ich fühle mich elend.

Ich habe mit meinem Mann Mulik gesprochen. Ich kann mich nicht genau erinnern, wann, ich glaube, es war, kurz nachdem Orit mich zum ersten Mal angerufen hat. Jetzt, wo ich alles niederschreibe, erinnert mich Mulik daran, dass er mich angerufen hat. Er war auf dem Weg in sein Institut, sein Unterricht begann um acht Uhr dreißig. Ich habe ihm gesagt, dass mich Orit angerufen hat und sie keine Verbindung mit Rafi herstellen kann.

Wieder rufe ich ein Krankenhaus an. Ich kann mich nicht mehr erinnern, welches, und eine unbeteiligte Stimme teilt mir mit, dass der

Name Raphael Berger nicht auf der Liste der Verwundeten steht. Warum steht er nicht auf der Liste der Verwundeten? Welchen Autobus hat er genommen? Er kann gar nicht den Autobus genommen haben, der in die Luft gesprengt wurde. Denn dann würde er ja auf der Liste der Verletzten stehen. Aber wo ist er? Die Stimme am Telefon rät mir, die Stelle anzurufen, wo die Vermissten registriert werden. Es klingt so, als sei es eine von mehreren Möglichkeiten. Rami, der Vater von Orit, ruft an, und als ich ihm sage, man hätte mir geraten, mich mit der Abteilung für die Vermissten in Verbindung zu setzen, stöhnt er: >Nur das nicht.< Das bedeutet: Ich kenne das schon, ich war bereits dort und will nie mehr dort hingehen. Ach Rami, plötzlich erinnere ich mich an deinen jüngeren Bruder, an den kleinen Michael, der noch nicht einmal Bar Mitzwa wurde. Zwölf und ein halbes Jahr war er alt, als er auf die Mine trat und dabei umkam. Und ganz leise hat mir seine Mutter jetzt zugeflüstert: >Stimmt es, du willst an der Stelle deines Sohnes sein? Auch ich wollte es so gerne ...<

Am 19. August 2003 gehe ich abends in eine Lernstunde. Es herrscht Hudna. Hudna ist der Waffenstillstand mit den Palästinensern. Seit zwei Monaten gab es keine größeren Anschläge, und die Hoffnung auf Frieden keimt. Vielleicht, wer weiß? Wir geben die Hoffnung nicht auf. In der Schameistraße ist ein Institut, wo man jeden Abend Thora lernen kann. Dienstagabend gehe ich dorthin. Viele junge Israelis, die nicht aus religiösen Elternhäuser stammen und nicht nach den Gesetzen der Thora leben, kommen dorthin, um zu lernen. Es ist ihre Rückkehr zu den geistigen Wurzeln des Judentums: >Nur durch die Freude können wir Gott erfahren.< Am Ende der Stunde werden die Handys wieder eingeschaltet. >In Jerusalem war ein Selbstmordanschlag<, sagt eine junge Frau.

>Wo?<

>Ich weiß es nicht.<

Auf der Straße ist es ruhig, als wäre nichts geschehen. In den Straßencafés sitzen Gäste, Passanten schauen sich Schaufenster an. In einem Restaurant läuft ein Fernseher. Die Bilder von Tod und

Verwüstung flimmern über die Mattscheibe. Zwanzig Tote, darunter viele Kinder. Der Bus Nummer zwei war auf dem Weg von der Klagemauer nach Har Nof.

›Das ist Völkermord‹, sagt ein Mann neben mir. ›Die Terroristen wollen keinen eigenen Staat, sondern das Volk Israel umbringen. Darum ist es ihnen vollkommen gleichgültig, ob Kinder oder Alte, politisch Gemäßigte oder Siedler sterben, Hauptsache, sie töten.‹

›Aber was kann man tun?‹

›Wir müssen das Volk Israel von innen her stärken.‹

›Wie denn?‹

›Indem wir begreifen, dass die Rückkehr des Volkes Israel in das Land Israel keine menschliche Entscheidung war, sondern Gottes Wille. Er hat uns dieses Land gegeben und jeden Einzelnen von uns hat Er hierher geführt. Entweder wir nehmen das Land an, dann werden wir die Erlösung erleben, und es wird uns gut gehen, oder wir werden mit unserer Angst nicht fertig werden.‹

›Was ist die Erlösung?‹

›Die Erkenntnis von Gottes Gegenwart. Nur Er kann uns den Frieden bringen. Inzwischen können wir nichts anderes tun, als dem Volk Israel zu dienen und es trösten.‹

Dienen. Das ist das Schlüsselwort. Am nächsten Morgen mache ich mich auf den Weg nach Schaare Zedek, das ist eines der großen Krankenhäuser in Jerusalem. Vor dem Eingang zum Spital schauen ein junger Mann aus der Sowjetunion und einer aus Äthiopien in die Taschen der Besucher. Vor allen öffentlichen Gebäuden, Banken, Schulen, Supermärkten oder Restaurants stehen Sicherheitsbeamte und durchsuchen die Taschen. Das ist uns inzwischen so zur Gewohnheit geworden, dass es unangenehm auffällt, wenn irgendwo der Sicherheitsbeamte fehlt. In der Eingangshalle steht links der Spruch ›Öffne die Tore der Barmherzigkeit‹.

›Herr im Himmel‹, bete ich, ›öffne mir die Tore meines Herzens! Nicht nur einen Augenblick, jetzt, wo ich noch aufgerüttelt bin von dem gestrigen Anschlag.‹ Auf dem sechsten Stockwerk ist

246

die Sozialstation. Eine Sozialarbeiterin empfängt mich. ›Was wünschen Sie?‹, fragt sie mich.

›Ich möchte helfen.‹

›Suchen Sie Yad Sarah auf. Dort werden immer Hilfskräfte gebraucht.‹

Yad Sarah ist eine Organisation, die medizinische Geräte ausleiht und freiwillige Helfer an Familien vermittelt, die Unterstützung brauchen. Malka empfängt mich. ›Was hat Sie zu uns geführt?‹, fragt sie mich.

›Der Selbstmordanschlag im Autobus Nummer zwei.‹

›Warum gerade dieser Anschlag. Es gab doch so viele?‹

›Irgendeiner rüttelt die Seele so auf, dass das Reden und die Trauer nicht mehr ausreichen.‹

›Helfen stärkt die Seele. Willkommen bei uns.‹«

Chaim Noll

Morgen in der Wüste

Oft habe ich mir das vorgestellt: Da ist nichts. Nichts außer Himmel und Erde. Sonst einfach nichts, nur Luft und Sand, nur Blau, blasses Gelb, und ein Wind weht, der meine Kleider in wunderbare Falten legt. Vielleicht irgendwo, von fern, ich weiß nicht, woher, ein nie gehörter Ton, eine sanfte Melodie. Und irgendwo in diesem Raum ich selbst, allein.

Allein fahre ich los. Es ist vier Uhr früh – keine bessere Zeit denkbar für dieses Abenteuer. Das Auto, ein Mietwagen, ist mir fast unbekannt. Jedenfalls spüre ich es jetzt, frühmorgens in der Dunkelheit, als ich den Knopf oder Schalter oder Hebel nicht finde für das Scheinwerferlicht. Egal, erst mal los. Langsam, mit einer Art Standlicht durch die leeren Straßen der Siedlung. Natürlich werde ich angehalten, schon wenige Minuten später. Und bin ganz froh darüber. Alleinsein – ja, aber nicht Gottverlassensein. Ein Soldat in Meergrün, ein Kindergesicht unter einem Helm. Wenige Meter weiter steht ein Fahrzeug, ein klobiger Schatten mit kreisender Rundumleuchte. »Ihr Licht ...«, in der Landessprache, die mir, wenn schnell und von Einheimischen gesprochen, immer noch schwer verständlich ist.

Meine Papiere sind in Ordnung, mein Gesicht wirkt vertrauenswürdig – es gibt Orte auf der Welt, wo es darauf ankommt. Wo jeder Junge in Uniform geübt ist im Gesichterlesen. Wo Gesichter mehr gelten als Papiere, Stempel, Plastikkarten. Ein Pass kann gefälscht sein, aber nicht der Ausdruck in einem Auge um vier Uhr früh. Der Soldat sieht sofort, ob ich heute Nacht geschlafen habe, ob ich etwas zu verbergen habe, ob ich lüge. Er ist darin geübt, auf diese Art kurz und durchdringend in eines Autofahrers Auge zu blicken. Mitten im Nichts zu erkennen: Gefahr oder nicht.

Kurzer, präziser Rat, welches Licht ich einschalten soll um diese Zeit in der halbnächtlichen, frühmorgendlichen Wüste. Lastzüge sind unterwegs und Beduinen. Die Lastzüge rasen, die Beduinen treiben gemächlich ihre Herde über die Straße. Beides lebensgefährlich für jemanden, der ohne richtiges Licht fährt. Ein Oberkörper in grünem Armeetuch beugt sich ins offene Seitenfenster, für Sekunden umfängt mich ein Geruch von chemischer Reinigung, Waffenöl und Milchkaffee. Eine Hand drückt den Knopf, den ich nicht fand. Mein Dank in der Landessprache. Und wieder los.

Auf leeren, wirklich leeren Straßen. Lange Minuten niemand auf der Gegenfahrbahn, niemand vor mir oder hinter mir, kein anderes Licht weit und breit als das meiner Scheinwerfer. Schon das allein ist märchenhaft. Schon das ist das ganze Unternehmen wert. Dieser Morgen ist einzigartig, das weiß ich schon jetzt. Einfach, weil ich bin, weil ich hier bin, weil ich losgefahren bin um vier Uhr früh. Niemand wird mir das je nehmen können, mich je vergessen machen.

Der Mond steht hoch am Himmel. Ein strahlender Halbmond, sehr scharf und leuchtend, in seinem traumhaften Licht sind die zwei verschleierten Beduinenfrauen zu erkennen, die jetzt, halb fünf am Morgen, ihre Herde am Straßenrand versammeln, eine Herde aus zottigen, gehörnten Tieren. Schafe? Ziegen? Fabelwesen? Ich bin schon vorbei. Auf der Gegenfahrbahn nähert sich ein Ungetüm, etwas Dunkles mit vier Lichtern, scharf wie Nadelstiche, vergrößert sich, verdichtet sich zu einem Tanklastzug, donnert vorüber. Noch nie habe ich einen Lastzug als als etwas so Urzeitliches, Riesenhaftes, Elementares erlebt. Ich höre sein Gebrumm, Geklapper, Ächzen noch einige lange Augenblicke, dann ist wieder Stille.

Stille und Alleinsein – zwei seltene Zustände in meinem Leben. Viele Menschen fürchten sich davor. Wir verlernen, was wir nicht üben. Ich höre Musik im Auto, weil ich mich vor der Stille fürchte. Die Stille ist unglaublich, und ich bin noch schlaftrunken. Ich fürchte, die Stille wird mich betäuben, ich werde die

Kontrolle über mich und den Wagen verlieren, werde von der leeren Straße abkommen, dorthin, wohin mein Blick irrt, in die hügelige, verlockend leere Landschaft. Ich höre etwas Italienisches, ein sentimentales Lied mit den immer wiederkehrenden Zeilen: »Con te partiró / per navi sul mari che io non so ...« Mit dir werde ich losfahren, mit Schiffen, auf Meeren, die mir unbekannt sind ... Es stimmt nicht ganz, du bist nicht bei mir, du schläfst noch im Haus in der Stadt, von der ich mich unaufhaltsam entferne. Aber ich weiß schon jetzt, dass ich dich noch heute, spätestens morgen, zu einer dir genehmeren Tageszeit, hierherfahren werde: Damit du es auch siehst.

Damit du was siehst? Was ist hier, genau genommen, zu sehen? Sand in Form von Hügeln und Wellen. Ein Auf und Ab von Sand, hin und wieder unterbrochen von einer Gruppe dürrer Bäume, einer stillen Versammlung von Sträuchern, Anhäufung von Steinen. Manchmal ein Geschiebe und Gedränge von versteinertem Sand, fast dramatisch. Am Ende entsteht eine Art Gipfel oder Plateau, dann wieder Sand, sanft fallender, steigender, wogender Sand. Der Vergleich mit einem Meer ist nicht abwegig ... Sand.

Und Licht, fünf Uhr einundzwanzig – ich halte extra am Straßenrand an, um es zu notieren – »von links blauer Schein«. Keine aufregende Notiz, aber der Schreiber ist aufgeregt, die Handschrift verrät es, verrät es für immer: Er ist in vollständiger Dunkelheit aufgebrochen, hat noch den Mond als einzige Lichtquelle erlebt, hatte sich schon fast gewöhnt an diese öde, etwas gespenstische, amorphe, mondlichterne Welt, und nun ... blauer Schein. Es ist ein unbeschreiblich zartes Blau. Ein Hauch von einem Blau. Sehr fern. Aber so spürbar stark, unaufhaltsam, langsam durchdringend, unbesiegbar wie nur eins sein kann auf dieser Erde: das Licht der Sonne. Ich erlebe die Sonne jeden Tag, sie steht am Himmel oder kämpft sich, hochstehend, durch Gewölk. Oder sie ist verborgen und dennoch gegenwärtig: selbstverständlich, alltäglich, fraglos immer da. Nicht nennenswert, weil sie so allgegenwärtig ist, so langweilig-zuverlässig in ihrem Immer-da-Sein. Und wenn nicht sie, dann ihre Nachahmungen von Menschenhand, Lampen und erleuchtete Fenster, zahllos und überall. Ich bin in einer großen Stadt aufgewachsen, in der das Licht der Hochhäuser, der großen Straßen und Plätze niemals erlischt. Kaum je habe ich darüber nachgedacht, was es hieße: ganz ohne Licht zu sein. Aber heute bin ich losgefahren in völligem Dunkel, um mich nur düsterer, mondfarbener Sand (und dabei weiß ich doch, habe als Kind in der Schule gelernt: selbst dieses gruslige Mondlicht war nichts anderes als der Sonne Widerschein), und habe gefühlt, eine Stunde und einundzwanzig Minuten lang, was es heißt, ohne Licht zu sein, ohne das der Sonne oder wenigstens ihrer Nachahmungen. Ich habe – ohne es gleich zu verstehen – den urzeitlichen Schrecken des Menschen vor vollständigem Dunkel durchgemacht, unsere Urangst vor der dunklen Wolke, die sich vor die Sonne schiebt und ihr Licht vertilgt, vor dem Gewitter, vor der Apokalypse, vor dem letzten Tag.

Daher hat mich ihr zarter, ahnungsweiser Schein so verblüfft, dass ich angehalten habe, um die Sensation schriftlich festzuhalten. Und während ich weiterfahre, weiß ich, dass ich froh bin, von Herzen froh. Weil der blaue Schein etwas kräftiger wird und immer deutlicher, weil die Sandwellen endlich Schatten werfen, zarte, scharfe Schatten im Sand, weil die Blätter der letzten Sträucher Kontur gewinnen und das gewohnte Spiel von helleren, dunkleren Stellen. Spiel, Lichtspiel – ich habe das Wort gewählt, ohne groß nachzudenken. Erst die Sonne macht diese Welt spielerisch und verlockend. Davor, im Mondlicht, herrschte fürchterlicher Ernst. Davor war nur meine Entschlossenheit, um vier Uhr morgens loszufahren, das Dunkel zu durchqueren, aber keine wirkliche Lust am Leben, keine Heiterkeit. Davor war Gott, aber noch nicht sein belebender Hauch. Die nächste Viertelstunde ist auf diese Art erheiternd: Jeder kleine Stein hat sein Gegenbild in seinem Schatten, jede Ecke und Kante gewinnt ihre Form, kleine Vögel segeln über dem Sand, und zwei weitere Beduinenfrauen, wieder verschleiert, zeigen erste Farben und Muster im Stoff ihrer Gewänder. Ihre Ziegenherde – eindeutig Ziegen, keine Fabelwesen – wirkt nicht mehr erschreckend.

So geht es in den nächsten Minuten unaufhaltsam weiter, alles im Aufwachen und Sichbeleben, der Sand gewinnt Farbe, belebt sich wie Haut, unter der Blut pulsiert. Unbeweglich am Himmel ein Raubvogel auf Beutesuche, auch er mit der Sonne erwacht. Dann wird alles um mich herum von einem silbrigen Rosa. Ich muss wieder anhalten, um es zu notieren. Wellen, Sträucher, Steine, ein ausgetrockneter Fluss, alles in Rosa getaucht, mit silbrig-grünen Schatten. Unvorstellbare Zwischentöne. Ein Reichtum nie gesehener Farben, um deren Flüchtigkeit ich weiß. Flüchtig wie auf Steinen, die man aus dem Meer nimmt: Der nächste Augenblick, das volle Licht, lässt ihren Zauber verblassen.

Die Sonne steigt nun unaufhaltsam, alltäglich triumphierend auf. Sie ist noch unsichtbar, verborgen hinter Sandhügeln. Gleich beginnt Gegenverkehr von Jeeps und Kleinbussen voller Leute, die irgendwohin fahren. Wegweiser kündigen Siedlungen an, ferne Städte, Grenzübergänge. Ich werde zum ersten Mal aufgehalten, von einem Traktor, von einem bergan schleichenden Lastzug. Irre tauchen im Rückspiegel auf, Raser in der Wüste, Limousinen mit Surfbrettern auf dem Dach, auf dem Weg zum nächsten Meer.

Auch ich bin nun voll erwacht, zu voller Geistesgegenwart, Verkehrstüchtigkeit, Wahrnehmungskraft für das Alltägliche. Ich muss überholen, ausweichen, vorbeilassen. Alle paar Minuten ein anderes Auto. Übrigens bin ich auf dem richtigen Weg, die plötzlich auftauchenden Straßenschilder verraten es. Ich habe den Soldaten richtig verstanden. Ich werde keine Zeit vergeuden, sondern mein Ziel auf dem kürzesten Weg erreichen. Ich denke wieder ökonomisch, bin wieder wach. Es muss an der Sonne liegen. An ihrem Triumph, der auch meiner ist – bin ich nicht losgefahren im Glauben an sie, im Glauben an ihr Aufgehen? Ich habe, in ihrem Licht, alle meine Zweifel und Ängste vergessen. Für ein paar Augenblicke bin ich wieder ich selbst, mein alltägliches Selbst.

Am Straßenrand ein totes Tier, ein Esel mit aufgeblähtem Bauch, gleich darauf noch ein Kadaver, ein Schakal. Erst vor kurzem überfahren, sein Fell bewegt sich noch in der Morgenbrise. War er satt und müde, nachdem er vom toten Esel gefressen hat?

Oder war er auf dem Weg zu ihm, in der dunklen Wüste angelockt von seinem Geruch? Überfahren hat ihn vermutlich einer der Riesen-Trucks, die in regelmäßigen Abständen, sechs Uhr früh, vorbeidonnern, nicht mehr ganz so schrecklich wie der erste in der Nacht.

Doch zwischendurch wieder Stille, minutenlang Stille. Vor meinen Augen, im zunehmenden Licht, verändert sich die Wüste, verliert alles Flache, Küstenmeerähnliche, Seichte, das sie bisher noch hatte – Bäume, Sträucher gibt es schon lange nicht mehr – und wird wildbewegt. Wie das Meer, wenn man die Ufergewässer verlässt. Sie wird tief und zerrissen und will sich den inneren Schichten der Erde nähern. Durch Klüfte, die sich seitlich öffnen. Es geht tief bergab, besser nicht hinsehen. Geht hoch hinauf, die Straße ist eindeutig Kunstwerk, Einschnitt, eine in den versteinerten Sand geschnittene Hieroglyphe. Seitlich geht es aufwärts, abwärts, ich muss an mich halten, um die Augen nicht nach oben, unten wandern zu lassen, sondern sie mit angelernter Sturheit auf die gewundene Fahrbahn zu heften.

Als erste Schilder die berühmte Wüstensiedlung ankündigen, bin ich innerlich zum Anhalten bereit. Diesmal richtig, mit Türöffnen, Aussteigen, den Fuß auf den Boden der Wüste setzen. Und fahre doch an der Siedlung vorbei. Ein paar Kilometer weiter, fern von der Straße, aber offenbar erreichbar, parken zwei Wagen auf einem Grat zwischen tiefen Schluchten. Dorthin biege ich ab. Gegen sieben. Ich bin davor gewarnt worden, die Straße zu verlassen, hier könne man schnell verlorengehen. Meine Freunde haben mir ihr Mobiltelefon mitgegeben – für den Fall, dass ich mich verirre.

Langsam rollt der Wagen aus auf sandigem Grund. Vorsichtig öffne ich die Tür. Sofort umfängt mich Stille, vollständige Stille. Es ist draußen noch stiller als im Auto. Lange habe ich mich, im zunehmenden Lärm dieser Tage, nach Stille gesehnt. Lange habe ich vergessen, was Stille überhaupt ist. Das Auto knackt und stöhnt noch ein paar Mal, dann kommt es zur Ruhe und wird still wie alles um uns herum. Minutenlang höre ich nur meinen Fuß auf dem feinen, sandfarben Geröll, meinen behutsam gesetzten Fuß im Lederschuh, meine zaghaften Schritte. Ich will die Stille nicht stören. Dann fernes Summen, näherkommend, unsichtbar woher, mit der Stärke eines Hubschraubers. Das werde ich nie vergessen. Die Ursache dieses Geräuschs, so überwältigend in der Stille, war eine Biene. Sie flog vorbei, viele Meter entfernt, auf dem Weg zu einer der gelben Blüten talabwärts, und verursachte diesen unerhörten Lärm. Sie verschwand aus meinem Blick, doch ihr Geräusch erweckte das tiefe Tal. Da ging es steil abwärts, weit unten war etwas Dunkles, Feuchtes zu erkennen, nasser Sand, umrahmt von grünen Pflanzen: eine alte Zisterne, wie ich später aus der Karte erfuhr. Die Biene weckte auch die beiden Schläfer, einen Jungen und ein Mädchen. Sie weckte sie mit durchdringendem Bienengesumm, ließ sie die Augen öffnen in sanftem Erschrecken, mit den Schlafsäcken rascheln, auch dieses unverhoffte Geräusch werde ich nie vergessen. Plötzlich war sehr viel Leben auf dem schmalen Grat: Bienensummen, schon verhallend, Rascheln von synthetischem Stoff, Bewegung von Menschenkörpern, ein sich aufreckender Arm, Geräusch von Haar, wenn sich ein Kopf nach der Seite wendet. Ich wurde erspäht, kurzer prüfender Blick, Zurückfallen in den weichen Stoff. Ich stand gut hundert Meter entfernt, aber hier war alles zu hören.

Sie hatten hier übernachtet, in der Wüste, unter freiem Himmel. Ihnen gehörte der Kleinbus, neben dem sie lagen. Und seine Schritte dorthin, Öffnen einer Blechklappe, Öffnen der Wasserflasche, erster Schluck, erste Worte in der Landessprache: »Willst Du auch?« Ich ging – jeder Schritt weithin hörbar – zu meinem Auto zurück, stieg ein und schrak zusammen unter dem Geräusch der zufallenden Tür.

Jetzt war es hell, richtig hell. Im Fahren sah ich die Sonne hinter fernen Hügeln aufgehen. Ich kann nichts Aufregendes davon berichten: Sie ist einfach da wie jeden Tag – gelb, strahlend, in ihrem übergangslos grellen Licht verschwindet der letzte Zweifel. Alles ist ausgeleuchtet und an seinem Platz. Wie immer erscheint mir

255

der Rückweg kürzer als der Hinweg. Da ist schon der Wegweiser zur berühmten Wüstensiedlung, eine leere Bushaltestelle, dann die Siedlung selbst mit ihren Geräuschen: Hähne krähen, Geschäftigkeit. Ein Mann steigt auf eine Leiter und ruft von oben einer Frau etwas zu, langsam fährt ein gelber Traktor vorbei. Ich durchquere die Siedlung und erreiche die Aussichtsterrasse.

Sie bietet einen nie gesehenen Ausblick in die Urzeit. Sand, aufgetürmt zu Gebirgszügen, Sand, der wie gefroren aussieht in der ewigen Hitze, gläsern scheinender Sand, Paläste aus Sand. Ich brauche nur halb die Augen zu schließen und sehe uralte Städte und Festungen, Tempel und Gassen, sehe Türme, die lange Schatten werfen in jäh abstürzende Schluchten. Ich weiß nicht mehr, wie lange ich dort stand. Im vollen Sonnenlicht kam mir rasch das Zeitgefühl abhanden. Irgendwann später fahre ich die anderthalb Stunden zurück, nähere mich der Siedlung, wo du eben erwachst.

Die fernen Städte aus Sand – alte Erinnerung und Zukunftsvision zugleich. Wüste ist nur ein vorübergehender Zustand. Wir müssen nicht vor ihr erschrecken. Für den Ewigen sind tausend Jahre wie ein Tag. Unsere Zukunft, sagte der Umweltforscher Cousteau, liegt in der Wüste. Sie breitet sich aus, wir müssen mit ihr rechnen, darüber nachdenken, wie wir sie für uns gewinnen. Hier haben wir begonnen, immer von Neuem begonnen, und werden es auch diesmal wieder tun: Wir werden pflanzen und bewässern, werden den schlafenden Sand ins Leben zurückrufen, werden wieder frei atmen und lauschen lernen, die Sonneaufgänge bewundern, die Erde wieder lieben …